Hans Tilkowski

Und ewig fällt das Wembley-Tor

Die Geschichte meines Lebens

Hans Tilkowski

Und ewig fällt das Wembley-Tor

Die Geschichte meines Lebens

In Zusammenarbeit mit Hans Ost

VERLAG DIE WERKSTATT

DEUTSCHER FUSSBALL BUND

Bibliografische Information der Deutschen Bibliothek
Die Deutsche Bibliothek verzeichnet diese Publikation in der Deutschen Nationalbibliografie; detaillierte bibliografische Daten sind im Internet über http://dnb.ddb.de abrufbar.

Lotzestraße 24a, D-37083 Göttingen
www.werkstatt-verlag.de

Konzeption und Realisation: Ariadne-Buch, Christine Proske
Satz und Gestaltung: Verlag Die Werkstatt
Druck und Bindung: Westermann Druck Zwickau

ISBN-10: 3-89533-518-5
ISBN-13: 978-3-89533-518-1

INHALT

RUDI MICHEL

Vorwort

Wir sind zusammen nach Chile geflogen. Zusammen, Mannschaft und Medienmenschen, saßen wir nebeneinander, dicht bei dicht. Das war damals, 1961. Ein schier endlos langer und langweiliger Flug mit dem letzten Propeller-Maschinentyp „Super Constellation" vor der Eröffnung der Düsenjet-Service-Flüge der Lufthansa.

Hans Tilkowski und ich hatten Mittelplätze, nur durch den schmalen Gang getrennt. Wir redeten, plauderten über dies und das, nicht zuletzt über Fußball. Wie konnte es anders sein. Sechs von sieben Länderspielen hatte der Mann aus Herne 1960 bestritten, alle wurden gewonnen; nur als der Kölner Konkurrent Ewert am Jahresende in Sofia den Torhüter spielte, ging die Sache schief. Für mich war sicher, dass „Herr Tilkowski" die Spielzeiten 1961 und 1962 als Nummer eins in der Nationalmannschaft bestreiten würde.

Tilkowski wirkte nie überheblich, er war eher zurückhaltend im Gespräch. Aber er äußerte seine Meinung klar und unmissverständlich. Das war zu erkennen: Ich unterhielt mich mit einem echten, ehrlichen, offenen Westfalen, der seine Meinung und seine Auffassung deutlich vertrat. Er akzeptierte wohl Widerspruch, aber meine Gegenrede musste fundiert begründet sein. Endlich, am Reiseziel in Santiago, war „Herr Tilkowski" für mich der „Hans", und er duzte selbstverständlich den Radiomann. Neue Wertigkeiten.

Das Länderspiel gegen die Chilenen im Nationalstadion ging mit 1:3 verloren. Der Hans hatte keine Schuld an den drei Dingern. So habe ich es in der Radioreportage dargestellt und ihm beim Rückflug bestätigt. Wie das so üblich ist nach dem Spiel, haben wir Szene für Szene analysiert. Langeweile kam kaum auf, die Sympathiewerte stiegen auf beiden Seiten.

Ein Jahr später waren wir zur WM 1962 wieder in Chile. Wolfgang Fahrian stand im deutschen Tor, und wir alle waren baff, niemand hatte eine Erklärung für den Wechsel. Journalisten kämpften um eine Begründung von Herberger. Nichts von Josef, nichts von Hans. Der Westfale Tilkowski litt, aber er schwieg verbissen. Zorn und Ärger hat er „in sich hineingefressen". Es hat angehalten ...

Hans Tilkowski kam wieder, wurde 1965 Fußballer des Jahres. Wir nannten ihn einen Weltklassetorhüter und stellten ihn auf eine Stufe mit dem Russen Lew Jaschin und dem Engländer Gordon Banks.

35 Jahre später, zur Jahrtausendwende, fragte die „Süddeutsche Zeitung" Leser, Laien und Experten, Journalisten und Funktionäre nach den besten deutschen Fußballspielern des Jahrhunderts, vom Torhüter bis zum Linksaußen. In jeder Position waren je zehn Plätze zu vergeben. Bei den Torhütern rangierte Hans Tilkowski auf Platz fünf. Vor ihm standen: Sepp Maier auf eins, Toni Turek, Heiner Stuhlfauth, Harald „Toni" Schumacher, hinter dem Westfalen folgten Oliver Kahn, Uli Stein, Bernd Trautmann, Andreas Köpke und der DDR-Nationalkeeper Jürgen Croy.

Bekanntlich hinken alle Vergleiche, aber große Diskussionen hat die Rangliste damals nicht ausgelöst. Tilkowski, der Dortmunder aus Herne, war ein Torhüter-Typ vergleichbar mit Heiner Stuhlfauth, Meister in der Strafraum-Beherrschung, reaktionsschnell auf der Linie, ähnlich Bernd Trautmann, dem deutschen Kriegsgefangenen und Torhüter von Manchester City, der seine Vorderleute mit klaren, knappen Anweisungen in der Fachsprache englisch dirigierte, blitzschnell in seinen Aktionen auf dem Boden und in der Luft.

Tilkowskis Vorteil gegenüber manchem anderen Nationaltorhüter war sein Stellungsspiel: Gefahren erkennen, den Spielverlauf vorausahnen, sich selbst in die richtige Position bringen, mit einer extremen Sprungkraft Flanken abfangen. Das waren seine Stärken, die ihm die Schlagzeile „König des Stellungsspiels" einbrachten. In der Tat: Tilkowski war kein Zappelphilipp und kein Showmaker. Bei höchstem innerem Engagement zeichneten ihn Gelassenheit und Ruhe aus. Sie machten seine Souveränität aus. In Statur und Figur brachte er zusätzlich Eigenschaften mit, die einen „Weltklasse-Torhüter" ausmachen, schrieb ein westdeutscher Sportjournalist Mitte der sechziger Jahre.

In seinen 39 Einsätzen zwischen 1957 und 1967 (beachtliche zehn Jahre!) spielte die deutsche Nationalelf mit ihm 13-mal „zu null". Am eindruckvollsten sieht seine Zahlenreihe bei den neun Nominierungen im WM-Jahr 1966 aus:

1 – 0 – 0 – 0 – 0 – 1 – 0 –1 – 4

Leicht zu deuten: Die „vier" resultierte aus dem dramatischen WM-Finale gegen England mit dem ewig umstrittenen dritten Treffer, dem Wembley-Tor. Drin oder nicht drin – darüber diskutieren die Fans immer noch ohne Ende. So oder so. Egal, der Hans hatte keine Chance, den Schuss von Hurst abzuwehren. Sekunden später, nach dem Torentscheid zeigte sich der starke Charakter des Sportmannes Tilkowski. Die Reklamationen bei Schieds- und Linienrichter überließ er dem Kapitän Uwe Seeler, Willi Schulz und zwei anderen Feldspielern. Notabene: Von Rudelbildung konnte keine Rede sein.

Wer ihn kennt, weiß, dass es in ihm brodeln und kochen musste. Und ganz verdrängt hat er das Ding bis heute nicht. Aber an seinem 70. Geburtstag hat Uwe Seeler scheinbar Klarheit geschaffen mit der Feststellung, „wenn ich in der Bude gestanden hätte – ich hätte ihn gehalten!". Nur so, mit Sarkasmus kann man die Wehmut um Wembley verwinden.

Die Engländer schätzten Hans Tilkowski damals, wie sie Bernd Trautmann ein Jahr zuvor im Cupfinale mit Manchester City beklatscht hatten, als dieser trotz Halswirbelbruch den Pokalsieg für Manchester festhielt.

Ein Triumph, der Hans Tilkowski mit der deutschen Elf an gleicher Stelle 1966 versagt blieb. Bestehen bleibt die Legende um ihn und eine deutsche Mannschaft, die, auch ohne Titel, mit ihrer Leistung und ihrer Fairness damals nicht nur die Deutschen begeisterte.

Das bittere Ende eines WM-Turniers, das für die deutsche Elf viel versprechend begonnen hatte: Am 12. Juli, dem Geburtstag von Hans

Tilkowski, gewann die Mannschaft von Helmut Schön in Sheffield gegen die Schweiz mit 5:0. Ich hatte vorgesorgt für diesen Tag und dem 31-Jährigen in Londons Bond Street einen teuren, erstklassigen Bowler gekauft. Den Filzhut habe ich ihm beim Fernsehinterview auf den Kopf gesetzt. War nicht so sein Ding. Er hat ihn noch, trägt ihn aber nie. Nur Souvenir. Vielleicht hätte er sich damit geschmückt, wenn er als Weltmeister nach Frankfurt am Main, Dortmund und Herne zurückgekommen wäre.

KAPITEL 1

Mein 70. Geburtstag

Der 12. Juli 2005. Mein 70. Geburtstag. Es wird heiß heute, in jeder Beziehung. Fast pausenlos klingelt seit dem frühen Morgen ein Telefon oder Handy. Gratulanten rufen an. Gäste, die sich nach diesem oder jenem für den Abend erkundigen. Und während mir die ersten von vielen hundert Schweißperlen, die ich an diesem Tag noch vergießen werde, über die Stirn rollen, frage ich mich: War das wirklich so eine glorreiche Idee, die du da vor Wochen ausgebrütet hast? Man kann Stress auch provozieren. Aber jetzt, wo du am liebsten in einem Liegestuhl im Schatten versinken möchtest, ist es ohnehin zu spät.

Tja, mein Lieber. Auch mit siebzig hast du noch nicht gelernt, dir das Leben so einfach wie möglich zu machen.

Je älter der Tag dann wird, desto mehr verfliegen auch meine Selbstzweifel. Und spätestens gegen Mitternacht, als ich die letzten Reste der Anspannung mit einem Bier vertreibe, weiß ich, dass ich es richtig gemacht habe.

Es sind wunderbare Stunden, die ich am Abend des 12. Juli mit meinen Lieben und mit vielen Freunden und Ehrengästen verlebe.

Zur Besinnung kommst du an einem solchen Tag natürlich nicht. Klar war, ich würde eine Rede halten müssen bei der Geburtstagsgala. Den Gedanken daran habe ich so lange wie möglich vor mir her geschoben. Wie in meiner Schulzeit bei schönem Wetter die Hausaufgaben.

Dabei kann ich genug erzählen aus meinen sieben Jahrzehnten. Vom Leben eines Jungen aus einer Bergarbeiterfamilie im Dortmunder Vorort Husen. Bei dem sich von klein auf alles um den Fußball gedreht hat. Von einem Mann, der dem Fußball so vieles verdankt. Und der jetzt, in seinen späten Jahren, anderen Menschen, Menschen in Krankheit, Kindern in Not, etwas zurückgeben möchte von dem Glück, das er selbst so reichlich mitbekommen hat.

Glück, für das ich auch hart arbeiten musste. Mit harter Arbeit und Entbehrungen sind die meisten meiner Generation groß geworden. Wer in den dreißiger Jahren zur Welt gekommen ist, hat den Zweiten Weltkrieg miterlebt und die bittere Nachkriegszeit, wo wir Kinder mit knurrenden Mägen zwischen Trümmerbergen spielten. Eine verlorene Generation? Zuweilen höre ich den einen oder anderen Fußballer meines Alters, wie er beklagt, dass ihm die Gnade einer 40 Jahre späteren Geburt leider verwehrt geblieben ist, sonst würde er jetzt in der Bundesliga oder gar im Ausland Millionen scheffeln. Ich selbst fühle mich keineswegs als Angehöriger einer Generation, die verlorenen Chancen nachtrauern muss. Ich hatte eine gute Kindheit, in der ich viel für meinen späteren Weg lernen konnte. Dinge, die in keinem Buch stehen, erst recht nicht im Internet. Bis auf den heutigen Tag habe ich ein spannendes und ausgefülltes Leben geführt.

Also herrschen an meinem 70. Geburtstag Zufriedenheit und Dankbarkeit vor. Ich denke an meine Eltern. Sie haben mir vorgelebt, mit anderen zu teilen. Für andere da zu sein. Schwächeren zu helfen. Egoismus ist in meinem Elternhaus verpönt gewesen.

Ich denke an meine Frau Luise. In meiner Rede werde ich ihr vor allen Gästen sagen, welches Wunder es für mich ist, dass sie es mit mir so lange – 46 Jahre schon – ausgehalten hat. Mit einem so unruhigen und streitbaren Geist. Und ich denke dankbar an das Glück, das meine Familie für mich bedeutet. Meine Kinder Ralf, Uwe, Susanne. Und die Enkel Elisabeth, Paula, Anastasia.

Glück – das sind auch Freunde. Ich habe sie in meiner Heimat und in Alsenborn, der Heimat meiner Frau. Ich habe sie in ganz Deutschland und in vielen Ländern, in die mich vor allem der Fußball geführt hat. Freunde, mit denen ich gute und schlechten Zeiten geteilt habe.

Die mir zur Seite stehen bei der Organisation und Durchführung meiner verschiedenen Hilfsprojekte.

Und auf die ich mich auch wieder verlassen konnte, als ich die Gala zu meinem 70. Geburtstag vorbereitet habe.

Ja, eine Gala soll es sein. Eine Benefiz-Gala. Eine Geburtstags-Charity, wie es auf Neudeutsch heißt. Jedenfalls eine Gelegenheit, bei der ich meine Freunde, Gäste und Gönner mal wieder für eine gute Sache zur Kasse bitten kann. Keine Geschenke an den Siebzigjährigen, meine Damen und Herren, dafür eine freundliche Spende zugunsten internationaler Hilfsprojekte des Friedensdorfes Oberhausen. Und benutzen Sie bitte den meiner Einladung beigefügten Überweisungsträger! Stichwort „Hans Tilkowski". Der ist nämlich der erste ehrenamtliche Botschafter der Hilfsorganisation Friedensdorf International. Einer Institution, die sich nur durch Spenden und Mitgliedsbeiträge finanziert. Die sich um verletzte, traumatisierte und kranke Kinder aus zahlreichen Kriegs- und Krisengebieten kümmert.

Man muss sich nur vor Augen halten, dass rund um unseren Erdball ständig mehr als hundert kriegerische Auseinandersetzungen toben, seien es Meinungsverschiedenheiten von Glaubensfanatikern, Grenzstreitigkeiten oder Stammesfehden. Sie werden mit heimtückischen Waffen wie Tretminen geführt, die längst bis in den letzten Busch verbreitet sind. Sie haben Hungersnöte und Seuchen im Gefolge. Und die Kinder haben am meisten darunter zu leiden. Wer das bedenkt, kann sich unschwer ausmalen, mit welchen Aufgaben das Friedensdorf International konfrontiert wird.

Das Ehrenamt als „Botschafter" des Friedensdorfes habe ich 2003 übernommen. Turnusgemäß hätte ich es eigentlich letztes Jahr an einen Nachfolger übergeben sollen. Das ist verschoben auf die Zeit nach der Fußball-Weltmeisterschaft 2006. Einige Hilfsprojekte, die ich mit auf den Weg gebracht habe, werden dann hoffentlich abgewickelt sein. Es gibt also „Verlängerung". Manche Fußballer, und zu denen zähle ich mich auch, sind mit einem Unentschieden nie ganz zufrieden. Es ist eben bestenfalls ein halber Erfolg. Und manchmal halt auch eine halbe Niederlage.

Auch Feiern braucht einen Sinn. Jedenfalls bekomme ich Magendrücken allein schon bei dem Gedanken, einen solchen Wirbel mit 300 Gästen zu veranstalten, nur um mich selbst hochleben zu lassen. Ohnehin bin ich nicht der Typ, der gern im Rampenlicht steht. So wie ich als Torwart keiner für die Galerie gewesen bin, so wenig fühle ich mich wohl, wenn ich auf eine Bühne soll. Das Silberne Lorbeerblatt, die höchste Auszeichnung im deutschen Sport, habe ich 1966 bekommen. Da war ich nicht allein, diese Ehre wurde jedem Spieler von Borussia Dortmund zuteil, der am Europapokalsieg in Glasgow Anteil hatte. Über das Bundesverdienstkreuz am Bande (1991), die Staufer-Medaille des Landes Baden-Württemberg (1995) und den Verdienstorden des Landes Nordrhein-Westfalen (1999) habe ich mich ja durchaus gefreut. Weil es Beweise für mich waren, dass der Spendensammler Hans Tilkowski und seine Helfershelfer nicht nur Aufsehen erregt, sondern auch Ergebnisse erzielt haben.

Dafür bin ich schon dankbar. Auch wenn ich bei besagten feierlichen Anlässen nicht so viel Spaß hatte wie während der Krönung als Grünkohlkönig des Osnabrücker Landes. Oder bei meiner Ernennung zum Ehrensenator des Herner Karnevalvereins.

Was man so alles werden kann, wenn man seinen Kopf in den Wind hält…

Zurück zu meiner Geburtstagsparty. Mir war klar, welches Thema alle anderen in den Hintergrund drängen würde. Jeder Versuch, daran etwas zu ändern, wäre vergebens. Und, ehrlich gesagt, ich wollte das auch gar nicht. Bei jeder Veranstaltung, die ich besuche, bei jedem öffentlichen Termin und selbst bei privaten Feiern, werde ich darauf angesprochen. Seit nunmehr 40 Jahren. Das Wembley-Tor klebt an mir wie ein alter Kaugummi an der Schuhsohle.

W-e-m-b-l-e-y – sieben Buchstaben, die mein Leben mitgeprägt haben. Sieben Buchstaben, die von den neun Buchstaben T-i-l-k-o-w-s-k-i nicht mehr zu trennen sind.

Es hat einige Zeit gedauert, bis ich das realisiert habe. Bis mir bewusst war, dass diese bittere Niederlage am 30. Juli 1966 im WM-Finale gegen England für mich auch eine gute Seite hat – so paradox das klingen mag. Was wäre denn passiert, wenn wir in London die Weltmeisterschaft gewonnen hätten? Natürlich, es wäre schon ein besonderer Triumph gewesen im Mutterland des Fußballs. Gegen England, den „Lehrmeister" von einst.

Aber auch Bern 1954 war etwas Außergewöhnliches, ja Sensationelles. Sepp Herbergers taktische Glanzleistung, die Regie von Fritz Walter. Helmut Rahn schießt zwei Tore zum 3:2 gegen die Ungarn, die seinerzeit als unantastbar gelten. Die vor der Weltmeisterschaft in der Schweiz von Erfolg zu Erfolg geeilt waren, England im Wembley-Stadion mit 6:3 gedemütigt hatten.

20 Jahre später im Olympiastadion von München: Deutschland mit Franz Beckenbauer und dem unvergesslichen Gerd Müller schlägt im WM-Finale 1974 die Niederlande und deren Hexenmeister Johan Cruyff 2:1, kämpft das Oranje-Team nieder, das zu der Zeit den schönsten Fußball spielt.

Dann Rom 1990, Franz Beckenbauer jetzt in der Rolle des Team-Chefs einer Mannschaft, die viele Experten nur für mittelmäßig halten. Das Endspiel gegen Argentinien, den Titelträger von 1978 und 1986, entscheidet ein Elfmetertor von Andy Brehme fünf Minuten vor Schluss zugunsten Deutschlands. Diego Armando Maradona schleicht nach dem 0:1 weinend vom Platz, und ein ganzes Volk wütet tagelang gegen den mexikanischen Schiedsrichter Menendez.

Hätten wir am 30. Juli 1966 das Wembley-Finale gewonnen, stünde Deutschland in der WM-Statistik mit vier Titeln verzeichnet, dürften sich mehr als 50 Spieler als Weltmeister fühlen. So sind es um die 40. Und von denen, so ist es nun mal, werden manche schon gar nicht mehr wahrgenommen.

Was ich damit sagen will: Ohne dieses exklusive Pech des Wembley-Tores würden sich wohl nur die eingefleischten Fußballfans und die professionellen Fußballexperten noch an den Nationaltorhüter Hans Tilkowski erinnern.

Das Wembley-Tor, für dessen Gültigkeit bis heute kein zwingender Beweis vorliegt, hat vor 40 Jahren unsere „2:2-Niederlage" besiegelt, wie ein Reporter das umstrittene Ergebnis formulierte. Beide Treffer der Engländer in der Verlängerung waren irregulär. Beim 2:4 kurz vor

Schluss gehörte das Spielfeld schon nicht mehr den Akteuren allein. Jede Menge feiernder Zuschauer tummelten sich bereits auf dem Rasen.

Dieses verrückte Wembley-Tor wird also ewig mit meinem Namen verquickt sein. So wie Uwe Seeler immer und immer wieder an jenes Foto erinnert wird, auf dem er, bitterlich weinend und von einem englischen Bobby begleitet, die Unglücksstätte verlässt.

Immerhin: Wir waren Vizeweltmeister. Wenn auch wahrscheinlich die traurigsten aller Zeiten.

1966 war das wichtigste und erfolgreichste Jahr meiner Karriere. Und alles spielte sich auf der Insel ab, die uns Kontinentaleuropäern nun einmal als die Wiege des Fußballs gilt. Jedenfalls kann keine andere Nation sich mit der britischen Fußballtradition messen. Sie ist weitaus älter als die 106-jährige Geschichte des Deutschen Fußball-Bundes.

Vor der Vizeweltmeisterschaft in London habe ich den Triumph von Glasgow erlebt. Im Tor von Borussia Dortmund, als die Schwarz-Gelben im Europacup der Pokalsieger in der Saison 1965/66 zu einem grandiosen Siegeszug aufbrechen. Den sie dann am 5. Mai 1966 mit dem 2:1-Erfolg über den FC Liverpool krönen.

In der Riesenschüssel des Hampden Parks nimmt Wolfgang Paul, unser Kapitän, den Pokal entgegen. Der sonst so zurückhaltende, wortkarge Sigi Held, der kleine „Hoppy“ Kurrat neben dem langen Paul – sie tanzen ausgelassen über den regennassen Rasen. Etwas zurückhaltender freut sich „Stan“ Libuda, dessen Traumtor in der Verlängerung unseren Endspielsieg besiegelt und der wie Lothar Emmerich und Willi Sturm schon nicht mehr unter uns weilt.

Mit Held, Emmerich und Paul darf ich dann zwei Monate später zum WM-Turnier nach England. Und drei Dortmunder Borussen – Held, Emmerich, Tilkowski – sind auch dabei, als Kapitän Uwe Seeler uns am 30. Juli in Londons ehrwürdigen Fußballtempel führt. Zum Drama von Wembley. Mit dem ominösen Tor in der 101. Minute.

Liegt also auf der Hand, dass ich zu meiner Geburtstags-Charity die ehemaligen Mannschaftskameraden einlade. Die aus Dortmund und die aus der Nationalmannschaft. Ich weiß nicht, was mich am

12. Juli erwartet. Aber ich bin sicher: Es wird viel geflachst und viel gelacht werden.

Seit 1985 hat Dortmund eine Spielbank. Der attraktive Bau aus Glas, Aluminium und Sandstein liegt hoch über der Westfalenmetropole in einem landschaftlich reizvollen Erholungsgebiet. Vom historischen Gelände der Hohensyburg leuchtet das Casino dem nächtlichen Besucher schon von weitem entgegen. Mehr als eine Million Gäste zieht Deutschlands größte Spielbank jährlich in seinen Bann. Sie lockt aber nicht nur die Zocker an die Spieltische. Das Zwei-Sterne-Restaurant „La Table" ist Ziel der Feinschmecker, und im Großen Casino-Saal treten bei gesellschaftlichen Ereignissen internationale Show-Größen auf.

Hier also feiere ich mit meinen 300 Gästen Geburtstag. An einer Stätte, die mit ihrem herrlichen Blick über das Ruhrtal zum Träumen einlädt. Wo Träume aber selten wahr werden, weil sie von Glücksjägern geträumt werden. Für meine Freunde und mich waren Träume, wenn sie denn in Erfüllung gingen, immer das Ergebnis von Trainingsfleiß und gemeinsamen Anstrengungen auf dem Spielfeld.

Und so erinnern wir uns an diesem Abend in mannschaftlicher Geschlossenheit 40 Jahre zurück.

Später wird man dem deutschen Sommer 2005 das Prädikat „lausig" geben, aber am 12. Juli ist es sehr warm. Viel zu warm für Anzug und Krawatte. Mir läuft das Wasser den Rücken hinunter – wozu auch jenes nervöse Kribbeln beiträgt, das sich vor einer solchen Veranstaltung breit macht. Schließlich habe ich meinen spendablen Gästen große Fußballstars versprochen.

Kommen sie auch?

Sie kommen alle. Voran unsere Ehrenspielführer Uwe Seeler und Franz Beckenbauer, beide in glänzender Laune. Helmut Haller ist da, Horst Szymaniak, Sigi Held, als Trainer ein Weltenbummler in Sachen Fußball. Vom MSV Duisburg Werner („Eia") Kremer, vom 1. FC Köln Flügelflitzer Heinz Hornig. Aus der „Abteilung Grätsche" Willi Schulz und Wolfgang Paul. Mein besonderer Freund „Hoppy" Kurrat. Und Wolfgang Weber (1. FC Köln), ein wichtiger „Kronzeuge" dafür, dass dieses dritte Tor in Wembley keines war. Nur Wolfgang und ich befanden uns nah genug am „Tatort", um ein seriöses Urteil abgeben zu können. Nicht vergessen möchte ich den alten Bundesliga-Haudegen Friedel Lutz, meinen Mannschaftskollegen aus meiner Zeit bei Eintracht Frankfurt. Unbedingt erwähnenswert, weil er bei seiner improvisierten Rede den ganzen Casino-Saal zum Lachen bringt: Max Lorenz. Im Wembley-Finale saß er leider nur auf der Bank, als Stimmungskanone war er für unsere damalige Nationalmannschaft unersetzlich. Originalton Lorenz: „Ihr seid bloß Vizeweltmeister, ich bin der Weltmeister im Ersatzbankdrücken."

Vertreten ist selbstredend auch die Westfalia aus Herne, wo ich als Zwanzigjähriger meine Laufbahn im bezahlten Fußball begonnen habe. Unser damaliger Torjäger Gerd Clement hat noch Horst Wandolek, Alex Kraskewitz und Friedhelm Jesse mitgebracht.

Die Spielerliste ist natürlich nicht komplett, es soll aber auch noch Platz sein für meine anderen Ehrengäste.

Besonders gefreut habe ich mich, dass Wolfgang Clement seine politischen Verpflichtungen in Berlin für einige Stunden beiseite gelassen hat und mit seiner Frau Karin zu meiner Gala gekommen ist. „Mit einem kleinen Flieger, der wohl zuletzt im Zweiten Weltkrieg im Einsatz war," wie er frozzelt. Der Bundeswirtschaftsminister, im Juli 2005 noch im Amt, ist ein Junge aus dem Revier, hat schon als nordrhein-westfälischer Ministerpräsident immer wieder sein Herz für den Fußball bewiesen. Als ich meine besten Jahre bei Borussia hatte, war Clement Journalist bei einer Dortmunder Tageszeitung und kickte in deren Betriebsmannschaft.

„Glück auf, der Steiger kommt…" Die Kapelle der Ruhr Kohle AG spielt das Bergmannslied für den Bergsmannssohn Hans Tilkowski in einer sehr modernen Fassung. Die Jungs haben mehr drauf als die Blasmusik von Annodazumal.

Dann die Reden. Bei solchen Anlässen erfährt man, was für ein toller Kerl man doch ist. Aber die Laudatoren machen es gnädig, verteilen auch mal augenzwinkernd kleine Seitenhiebe. Ein Sturkopf sei er ja immer gewesen, der Hans Tilkowski, einer von der ganz westfälischen Sorte. Und mit Kritik habe man bei ihm auch sparsam sein müssen. Er selbst aber habe gern mächtig vom Leder gezogen, wenn er glaubte, er oder andere seien ungerecht behandelt worden. Man könne ihn ohne weiteres als Gerechtigkeitsfanatiker bezeichnen.

Dr. Reinhard Rauball, der BVB-Präsident, lässt meine Karriere aus Dortmunder Sicht Revue passieren und zieht dann im richtigen Moment die Bremse: Zu viel Weihrauch, lieber Hans Tilkowski, verbrennt den Mann.

Eine Erkenntnis, der sich zum Glück die anderen Redner des Abends anschließen.

Auch Rudi Michel spricht. Für mich und viele meiner Generation ist und bleibt er der beste Fernsehkommentator des Fußballs. Präzise, sachlich und doch mit vollem Herzen dabei. Unverkennbar seine Stimme, unerreicht sein Fachwissen. Lesen Sie mal seinen Beitrag „Zeitzeugnisse des deutschen Fußballs" in der offiziellen Chronik des DFB, erschienen 1999 zum 100-jährigen Bestehen des weltweit größten Sportverbandes.

Rudi Michel hat auch die TV-Übertragung – damals noch in Schwarz-Weiß – vom WM-Finale 1966 kommentiert. Hat mit uns gelitten, als das Wembley-Tor uns aus allen Titelträumen riss. Und macht uns im Großen Saal des Casinos Hohensyburg das schönste Kompliment: „Diese Mannschaft von 1966, das waren noch Kerle! Nie habe ich so stolze und so faire Verlierer gesehen wie in Wembley."

Wembley, immer wieder Wembley. Und immer wieder frei nach Shakespeare: Drin oder nicht drin, das ist hier die Frage. Darum dreht sich im Wesentlichen auch ein Zwiegespräch zwischen mir und meinem Torwartkollegen, der im WM-Finale 1966 auf der anderen Seite zwischen den Pfosten gestanden hat. Gordon Banks, ein prima Kerl. Und einer, der vom Torwartspiel die gleiche Vorstellung hatte wie ich. „Könige des Stellungsspiels" hat man uns genannt. Ein bekannter Journalist aus Dortmund hat unser Gespräch aufgezeichnet.

Heute Abend trägt es ein noch bekannterer Schauspieler vor. Er stammt auch aus Herne, meinem Wohnsitz seit über 40 Jahren. In Film und Fernsehen hat er sich in die erste Reihe deutscher Darsteller gespielt. Das breitere Publikum kennt ihn u.a. als Commissario

Brunetti aus der in Venedig spielenden TV-Serie, die nach Kriminalromanen von Donna Leon gedreht worden ist. Oder aus dem Kinofilm „Der bewegte Mann“.

Es ist Joachim Król. Er liest also aus dem Gespräch zwischen Tilkowski und Banks. Mit dieser wunderbar warmen Stimme, in der immer ein verhaltenes Lächeln mitschwingt. Gordon und ich tauschen Erinnerungen aus, die über das 66er Endspiel hinausgehen. Sprechen über Zeiten, als der Fußball noch kein Showgeschäft war. Unsere Spielergehälter waren so mickrig, dass unsere heutigen Nachfolger meinen könnten, der Fußball sei früher eine schönere Form der Sklavenarbeit gewesen.

Als WM-Prämie hat Gordon lächerliche tausend Pfund bekommen. Dafür würde ein David Beckham nicht mal das Trikot anziehen. Zu unseren Zeiten konnten wir allein von dem, was wir als Spieler erhielten, ganz bestimmt nicht leben. Es war ein gutes Taschengeld, mehr nicht. Also mussten wir etwas nebenbei verdienen. Meine Einnahmequelle war damals die Lizenz des BVB zum Verkauf von Andenken und Fan-Souvenirs.

Weder Banks noch ich sind durch den Fußball vermögende Leute geworden. Aber eines hat er mir schon voraus: Queen Elizabeth hat ihn zum Mitglied des „Order of the British Empire“ ernannt. Sir Gordon Banks.

Mit Joachim Król habe ich meine erste Fußball-Liebe geteilt. Sie galt der Westfalia aus Herne, für die ich von 1955 bis 1963 gespielt habe. Später sind wir beide nach Dortmund gewechselt – was sich aus dem Munde von Joachim so anhört: „Der Hans hat eine sehr erfolgreiche Karriere beim BVB angefangen. Und ich habe mit Freunden eine sehr erfolglose Kneipe aufgemacht …“

Es wird an diesem Abend im Casino-Saal auch die Szene aufgetischt, die sich mal nach einer TV-Show von Thomas Gottschalk in Bremerhaven abgespielt hat. Die Kameras waren längst aus. Wir, die Gäste und der Moderator, saßen noch plaudernd zusammen. Geredet wurde, wie schon in der Show, über Wembley und die Folgen. Von der englischen Nationalmannschaft war Alan Ball dabei, der 1966 im WM-Finale auf dem rechten Flügel stürmte. Ein wieselflinker und giftiger Angreifer.

Nun hockte er in unserer Runde entspannt beim Bier und leistete zur Wembley-Diskussion, die ihn wohl allmählich ein bisschen nervte, einen unnachahmlichen Beitrag britischen Humors. Alan sank theatralisch auf die Knie und rief mit erhobenen Händen: „Sorry, it was no goal!"

Auch Uwe Seeler unternimmt bei meiner Geburtstags-Gala einen nicht ganz ernst gemeinten Versuch, das Thema Wembley zumindest für kurze Zeit zu den Akten zu legen: „Weil wir Freunde sind, würde ich nie sagen, der Hannes hätte den Ball damals nur halten müssen, dann hätten wir nicht seit 40 Jahren dieses Gejammere. Ich will nur sagen", erklärt Uwe und setzt ein mächtiges Grinsen auf, „hätte ich im Tor gestanden, ich hätte den Schuss von Hurst gehalten ..."

Franz Beckenbauer gesteht, dass ihm damals eigentlich ganz andere Gedanken durch den Kopf gegangen sind: „Ich musste im Endspiel den großen Bobby Charlton beschatten, und der ist gelaufen wie um sein Leben." Nach der Verlängerung sei er, der acht Jahre jüngere Beckenbauer, so was von kaputt gewesen, dass er nur noch gedacht habe: „Endlich ist dieser Sch... vorbei."

Durch das Programm der Benefiz-Gala führt Werner Hansch, die „Stimme des Reviers". Er selbst bezeichnet sich ja immer scherzhaft als „Singvogel" für alle Gelegenheiten. Jedenfalls ist Hansch bei so viel Fußballprominenz im Saal ganz in seinem Element. Locker gehen ihm die Sprüche von der Zunge, versprüht er vor allem reichlich seinen Charme, als er Anke Sieloff ankündigt. Sie ist die Tochter von Nationalspieler Klaus-Dieter Sieloff, der in der Bundesliga für den VfB Stuttgart und für Borussia Mönchengladbach tätig war. 1966 hat er zum Kader der deutschen Nationalmannschaft bei der Fußball-WM in England gehört, ist also ebenfalls unter meinen Geburtstagsgästen.

Die hübsche Anke ist keine Schlager-Maus, sondern eine seriös ausgebildete Sopranistin mit einer wunderbaren Stimme und regelmäßigen Engagements am Musiktheater im Revier. Ihr Auftritt an diesem Abend im Casino Hohensyburg ist unbestritten ein Erfolg. Anhaltender Applaus belegt das. Und so fühlt Werner Hansch sich berufen, Anke

Sieloff auch Franz Beckenbauer wärmstens ans Herz zu legen. Für das nächste Länderspiel, wenn vor dem Anstoß wieder die deutsche Nationalhymne gesungen werden soll. Da habe es ja letztens bei der Eröffnung der Allianz-Arena in München einen peinlichen Patzer mit dem Text gegeben, jenes „Brüh im Lichte dieses Glückes…" Und Hansch an die Adresse von Beckenbauer: „Die Anke, die macht das unfallfrei."

Franz Beckenbauer mimt den Bescheidenen und meint, er könne die Auswahl der Sängerinnen oder Sänger doch gar nicht beeinflussen. Darauf Hansch mit forsch erhobener Stimme: „Meine Damen und Herren! Wir haben heute Abend gelernt, unser Kaiser Franz hat keinen Einfluss…"

Früher sind die Nationalhymnen nicht gesungen worden. Meistens hat eine Bundeswehrkapelle gespielt oder eine bekannte Band. Jedenfalls war es eine Sache der Blasmusik. Zur sonstigen musikalischen Unterhaltung bei deutschen Länderspielen ertönte über viele Jahre hinweg die Hammondorgel von Franz Lambert. Er war fast so etwas wie ein Maskottchen der Nationalmannschaft. Wenn der Franz auf Tournee ging, spielte er in ausverkauften Sälen. Das gelingt ihm heute nicht mehr. Wie der Fußball hat sich auch die musikalische Mode gewandelt. Aber auf meiner Geburtstagsparty lässt Franz Lambert seine Finger wie zu seinen besten Zeiten über die Tasten fliegen.

Das weckt Erinnerungen. Bei uns und bei Dettmar Cramer. Der „Fußballprofessor" ist zu meiner besonderen Freude der Einladung gefolgt. Wer ihn nicht kennt und diese kräftige sonore Stimme hört, ohne den Mann auch zu sehen, vermutet dahinter einen Kerl von mindestens 1,90 Meter.

Das ist typisch für Dettmar Cramer. Der sportliche Laie, der ihm unvorbereitet begegnet, wird kaum glauben wollen, dass er einer der größten Fußballkapazitäten der Welt gegenübersteht. Bis Cramer zu sprechen beginnt. Richtiger: zu dozieren. Wenn es um Fußball geht, ist sein Redefluss ohnehin kaum zu bremsen. Ein laufendes Fußball-Lexikon. Sein enormes Wissen um Trainingslehre, Fragen der Taktik, kurz um alles, was den modernen Fußballsport ausmacht, hat Cramer in rund 90 Ländern aller Kontinente ausgebreitet. Als Entwicklungshelfer im Auftrag von DFB und FIFA, als Nationaltrainer in Japan und in den USA, als Botschafter des Fußballs. Einer, der dem Namen Deutschlands immer und überall Ehre gemacht hat.

Dettmar Cramer stammt wie ich aus Dortmund (spricht aber feinstes Hochdeutsch – im Gegensatz zu mir, der seinen Ruhrgebiets-Akzent nicht verleugnen kann. Und auch gar nicht verleugnen will.) Er hatte mich schon in seinen Händen, als er Trainer des Westdeutschen Fußball-Verbandes war – ein Amt, das er als 24-Jähriger übernahm! Nicht nur mich hat er geformt, sondern auch viele andere Fußballer meiner Generation. Sepp Herberger hatte Cramer in seinem Trainerstab. Herbergers Nachfolger Helmut Schön mochte erst recht nicht auf den Rat des kleinen „Fußballprofessors" verzichten. Sein Anteil an unseren Erfolgen bei der Fußball-WM 1966 ist unbestritten.

Bei meiner Geburtstags-Gala sagt Dettmar Cramer viele nette Worte über mich. Ein Mannschaftsspieler sei ich gewesen. Und ein guter Fußballer. Was bei einem Torhüter heißen soll, dass er den Ball im Strafraum auch mit dem Fuß ordentlich abwehren kann. Und seine Abschläge nicht auf der Tribüne, sondern bei einem Mitspieler landen.

Keiner, so Cramer, sei besser gewesen als Tilkowski damals in England – außer Jaschin. Kein Widerspruch. Lew Jaschin gilt vielen Experten als bester Torwart aller Zeiten. In England nannten sie ihn „Schwarzer Polyp", in Südamerika „Schwarze Spinne". Wegen seiner endlosen Arme. 813 Spiele bestritt Jaschin für Dynamo Moskau, in 78 Länderspielen stand er im Tor der Nationalmannschaft der UdSSR, mit der er Olympiasieger (1956) und Europameister (1960) wurde. 1990 ist er gestorben, nur 61 Jahre alt.

Alle Torhüter meiner Zeit haben zu dem langen Jaschin aufgeschaut, im wahrsten Sinn des Wortes. Er war der Prototyp des sachlichen, unaufgeregten und unspektakulären Torhüters. Seinem Stil eiferten sowohl Gordon Banks als auch ich nach.

Noch einmal Dettmar Cramer. Er kommt auf meine Trainingsarbeit zu sprechen: „Allein 800 Stunden hat Hans Tilkowski das Fausten geübt."

Also, mitgezählt habe ich nicht.

Mit den Fäusten war ich übrigens ganz gut. In meiner Jugend habe ich nicht nur vor den Ball getreten, sondern auch im Boxring gestanden.

Torhüter – Torwart – Tormann. Oder die Frage: Wann ist der Torhüter ein Mann? Werner Hansch, der die Bühne im Casinosaal souverän beherrscht, verrät den Gästen, dass Hans Tilkowski diese Frage bereits ultimativ beantwortet habe. Und zitiert mich dann wie folgt: „Wenn ein gegebenes oder nicht gegebenes Tor das Leben eines Mannes verändert, dann ist er kein Mann."

Na ja. Entscheidend verändert hat das Wembley-Tor meine Lebenseinstellung bestimmt nicht. Aber es hat mich gelehrt, dass man einem schmerzlichen Erlebnis auch eine positive Seite abgewinnen kann.

Das positive Ergebnis meiner Benefiz-Gala vom 12. Juli 2005 halte ich zehn Wochen später in Händen. 35.257,79 Euro haben Gäste und Gratulanten zu meinem Geburtstag für das Friedensdorf International gespendet. Also für jene Einrichtung, die sich seit 39 Jahren um verletzte und kranke Kinder aus Kriegs- und Krisengebieten kümmert.

Zusammen mit meiner Frau überreiche ich den Scheck in Dinslaken an Wolfgang Mertens vom Friedensdorf.

Zu meinem Geburtstag erhalte ich reichlich Post. Glückwünsche aus dem In- und Ausland. Und auch die Autogrammjäger sind aktiv.

Sogar die Kripo schreibt. Ein Kriminalhauptkommissar aus Bensberg teilt mir mit, er habe in einer vietnamesischen Fußballfachzeitung von meinem runden Geburtstag gelesen; seine vietnamesische Frau habe ihm das übersetzt. „In dem Bericht werden Sie ausführlich porträtiert, nur mit dem Geburtsdatum lagen die Redakteure falsch." Das hatte man in Vietnam auf den 12. Juni vorverlegt, wie der Herr Kommissar ermittelte. Er schreibt weiter: „Ich bin 56 und quasi mit Ihnen als Jugendlicher aufgewachsen. Wenn meine beiden Töchter mal einen Misserfolg im Leben haben – und wer hat den nicht – greife ich gerne auf die Geschichte von Hans Tilkowski zurück, den sein Trainer 1962 kurzerhand bei der Weltmeisterschaft ausgebootet hatte, der aber weiter sportlich und fair kämpfte, vier Jahre später Vizeweltmeister wurde und trotz dieses Tores, das wohl keines war, den Kopf nicht hängen ließ."

Freut mich, wenn ich solchermaßen auch noch pädagogisch von Nutzen sein kann.

Der folgende Brief fällt aus dem Rahmen, er kommt aus China, von Herrn Weng Chenhao in Shanghai. Geschrieben ist er in Englisch, fein säuberlich auf einer Schreibmaschine getippt, an „Dear Hans". Ich vermute, der Autor muss ein älterer Herr sein. Dafür spricht zum einen seine überschwängliche asiatische Höflichkeit, mit der er sich als „an honest fan of yours" vorstellt. Als ein aufrichtiger Fan. Zum anderen verblüfft er mit einer detaillierten Statistik meiner kompletten Bundesligaspiele und Einsätze in der Nationalmannschaft. Die blumige Schilderung seiner Liebe zum Fußball beendet er mit dem Versprechen: „We will walk together!" Abschließend folgen eine Beschreibung der geografischen Lage Chinas sowie ein Loblied auf die herrlichen Berge, Flüsse und Sehenswürdigkeiten seiner Heimat. Und die Versicherung: „Chinese people are enthusiastic and hospitable."

Soweit der Brief von Herrn Weng Chenhao. Wer würde es nach seiner Lektüre noch wagen wollen, an der chinesischen Begeisterung und Gastfreundschaft zu zweifeln? In China bin ich noch nicht gewesen. Vielleicht ein Fehler.

Auch der weit gereiste Rudi Michel hätte an einem so kenntnisreichen und treuen Fußballfreund aus dem fernen Asien seine Freude.

Freund Rudi hat ebenfalls geschrieben, sich für die Einladung zur Geburtstags-Gala bedankt, die er als „heiter, locker, unterhaltsam und stilvoll" bewertet.

Die Lobreden, die launigen wie die seriösen, hätte ich verdient. Und ich sei in meinem Leben den richtigen Weg gegangen. Meint Rudi Michel.

Da bleibt mir nur eine Erwiderung: Danke an alle, danke für alles, danke vor allem für die Spenden zugunsten des Friedensdorfes International.

Heute schreibt so mancher seine Erinnerungen und Erfahrungen schon in der Mitte seines Lebens nieder. Ich habe damit bis nach meinem 70. Geburtstag gewartet. Und kann nun getrost Bilanz ziehen.

Ich würde nichts anders machen. Ich möchte nur alles noch einmal erleben …

KAPITEL 2

Meine Kindheit im Kohlenpott

Es ist eine unruhige Welt, in die ich 1935 hineingeboren werde. Als zweites Kind von Johann und Martha Tilkowski.

Im Ruhrgebiet gärt es. Mit Flugblättern und Klebezetteln warnt die Widerstandsbewegung vor den wahren Zielen der braunen Machthaber.

Die Sozialdemokratische Partei ist im Juni 1933 von den Nazis verboten worden, ihr Vorstand arbeitet vom Exil in Prag aus. Im Revier haben die Genossen ihre Zentrale in der alten Brotfabrik Germania in Duisburg-Hamborn eingerichtet. Die Fahrer verteilen mit ihren Lieferwagen nicht nur Brot, sondern auch die geheimen Nachrichten aus Prag und Duisburg.

Wenige Wochen vor meiner Geburt am 12. Juli zerstört die Gestapo in einer groß angelegten Verhaftungsaktion den Kern der Untergrund-Organisation Germania. Ein harter Schlag für die SPD.

Mein Vater ist Sozialdemokrat und Gewerkschafter. Aber vor allem ist er Bergmann, hat eine Familie zu ernähren. Eine Familie mit drei Kindern. Meine Schwester Brunhilde ist 1930 geboren. Fünf Jahre später folge ich, 1942 unser Nesthäkchen Renate.

Die Bergleute haben wenig im Sinn mit Hitler und seiner Politik. Aber die Früchte ihrer schweren Arbeit, nämlich Kohle und Energie, werden von den Nazis für die Volkswirtschaft gebraucht. Und für die faschistischen Kriegspläne. Dem wachsenden Unmut in den Zechenbelegschaften wegen Kurzarbeit und stagnierender Lohnentwicklung versucht die nationalsozialistische Volkswohlfahrt deshalb mit der Verteilung von Lebensmittel-Gutscheinen zu begegnen.

Dennoch bekämpft mein Vater, wie viele der Kumpels, die Nazis im Rahmen seiner Möglichkeiten. Meine Mutter ist es, die ihn immer wieder bekniet, ja kein Risiko einzugehen, das die Familie gefährden könnte.

Dabei landet meine Mutter nach Ausbruch des Zweiten Weltkrieges beinahe selbst im Gefängnis, weil sie den abgemagerten Kriegsgefangenen bei jeder Gelegenheit etwas von den wenigen Lebensmitteln zuschiebt, über die wir verfügen. Insgesamt sollen in Dortmund während der Kriegsjahre fast 30.000 Kriegsgefangene und Zwangsarbeiter im Einsatz gewesen sein.

Wir Kinder erfahren von diesen Dingen so gut wie nichts. Wir führen ein Kinderleben, das ich trotz der materiellen Einschränkungen in guter Erinnerung habe.

Wir wohnen in Husen, im östlichsten Zipfel von Dortmund. Die „aufgelockerte Industriegroßstadt“, wie der Fachausdruck damals lautet, ist mit knapp 550.000 Einwohnern und 27.152 Hektar Stadtgebiet die seinerzeit flächengrößte Metropole nach Groß-Berlin.

Husen gehört, wie 22 andere Gemeinden des ehemaligen Landkreises, erst seit 1928 zu Dortmund. Ein Vorort, der teils durch den Bergbau, teils durch die Landwirtschaft geprägt ist.

Das Türschild der Tilkowskis hängt in der Westicker Straße 44. An einem Achtfamilienhaus der Zechenkolonie. Hier, in einer Zechenwohnung mit Plumpsklo, bin ich zur Welt gekommen. Hausgeburten sind damals die Regel gewesen.

Noch dichter an der Stadtgrenze haben meine Großeltern gewohnt. In einem Haus, wo die eine Straßenseite zu Dortmund, die andere schon zum Kreis Unna gehört.

Husen und die Nachbarorte sind eng mit der Entstehung und dem Schicksal der Zeche Kurl verknüpft. Schon 1853 hatte eine französische Gesellschaft in Husen und Umgebung nach Kohle gebohrt und in einer Tiefe von 750 bis 800 Fuß das Kohlegebirge entdeckt. Arbeitskräfte kamen aus allen Gebieten, vornehmlich aus den deutschen Ostprovinzen und aus Polen.

Auch meine Großeltern sind wegen der Arbeitsplätze im Bergbau zugewandert. Aus Schöneberg bei Marienburg im damaligen Westpreußen.

In der Zeche Kurl hat mein Vater zuerst gearbeitet. Bis 1931, als die Zeche stillgelegt worden ist. Es gibt noch Kohle, nur das Geld fehlt. Die Bergwerkgesellschaft kapituliert vor der Weltwirtschaftskrise.

Zum Glück hat Johann Tilkowski sich nicht in das Millionenheer der Arbeitslosen einreihen müssen. Der junge Vater – meine ältere Schwester war gerade geboren – findet Arbeit in der Zeche in Scharnhorst, einem wenige Kilometer weiter westlich gelegenen Vorort von Dortmund.

Wenn ich heute durch die Brille meiner Erfahrungen auf meine Kinder- und Jugendjahre zurückblicke, dann sehe ich Husen als eine Art Klein-Liverpool. Und das benachbarte Kaiserau, wo ich und viele andere Fußballtalente den ersten Schliff bekommen haben, betrachte ich als Klein-Manchester.

In Husen alias Klein-Liverpool habe ich eine Kindheit verlebt, die ich um nichts in der Welt missen möchte.

Ich denke gern daran zurück. Vor allem an die Menschen dort. Vielen bin ich bis heute freundschaftlich verbunden.

Kein Wunder. Als ich eingeschult werde, sitzen fünf Jungen und drei Mädchen aus der Westicker Straße in meiner Klasse. Wir gehen in die evangelische Lilienthal-Schule.

Die Straße ist unser Spielplatz, vor allem im Sommer. Ich bin ein hundertprozentiger Straßenfußballer. Wir treten nach allem, was halbwegs rund ist. Und wir spielen in den warmen Monaten barfuß. Wer einen alten Tennisball hat, ist König. Unser wichtigster Kumpel aber ist Pudding.

Pudding heißt eigentlich Rudi. Pudding, Schuschu (Günther) Fiffi (Winfried), Willi und Hänschen (so nennen mich die älteren Husener noch heute) – wir sind ein verschworenes Quintett. Und Pudding ist so wichtig, weil er unsere Bälle näht. Aus Lumpen und aus Was-weiß-ich-nicht. Ihm gelingen schöne runde Stoffkugeln. Wir haben dieses balllähnliche Ding „Pille“ genannt. „Pudding“ ist dafür verantwortlich, dass wir immer eine „Pille“ haben.

Vom Krieg haben wir vor allem die Luftangriffe mitbekommen. Die passieren meistens nachts. Einmal habe ich vom Fenster aus gesehen, wie ein feindlicher Flieger von den Flakscheinwerfern erfasst worden ist. Das habe ich meiner Clique ausführlich erzählen müssen. Eigentlich darf niemand mehr in der Wohnung sein, wenn die Luftschutzsirene vor einem Bombenangriff gewarnt hat. Dafür sorgen schon die Blockwarte, die durch das Treppenhaus stürmen und im Kommando-Ton brüllen: „Marsch, marsch, alles runter in den Keller!“ Der Luftschutzkeller ist mit Balken abgestützt. Was bei einem Volltreffer aber auch nichts geholfen hätte. Sie wären weggeknickt wie Streichhölzer.

Verlassen können wir uns allerdings nicht darauf, dass nur in der Dunkelheit bombardiert wird.

Eines Tages sitze ich gerade auf einem Kinder-Drehstuhl im Friseurladen, als die Sirene feindliche Flieger ankündigt. Der Friseur ist erst mit einer Seite meines Kopfes fertig, legt sofort Kamm und Schere beiseite und schickt mich nach Hause in den Bunker. Mit meinem halbfertigen Haarschnitt bin ich eine gefundene Zielscheibe für Frotzeleien. „Na, Hänschen, hat das Geld nicht ganz gereicht?“

Erst am übernächsten Tag wird das Werk vollendet.

Für die Dortmunder Zivilbevölkerung beginnt 1943 eine nie gekannte Leidenszeit, denn nun laden die britische wie auch die amerikanische Luftwaffe zu jeder Tages- und Nachtzeit ihre Bombenfracht über dem Ruhrgebiet ab. Die Westfalenmetropole ist eins der bevorzugten Ziele, weil in der Stadt wie in der Umgebung zahlreiche Rüstungsbetriebe und Raffinerien produzieren. Aber auch die Reinoldikirche, das Dortmunder Wahrzeichen, und die Westfalenhalle werden von den Bomben in Schutt und Asche gelegt.

Am 12. März 1945, also keine zwei Monate vor Kriegsende, erlebt Dortmund das fürchterlichste Bombardement der Alliierten im gesamten Zweiten Weltkrieg: 1.100 Kampfflugzeuge werfen 4.899 Tonnen Sprengkörper ab – ein trauriger Rekord in der Geschichte meiner Heimatstadt.

Mit einem schmerzlichen Ergebnis: Nur noch geschätzt 330.000 Einwohner halten in den Trümmern aus; 92,4 Prozent des alten Stadtkerns sind zerstört und fast 60 Prozent seines Wohnraums vernichtet.

In Husen sind wir vom Schlimmsten verschont geblieben. Nur einmal ist eine Granate im Nachbarhaus eingeschlagen. Die Menschen in der Westicker Straße haben einander geholfen. Bergleute wie mein Vater, die mit der Partei nichts am Hut haben, stehen zwar unter Beobachtung, und in unserer Straße wohnen auch zwei SA-Männer. Aber unausgesprochen gilt: leben und leben lassen.

Mit dem Landwirt Wilhelm Meinberg im benachbarten Wasserkurl, seines Zeichens stellvertretender Reichsbauernminister und Personaldirektor der Göring-Werke in Salzgitter, verbindet meine Familie in dieser Zeit ungeachtet der unterschiedlichen politischen Ansichten sogar ein freundschaftliches Verhältnis. Mein Opa mütterlicherseits hält auf dem Meinberg-Hof den Garten in Schuss, meine Mutter hilft bei der Ernte. Und wir Kinder spielen zusammen.

Unsere dörflich geprägte Gemeinschaft ist im „Dritten Reich" eine kleine Welt für sich. Jeder kennt jeden, ständig läuft man sich über den Weg. Auch hier haben die Menschen eine Gesinnung: schwarz, rot, dunkelrot, braun. Aber sie tragen ihre Gesinnung nicht vor sich her wie eine Fahne. Man lebt pragmatisch. Ideologen toben sich am Stammtisch aus.

Wilhelm Meinberg ist trotz seiner hohen Stellung bei den Nationalsozialisten in unserem Ort geachtet und beliebt. Sicher trägt auch er als stellvertretender Reichsbauernminister die Mitverantwortung an den NS-Verbrechen. Doch für die Leute in seinem Umfeld fühlt er Verantwortung, die nicht von der Nazi-Ideologie beeinflusst ist. So holt Meinberg den ehemaligen sozialdemokratischen Bürgermeister noch auf dem Bahnhof aus dem Zug, bewahrt ihn vor dem Abtransport ins Lager.

Den gleichen Dienst erweist er einem früheren kommunistischen Kommunalpolitiker. Auch der hat es Meinberg zu verdanken, dass er nicht in einem KZ verschwindet.

Nach dem Krieg beginnt die Jagd der Sieger auf die ehemaligen Nazi-Größen. Wilhelm Meinberg sitzt in Recklinghausen im Gefängnis. Aber die Menschen, denen er geholfen hat, die lassen ihn jetzt nicht im Stich. Ob Sozialdemokraten oder Kommunisten – sie sagen für ihren heimlichen Schutzpatron aus. Auch mein Vater tut das.

Eine wahre Begebenheit aus meiner Kindheit, die mich an zwei Romanfiguren aus einer norditalienischen Dorfidylle erinnert: an Don Camillo und Peppone. Der Pfarrer und der kommunistische Bürgermeister. Politische Streithähne mit völlig unterschiedlicher Gesinnung, aber einig, wenn es darum geht, Mitmenschen aus der eigenen Gemeinschaft zu helfen.

In Wasserkurl haben wir eine ähnliche Geschichte auf Westfälisch erlebt.

Wilhelm Meinbergs Sohn Dirk ist in meinem Alter, bewirtschaftet heute den Hof. Mit ihm und seiner Familie bin ich nach wie vor befreundet.

Gespielt haben wir auf dem Meinberg-Hof – aber auch auf einem Leichenwagen, mit dem in Husen die Särge zum Friedhof gefahren worden sind. Auf diesem Leichenwagen, der einem Bierverlag gehört, kann man sich prima verstecken.

Besagter Wagen wird von einem Pferdegespann gezogen. Und wir dürfen die Hufe der Pferde putzen. Richtig schwarz müssen die Hufe sein, damit es auch feierlich aussieht im Trauerzug. So schwarz wie die Umhänge, die man bei Beerdigungen den Pferden über den Rücken wirft.

Besonders stolz bin ich, wenn ich in aller Herrgottsfrühe, noch ehe es hell wird, mitfahren darf, um für unsere Zechensiedlung die Deputatkohle vom Bergwerk zu holen.

Der Bierverleger ist auch der einzige im Ort, der eine Taubenuhr hat. Also rennen wir, wenn die Tauben vom Wettflug zurückkehren, mit den Ringen zur Taubenuhr, um die jeweilige Flugzeit registrieren zu lassen.

Für uns Kinder ist jeder Tag randvoll ausgefüllt. Schule und Hausaufgaben, Fußball, Kaninchenfutter suchen, Holz sammeln. Die Bergleute verlassen sich nicht allein auf die Zuteilungen, die es auf Lebensmittelkarten gibt. Sie sind „Selbstversorger". Wir halten Kaninchen,

Hühner und Schweine. Ich habe noch die energischen Rufe meiner Mutter im Ohr: „Komm nach Hause, Hänschen, Schweine sauber machen!" Und natürlich immer gerade dann, wenn wir mitten in einem spannenden Fußballspiel sind.

Schweine sauber machen heißt: Es wird geschlachtet. Heimlich natürlich. Auch beim „Schwarzschlachten" haben die Bergleute zusammen gehalten. Dafür ist auch brüderlich geteilt worden.

Schon damals ist Fußball meine große Leidenschaft gewesen. Bei meinen Eltern habe ich dafür wenig Gegenliebe gefunden. Mein Vater nimmt auf meine fußballerischen Ambitionen keine Rücksicht. Schon gar nicht, wenn er Strafen ausspricht. Habe ich wieder mal etwas ausgefressen, darf ich nicht zum Training. Zum Glück kann ich mich meistens auf ein gewisses mütterliches Verständnis verlassen.

Einmal schleiche ich mich trotz Stubenarrests aus dem Haus. Wir wohnen im ersten Stock. Meine Mutter steht am Fenster, droht mit dem Zeigefinger, wirft mir dann aber doch die Pöhler, wie im Revier die Fußballschuhe heißen, auf die Straße runter.

Was wir damals so Fußballschuhe nennen. Da sind wir sehr erfinderisch gewesen. Und haben uns auch mal als „Selbstversorger" versucht.

Eines Nachts steigen wir also in den Lagerraum der katholischen Schule von Husen ein, wo, wie wir ausgekundschaftet haben, Sachen von Kriegsgefangenen aufbewahrt werden. Unser Beuteziel: Schuhe. Wir erwischen in der Dunkelheit auch einen ganzen Sack davon. Und dann nichts wie weg. Den Sack verstecken wir auf dem Stallboden unter dem Stroh.

Als wir Tage später unseren Fang begutachten, machen Hänschen, Pudding und Konsorten lange Gesichter: Es sind lauter linke Schuhe.

Am nächsten Sonntag spiele ich in der Schülermannschaft von SV Husen 19, meinem ersten Verein, auf Rechtsaußen. Und meine Füße stecken in zwei linken Schuhen.

Der Sportplatz befindet sich gleich gegenüber von unserer Schule. Und er liegt an der Eisenbahnstrecke Dortmund - Hamm, die sehr befahren ist. Besonders von Zügen mit Kohlewaggons. Da der Platz keine Einzäunung hat, passiert eines Tages der befürchtete größte anzunehmende Unfall. Ein scharfer Schuss befördert den Ball über das Tor in den Waggon eines vorbeizuckelnden Güterzuges.

Unser Ball ist futsch. Und Trauer angesagt.

Das ist aber noch nichts gemessen an dem, was mich erwartet, als ich meine neuen hohen Schuhe, die meine Mutter gerade dank eines Bezugscheins und guter Beziehungen erstanden hat, mit Hilfe meiner Kumpels in Fußballtreter verwandele. Wir schlagen erst die Absätze mit einem Meißel ab, dann hauen wir mit dem Locheisen Stücke aus einem Transportgummi, die wir als Stollen unter die Sohlen meiner Sonntagsschuhe nageln.

Zu Hause erwartet mich ein Donnerwetter der Orkanstärke zehn. Meine Mutter will das Wort Fußball nicht mehr hören.

Das ist freilich nicht der Grund, warum sie Zeit ihres Lebens nie ein Spiel von mir gesehen hat. Nicht einmal, als ich schon im Tor der Nationalmannschaft stehe und die Länderspiele im Fernsehen kommen.

Es hätte sie, wie meine Mutter gesteht, zu sehr aufgeregt.

Meine Mutter ist eine herzensgute Frau gewesen. Mit einer beispielhaften Fürsorge für ihre Familie. Als nach dem Krieg die Lebensmittelknappheit bedrohliche Ausmaße annimmt, geht sie, wie viele andere Frauen auch, mit uns auf Hamsterfahrten. Ins Münsterland oder in die Soester Börde. Sogar bis nach Diepholz.

Die Züge fahren seinerzeit so langsam, dass wir vom Bahndamm aus aufspringen können, uns auf dem Kohlentender niederlassen, auch schon mal im Bremserhäuschen verstecken oder einfach auf dem Trittbrett stehen.

Wohl dem, der etwas hat, was er den Bauern zum Tauschen anbieten kann. Sonst bleibt nur der Appell an die Gutherzigkeit. Oder das mühsame Ährenlesen und Kartoffelsuchen auf schon abgeernteten Feldern.

Zwischen Kriegsende und Währungsreform blüht der Schwarzmarkt. Da können aber nur Leute mit dicker Brieftasche mitmischen. Lebensmittel kosten das Zwanzig- bis Dreißigfache vom normalen Preis. Ein Dreipfund-Brot zum Beispiel 30 Reichsmark, ein Pfund Fleisch 20

Reichsmark und mehr. Als „Ersatzwährung“ werden auch Zigaretten akzeptiert. Ein Glimmstängel ist fünf Reichsmark wert.

Wer satt werden will, darf nicht zimperlich sein. Und wir Kinder lernen den sorgfältigen und sparsamen Umgang mit allem, was halbwegs genießbar ist.

Lebensmittel – für uns sind sie in erster Linie Überlebensmittel.

Mein erstes Taschengeld verdiene ich mir während meiner Schulzeit in unserer Kirche. Drei Jahre lang habe ich zusammen mit meinem Cousin und einem Freund die Glocken geläutet.

Wir müssen uns zu jeder Beerdigung, am Samstagabend und dreimal vor den Gottesdiensten am Sonntagvormittag an die drei Glockenseile hängen. Für drei Mark im Monat holen wir uns dabei jedes Mal schwarze Hände. Außerdem riechen wir anschließend leicht nach Kneipe. Unser Küster ist nämlich ein leidenschaftlicher Konsument von Kautabak. Wenn er selbst zum Glockenseil greift, spuckt er vorher kräftig in die Hände. Deshalb sind die Seile getränkt von seinem Kautabaksaft. Den Gestank werde ich nie vergessen.

Sonntags beim Läuten zum Elf-Uhr-Gottesdienst bin ich manchmal in Zeitnot geraten. Dann habe ich mich, trotz intensiver Beobachtung durch meine Oma, heimlich aus der Kirche geschlichen, weil ich auf dem Fußballplatz unbedingt unsere A-Jugend sehen will. In der A-Jugend zu spielen – das ist mein sportliches Nahziel.

Aber erst einmal wird mir im Frühjahr 1950 bewusst gemacht, dass es in einem jungen Leben noch andere Dinge gibt als Spiel, Spaß und Sport. Meine Schulzeit ist beendet, und ich werde konfirmiert. Die Konfirmation wird im Familien- und Bekanntenkreis gefeiert. Was für mich heißt: Tische und Stühle aus der Nachbarschaft herbeischaffen, damit alle Gäste Platz finden. Der Konfirmand hat also tagelang eine tragende Rolle.

Unterdessen rennt meine Mutter sich die Hacken ab, um eine Lehrstelle für mich zu finden. Ausbildungsplätze waren fünf Jahre nach dem Zweiten Weltkrieg mindestens so rar wie heutzutage. Es klappt mit Hilfe von „Vitamin B“. Ohne Beziehungen läuft einfach gar nichts.

Im Alter von 14 Jahren und achteinhalb Monaten beginne ich eine Lehre als Stahlbauschlosser. Bei der C. Deilmann GmbH in Kurl, einem Bergbauzulieferer.

Am 1. April 1950 fange ich an. Mein Weg zur Arbeit ist kurz; eine Viertelstunde zu Fuß. Weniger erbaut bin ich vom Inhalt meiner monatlichen Lohntüte. Im ersten Lehrjahr sind es 32 Mark, im zweiten 45 und im dritten 57 Mark. Brutto, wohlgemerkt. Da gehen noch die Abgaben runter, und zum Haushaltsgeld muss ich auch etwas beisteuern. Bleibt kaum noch Taschengeld übrig.

Ich beneide meine ehemaligen Schulkameraden, die eine Lehre im Bergbau angefangen haben. Die verdienen glatt das Dreifache. Also entscheide ich still für mich, Bergmann zu werden. Was jedoch am heftigen Widerstand meiner Mutter scheitert.

Auch meine Mutter konnte einen westfälischen Dickschädel aufsetzen. Ihre Ablehnung hat aber einen tieferen Grund. Einen, dem ich mich nur widerwillig gebeugt habe, damals in meiner jugendlichen Unbekümmertheit.

Meine Mutter will keinen zweiten Bergmann in der Familie. Sie möchte nicht noch einmal so bange Stunden mitmachen müssen wie 1938. Da war mein Vater in der Schachtanlage Scharnhorst verschüttet.

In einem vergilbten Ausschnitt der Westfälischen Landeszeitung Rote Erde vom 14. August 1938 ist das Drama unter Tage nachzulesen.

Sie waren zur Mittagsschicht am Dienstag angefahren. Die Hauer Johann Tilkowski und Josef Westermann arbeiten im Flöz Mausegatt, dritte Sohle, vor Ort an einer Strecke, die weitergetrieben werden soll, um die Abbauwürdigkeit festzustellen.

Zu spät hören die beiden den Warnruf eines Reparaturhauers. Schon kracht es über ihnen, Stempel splittern, der niedergehende Bruch versperrt den Weg nach draußen.

Sie sind gefangen. In 326 Meter Tiefe.

Vor dem Grundwasser flüchten Tilkowski und Westermann in einen leeren Förderwagen. Eine Lampe ist zerbrochen, die zweite hält noch für zwölf Stunden. Dann herrscht trostlose Finsternis. Und es wird bitterkalt.

Zum Glück ist die Pressluftleitung noch intakt. Über diese Leitung können die Eingeschlossenen Kontakt nach draußen halten und auch mit Nahrung versorgt werden.

Der Bruch erstreckt sich über 15 Meter. In vier Schichten arbeiten die Rettungstrupps sich an die Unglücksstelle vor. Und am Samstagmorgen gegen vier Uhr, nach 86 Stunden des Hoffens und Bangens, werden mein Vater und sein Kumpel geborgen.

Meine Mutter hat ihren Johann wieder. Und auch Sophia Westermann kann ihren Josef in die Arme schließen.

Ein Zeitungsfoto vom 14. August 1938 zeigt meinen Vater, wie er total erschöpft, aber glücklich lächelnd in ein Schinkenbrötchen beißt.

Er hat auch schnell wieder zu seinem Humor zurückgefunden. Gleich nach der Rettung lässt mein Vater einen Spruch los, der in die Geschichte der Zeche eingeht: „Et war doch 'ne verdammt lange Schicht…"

Am 1. Juli 1975 kommt das „Aus" für die Zeche Scharnhorst. Sie wird geschlossen.

Nach Kriegsende ist Sport erst mal Nebensache. Jedenfalls für die Erwachsenen. Sie haben auch genug andere Dinge im Kopf, um die sie sich kümmern müssen.

Mein sportlicher Ehrgeiz aber ist riesig, und meine Fußballträume sind alles andere als bescheiden: Ich will Nationalspieler werden. Egal, wo. Auf die Position des Torhüters bin ich noch nicht festgelegt, spiele oft im Sturm. Später einmal wird Dettmar Cramer, der „Fußballprofessor" aus Dortmund, behaupten: Der Tilkowski hätte auch als Feldspieler Karriere gemacht.

In Husen und im benachbarten Kaiserau, dem Sitz des Westfälischen Fußballverbandes sind damals viele Talente aufgewachsen, die es in den bezahlten Fußball geschafft haben. Trotz schwieriger Voraussetzungen. Sie waren hier wie anderswo zeitgemäß: Es fehlt an allem.

In Husen basteln wir uns die Tore aus Stangen, über die wir so genannte Panzer-Tarnnetze hängen. Es ist ein ständiges Auf- und Abbauen. Alles ist Mangelware und damit eine willkommene Beute für Diebe und Plünderer.

Einer, der damals beim SV Husen 19 spielt und auch mit Hand anlegt, wenn wir den Platz vorbereiten, heißt Alfred Preißler, genannt Adi. Er stammt aus Duisburg, hat aber ein Mädchen aus Husen geheiratet.

Adi ist fast 14 Jahre älter als ich und steht vor einer glänzenden Laufbahn. Bald spielt er für Borussia Dortmund, wechselt zu Preußen Münster, wo er 1951 zu zwei Länderspielen berufen wird. Und kehrt dann zum BVB zurück, bildet mit Alfred Kelbassa und Alfred Niepieklo den berühmten Innensturm der „drei Alfredos". Als Borussias Kapitän nimmt Adi, der Mann mit der hohen Stirn, 1956 und 1957 die Meisterschale entgegen. Wobei den Schwarz-Gelben das im deutschen Fußball einmalige Kunststück gelingt, beide Endspiele (4:2 gegen den Karlsruher SC und 4:1 gegen den HSV) in ein und derselben Aufstellung zu bestreiten.

An Vorbildern hat es nicht gefehlt in meiner Schüler- und Jugendzeit.

Ich habe immer viel Bewegung gebraucht, mich auf jedes Training und jedes Spiel gefreut.

Von 1947 bis 1950 versuche ich mich auch als Boxer, kämpfe für den Boxring Kaiserau. Meist habe ich also ein doppelt besetztes Sportwochenende. Samstags schnüre ich die Boxhandschuhe, am Sonntag stehe ich auf dem Fußballplatz. Oder auch mal umgekehrt.

In dieser Zeit lerne ich die zehn Johannpeter-Brüder kennen. Feine Kerle, die Jungs vom Märkischen Boxring Hamm. Und Klasse-Fighter, die Meistertitel sammeln und in die deutsche Auswahl berufen werden. Einmal boxen sieben Johannpeter gegen die Nationalstaffel Schwedens und gewinnen 10:4. Keiner von ihnen ist jemals k.o. gegangen.

Die boxende Großfamilie ist eine Attraktion, ihre Geschichte wird weit über die westfälischen Grenzen hinaus bekannt. Funk, Fernsehen und die damals in den Kinos gezeigten Wochenschau-Filme berichten darüber. Und auch Deutschlands Box-Idol Max Schmeling hat seinen Spaß an der Johannpeter-Riege.

Heute freuen wir uns immer wieder, wenn wir uns aus diesem oder jenem Anlass begegnen.

Später habe ich auch mit den großen Dortmunder Berufsboxern der fünfziger und sechziger Jahre Freundschaften geschlossen. Mit

Schwergewichtseuropameister Heinz Neuhaus, der in seiner Glanzzeit mühelos 18.000 Zuschauer in die Westfalenhalle zog. Mit Willy Quatuor, dem Europameister im Leicht- und Superleichtgewicht. Beide übrigens auch gute Fußballer.

Und Männer, deren sportliche und menschliche Qualitäten mir Hochachtung abnötigen.

Bei den Kampfabenden in der Westfalenhalle bin ich Stammgast gewesen. Ich habe sie mir alle angeschaut, die Matadore in der Arena am Rheinlanddamm: den Peter Müller aus Köln, einen Spaßvogel, der unwahrscheinlich einstecken konnte. Der ist böse um jeden Schlag, der vorbeigeht, haben wir immer geflachst.

Dann den kühlen und eleganten Berliner Gustav „Bubi" Scholz. Den boxenden Metzgermeister Hansi Kalbfell aus Hagen. Und Erich Schöppner aus Witten, einen begnadeten Techniker im Ring. Er war von 1958 bis 1962 Europameister im Halbschwergewicht, hat von seinen 41 Profikämpfen nur einen verloren.

Schöppner hat auch auf dem Fußballplatz eine gute Figur gemacht. Als er beim VfL Witten war und ich beim SuS Kaiserau, haben wir mal gegeneinander gespielt.

Im September 2005 ist Erich Schöppner verstorben. Er wurde 73 Jahre alt.

Als Boxer, das weiß ich, wäre meine Laufbahn sehr bescheiden ausgefallen. Dennoch: Die Zeit im Ring ist nicht umsonst gewesen. Zwischen den Seilen habe ich gelernt, wie wichtig Disziplin und Selbstbeherrschung für einen Sportler sind.

Es gibt einen Spieler, den ich länger kenne als jeden anderen. Schon als Straßenfußballer haben wir unsere Schlachten mal miteinander, mal als Gegner ausgetragen. Er ist aus meinen sportlichen Lehrjahren in Husen und Kaiserau nicht wegzudenken.

Wir haben ihn „Szepan" genannt. Nach Schalkes Spielmacher und Fußballidol der dreißiger und vierziger Jahre. Sein richtiger Name: Erich Pawlak. Und mit dem Ball konnte er tatsächlich fast so gut umgehen wie der legendäre Fritz Szepan.

Lästig ist nur, dass wir auf unseren „Szepan" so oft warten müssen.

Zum Training oder Spiel keucht er meistens erst in allerletzter Minute auf den Platz. Vater Pawlak und seine Jungen sind nämlich Anhänger einer Leidenschaft, die im Ruhrpott damals gleich nach dem Fußball rangiert: Brieftauben. Oder wie wir sagen: Sie sind „Taubenkaspers“. Wenn Erich mal wieder mit Verspätung einläuft, wissen wir, dass er noch schnell den Schlag sauber machen oder die Tauben füttern musste. Da kannte Vater Pawlak kein Pardon.

Allein deswegen entwickle ich eine regelrechte Abneigung gegen dieses Hobby.

Erich und ich, wir haben in den Schüler- und Jugendmannschaften zusammengespielt, dann in den 1. Mannschaften von Husen 19 und beim SuS Kaiserau in der Verbandsliga. Und auch in der Westfalen-Auswahl.

Damals wurde noch der Sieger im DFB-Länderpokal ermittelt. Ein Wettbewerb, der eine längere Tradition hat, als der erst 1935 eingeführte DFB-Vereinspokal. Der Länderpokal hieß 1909 ursprünglich Kronprinzen-Pokal, dann Bundespokal. Unter den Nationalsozialisten wird daraus der Reichsbund-Pokal.

Nach Kriegsende haben die Amateur-Auswahlmannschaften der einzelnen Landesverbände den Länderpokal ausgespielt. Der Westen beispielsweise war mit Mannschaften vom Niederrhein, Mittelrhein und aus Westfalen vertreten.

Der Westfälische Fußball- und Leichtathletik-Verband Westfalen, so seine offizielle Bezeichnung, hat seinen Sitz im Kamener Ortsteil Kaiserau. Also vom Dortmunder Ortsteil Husen aus sozusagen gleich um die Ecke.

Zum Training beim SuS Kaiserau oder zu Lehrgängen der Westfalen-Auswahl in der Sportschule bin ich mit dem Rad gefahren.

Die Einsätze in der Westfalen-Auswahl sind für uns so etwas wie kleine Länderspiele gewesen. Außerdem gelten diese Spiele als Pflichttermine für die Talentspäher der Oberliga-Vereine. Sie stehen am Spielfeldrand oder hocken auf der Tribüne, die Notizbücher gezückt. Sehr bald sind auch die Namen Pawlak und Tilkowski in diesen Notizbüchern vermerkt.

Damals suchen die Spitzenklubs nach ihren Leistungsträgern von morgen vorzugsweise noch innerhalb des eigenen Landesverbandes.

Der BVB beispielsweise hat seine berühmte Doppelmeisterschaft 1956 und 1957 mit einer Mannschaft gewonnen, deren Spieler nur aus Dortmund oder der unmittelbaren Umgebung stammen – wenn man mal von Adi Preißler absieht, dem gebürtigen Duisburger, der aber in der Oberliga West lediglich das Trikot westfälischer Vereine getragen hat. Das schwarzgelbe der Borussia und das schwarz-weiße von Preußen Münster.

Natürlich lassen die Verhältnisse in der Nachkriegszeit auch keine abenteuerlichen Spielertransfers zu. Aber die Personalpolitik von damals hat auch heute noch etwas für sich. Ganz abgesehen vom aktuellen Sparzwang, dem sich viele Klubs ausgesetzt sehen: Spieler aus der eigenen Region sind dem Verein und dem Publikum nun mal viel enger verbunden. Für sie geht es nicht allein ums Geld. Und die Fans tun sich leichter, solchen Spielern Fehler zu verzeihen.

Als Erich Pawlak Kaiserau verlässt, ist dies ein Abschied für nur runde 30 Kilometer. Er spielt künftig für den VfL Bochum und später für den DSC 95 in Dortmund. Wir treffen wieder aufeinander, als ich bei Westfalia Herne im Tor stehe und er einer der Bochumer Leistungsträger ist.

Richtige Fußballschuhe sind in den Jahren nach Kriegsende fast so schwer zu kriegen wie karierte Maiglöckchen. Meine ersten Pöhler verdanke ich Erich Pawlak, der Schuhmacher gelernt hat. Er und sein Chef machen mir ein Paar für 25 Mark.

Was haben wir Fußballer getragen, als noch alles und jedes unter Mangelware lief?

Ein Foto fällt mir in die Hände. Es zeigt unsere Jugendmannschaft vom SuS Kaiserau, die in der Saison 1951/52 Bezirksmeister im Kreis Unna geworden ist.

Mindestens so stolz wie auf diesen Titel sind wir auf unsere neuen Trikots gewesen: gelbe Hemden, die am V-Ausschnitt einen breiten schwarzen Streifen hatten. Sehr schick haben wir das gefunden.

Das Bild erinnert mich aber vor allem daran, wie wir an diese Trikots gekommen sind.

Damals haben wir in Kaiserau einen Jugendleiter namens Emil Ruland, genannt „der Greifer“. Weil er als Mann vom Ordnungsamt bei seinen Kontrollen keine Gnade kennt. Und wenn ja, muss sich das lohnen. Nicht für ihn persönlich, sondern für seine Jungs, also für uns aus der Jugend des SuS Kaiserau.

Ruland ist ein Organisationsgenie. Und ein harter Hund. Als der Verein von einem Gönner – das Wort „Sponsor“ hat damals noch niemand gekannt – mehrere tausend Rasierklingen bekommt, müssen wir Spieler losziehen und die Klingen an den Mann bringen. „Wenn ihr genügend verkauft, kriegt ihr auch neue Trikots“, lautet Rulands Marschbefehl.

Wenn man so will, war dies meine erste Übung für das, was mich heute, an meinem Lebensabend, beschäftigt: das Sammeln von Spenden. Denn was die Leute uns für die Rasierklingen gegeben haben, sind ja eher Spenden gewesen als ein Entgeld für erstklassige Ware.

Die Qualität der Klingen war, gelinde gesagt, mäßig. Ich verkaufte die meisten an die Kollegen in meiner Firma, also bei der C. Deilmann GmbH in Kurl. Wenn mir besagte Kollegen am nächsten Morgen begegnet sind, habe ich in ihren Gesichtern die Kratzer und Schnitte gesehen, verursacht von „meinen“ Rasierklingen. Die Leute ließen sich zwar nichts anmerken, aber ich bin doch lieber in Deckung gegangen.

Zu der Zeit ist bereits die Einsicht gereift, dass meine sportliche Zukunft doch zwischen den Pfosten liegen wird und nicht auf einer Position als Feldspieler. Auch wenn ich, selbst noch bei der Westfalia in Herne, gelegentlich als Stürmer den gegnerischen Strafraum unsicher gemacht habe. Entweder, weil ich eine Verletzung an der Hand hatte oder weil im Angriff Not am Mann war.

In Husen und Kaiserau haben wir nur auf Plätzen mit Aschenbelag gespielt. Auf schwarzer Asche. Wenn ich nach dem Training oder vom Spiel heimgekommen bin, habe ich oft nicht anders ausgesehen als mein Vater nach seiner Schicht auf der Zeche in Scharnhorst.

Das ist aber nicht der Grund, warum ich als Torhüter fast immer ganz in Schwarz gekleidet bin. Und auch der Beiname „Schwarzer

Hans“, eine Erfindung der Journalisten, hat eher etwas mit meiner Haarfarbe zu tun gehabt.

Die Erklärung für die schwarze Montur ist viel simpler: Es hat damals nichts anderes gegeben. Wir haben das angezogen, was der Verein uns zur Verfügung gestellt hat.

Und der Geschmack ist, was die Farben auch der Feldspielertrikots betrifft, so wie die Mode von damals allgemein: sehr konservativ. Als ich einmal, das ist schon zu meiner Herner Zeit gewesen, in einem gelben Torwartpullover aufgelaufen bin, haben die Zuschauer die Köpfe geschüttelt: Jetzt muss der Tilkowski wohl total verrückt geworden sein.

Es hat alles sehr schlicht ausgeschaut im ersten Nachkriegsjahrzehnt. Und manches ist ja auch selbstgebastelt. Wie die Knieschoner, ohne die man besser nicht auf schwarzer Asche spielt. Oder meine Torwarthandschuhe. Für die hat meine Mutter zu den Stricknadeln gegriffen.

Und dann diese Baumwollhosen mit den schnell ausgeleierten Gummibändern. Vor allem, wenn sie bei Regenwetter nass werden, rutschen sie ständig über die Hüften. Wenn ich hochgesprungen bin, um einen Ball zu fangen oder zu fausten, folgte automatisch mein Griff an den Hosenbund: Hochziehen oder riskieren, dass mir die Hose gleich in den Kniekehlen hängt.

Unsere Ausrüstung ist ein kostbares Gut. Auf die Idee mit dem Trikottausch wären wir nicht einmal im Traum gekommen.

Mit 17 Jahren und ein paar Monaten habe ich dann schon in der 1. Mannschaft gespielt. Mit 18 bereits in der Westfalen-Auswahl.

Was mich zu noch größerem Trainingsfleiß beflügelt hat. Zu dieser Zeit bin ich wie besessen von der Idee, den Sprung in den Vertragsfußball und in die Nationalmannschaft zu schaffen.

Mehr Training heißt für mich: täglich. Nach der Arbeit radle ich zur Sportschule in Kaiserau. Verbandstrainer für Westfalen ist Herbert Widmayer, sein Assistent und späterer Nachfolger heißt Walter Ochs. Diesen beiden Männern habe ich sehr viel zu verdanken. Auch sie haben offiziell schon Feierabend, wenn ich mein Fahrrad an der Sportschule abstelle. Es sind zum Glück Fußballverrückte wie ich, die nicht auf die Uhr schauen.

Bei Widmayer und öfter noch bei Ochs hole ich mir meine tägliche Dosis Einzeltraining. Hier, in der Talentschmiede Kaiserau, wird die eigentliche Basis für meine Torhüter-Karriere gelegt.

Was die beiden mit mir gearbeitet haben!

Sie sind nicht mehr unter uns. Sonst wäre hier die rechte Gelegenheit, ihnen noch einmal Danke zu sagen.

Herbert Widmayer ist einer von der unverblümten Sorte gewesen. Immer mit deftigen Sprüchen wie: „Der Tilkowski ist ja auch ein ganz brauchbarer Mittelstürmer. Aber das vergisst er schon mal und nimmt den Ball in die Hand. Und deshalb habe ich ihn ins Tor gestellt ..."

Bei der Fußball-Weltmeisterschaft 1974 fungiert Widmayer als Assistent von Helmut Schön. Im Bundesliga-Fußball hat er den VfL Bochum, den 1. FC Köln und den 1. FC Nürnberg trainiert, den er 1961 zur Deutschen Meisterschaft und 1962 zum Pokalsieg führt.

Seinen Spitznamen „Experte" hat er zu Recht getragen. Auch seine Trainerkollegen haben das so gesehen. Von 1978 bis 1994 ist er ihr Präsident im Bund Deutscher Fußball-Lehrer.

Nach Widmayers Abschied in Kaiserau hat Walter Ochs das Amt des Verbandstrainers übernommen. Vom Typ her ist er das genaue Gegenteil seines Vorgängers: zurückhaltend, kein Freund lauter Töne. Aber ebenfalls ein Experte.

Das „Wunder von Bern" 1954 erlebe ich in der Sportheilstätte Hellersen in Lüdenscheid. Dort liegen zwei Vereinskameraden vom SuS Kaiserau: Mittelläufer Heinrich Berkemeier, der am Meniskus operiert ist, und ich, der wegen eines Muskelrisses im linken Oberschenkel unters Messer muss.

Am Radio hören wir Herbert Zimmermanns legendäre Reportage vom Endspiel Deutschland - Ungarn. Der Mann konnte sich begeistern bis an den Rand des Herzinfarkts. „Toni, du bist ein Fußballgott!", ist einer seiner Jubelschreie, die in die Hörfunk-Geschichte eingegangen sind.

Natürlich gilt meine besondere Aufmerksamkeit Toni Turek, dem Torhüter von der Düsseldorfer Fortuna. Und dem „Boss" aus Essen, Helmut Rahn. Er freut sich über das „Fritz-Walter-Wetter": Nieselregen. Auf dem nassen Rasen kann er richtig abziehen. Was er in der 17. und 84. Minute auch tut.

Deutschland gewinnt 3:2. Deutschland ist Weltmeister. Und ich kann es kaum erwarten, wieder zu trainieren und zu spielen.

1954 darf ich zu meinem ersten Lehrgang bei Sepp Herberger. Der findet auf der Anlage der Sporthochschule Köln statt. Und mir wird nahe gelegt, mich ganz schnell zu entscheiden.

Es geht darum, ob ich Amateur bleiben will und damit zum Kader für die Olympischen Spiele 1956 in Melbourne gehören werde.

Oder ob es mich in den bezahlten Fußball zieht.

Über Geld muss ich mir schon Gedanken machen. Als Schlossergeselle verdiene ich gerade mal 150 bis 200 Mark im Monat.

Was die Bezahlung im deutschen Oberliga-Fußball angeht: Die ist im Vertragsspieler-Statut reglementiert und alles andere als üppig. Aber die Vereine in der Oberliga haben das eine oder andere betuchte Mitglied, das weiterhelfen kann: zum Beispiel mit einem guten Arbeitsplatz. Und dann lässt es sich für einen „Feierabend-Profi" schon leben.

Über Geld habe ich nachgedacht. Aber den Ausschlag gegeben hat mein sportlicher Ehrgeiz. Und der zielt unmissverständlich in Richtung Nationalmannschaft. Nach dem Gewinn der Weltmeisterschaft 1954 ist die Fußball-Nationalmannschaft das Nonplusultra in Deutschland.

Meine Berater sind Walter Ochs und Fritz Schulz, unser 1. Vorsitzender beim SuS Kaiserau. Außerdem ist Schulz der Wirt unserer Vereinsgaststätte. Ein Mann für alle Fälle und mit allen Wassern gewaschen.

Fritz Schulz sehe ich noch vor mir mit einem seiner breitkrempigen Hüte auf dem Kopf. Er kam immer ein bisschen daher wie der „Pate", den Marlon Brando später in dem gleichnamigen Mafia-Epos gespielt hat.

So ganz uneigennützig sind die Pläne, die Schulz mit mir verfolgt hat, wohl auch nicht gewesen.

Klar ist jedenfalls: Ich werde Kaiserau verlassen. Nur wohin?

Fritz Schulz spricht mit Ernst Kuzorra und mit Edi Frühwirth. Der

Schalker Altinternationale und der damalige Schalker Trainer machen sich anschließend offensichtlich gute Hoffnungen.

Ich bitte mir Bedenkzeit aus. Es gibt nämlich noch andere Angebote.

Der erste Verein, der mit mir verhandelt, ist Preußen Münster. Doch mit seinem Präsidenten, dem Bauunternehmer Oevermann, komme ich zu keiner Einigung.

Für den 1. FC Köln spricht, dass er von Franz Kremer geführt wird. Einem Mann, der mit seinen Fußballideen seiner Zeit weit voraus ist. Dem der deutsche Fußball viel zu verdanken hat.

Als gerade mal Zwanzigjähriger will ich aber nicht weg aus meinem gewohnten Umfeld, möchte lieber im Ruhrgebiet bleiben.

Auch der VfL Bochum und der Wuppertaler SV zeigen Interesse.

Und Westfalia Herne klopft an. Der Kontakt kommt über Werner Hesse zustande, der nun das Westfalia-Trikot trägt, nachdem er in seiner Amateur-Zeit mit mir in der Westfalen-Auswahl gespielt hat.

Meine Wahl fällt auf Herne. Und es sind wieder sportliche Gründe, die den Ausschlag geben.

Beim SuS Kaiserau, wo man ein gutes Verhältnis zu den Schalkern pflegt, hätte man gern gesehen, wenn ich ein Königsblauer geworden wäre. Aber beim Altmeister steht mit Manfred Orzessek ein bewährter und erfahrener Mann im Tor, den ich wahrscheinlich nicht so schnell verdrängt hätte. In der Tat ist Orzessek auch noch die Nr. 1, als der FC Schalke dann 1958 Deutscher Meister wird.

Westfalia Herne dagegen geht mit einem neuen Trainer in die Saison 1955/56. Mit Fritz Langner. Dem bisherigen Fußball-Lehrer des Fußballverbandes Rheinland in Koblenz eilt der Ruf voraus, dass er auf den Nachwuchs baut.

Was Langner angeht: Ich brauche meine Entscheidung nicht zu bereuen.

Mein Vater hat sich in den Vertragspoker nicht eingemischt. Hat nur, wenn ich ihn gefragt habe, eine Meinung geäußert. Er hat meinen Fußballehrgeiz immer mit gemischten Gefühlen verfolgt. So richtig begeistern konnte er sich nicht dafür.

Aber ich brauche seinen Segen. Ich bin noch keine 21, also nach damaligem Recht noch nicht volljährig. Und deshalb muss mein alter Herr seine Unterschrift unter meinen Vertrag setzen.

Johann Tilkowski ist kein Fußballer. Seine sportliche Liebe gilt dem Ringen. Wofür ihn die Natur körperlich auch viel besser ausgestattet hat. Er ist ein Baum von einem Kerl, wiegt so um die 120 Kilo. Wenn er bei Germania Kaiserau einen Gegner auf die Matte legt, kommt der so bald nicht wieder hoch.

Auch als Trampolinspringer und in der Sportakrobatik ist mein Vater erfolgreich gewesen. Bauen die Sportakrobaten ihre Pyramide, ist Johann Tilkowski der Untermann, der alle anderen zu tragen hat.

Als der Tag kommt, an dem ich Vertragsfußballer werde, spüre ich aber doch einen gewissen Stolz bei meinem Vater. Er kann es nur nicht so zeigen.

Zum Vertragsabschluss müssen wir nach Herne. In die Schäferstraße 27, zum Schatzmeister der Westfalia. Und wir, die Tilkowskis aus einer Zechenkolonie in Husen, sind von diesem eleganten Viertel mit seinen prächtigen Villen sehr beeindruckt.

Überhaupt: Westfalia Herne ist in den fünfziger Jahren eine gute Adresse. Ein westfälischer Traditionsverein, der dasselbe Gründungsjahr (1904) hat wie Schalke.

Mein Vater unterschreibt am 12. Juli kurz nach Mitternacht. Ich habe seit zehn Minuten Geburtstag und bin zwanzig Jahre alt. Und fühle mich wie einer, dem die ganze Fußballwelt offen steht.

Nur in Schalke ist man verschnupft. Ich bin mir zwar keiner Schuld bewusst, freue mich aber trotzdem, dass ich in der Spielzeit 1955/56, meiner ersten in Herne, dem westfälischen Nachbarn einen Gefallen tun kann.

Kurz vor Saisonschluss ergibt sich folgende Situation in der Tabelle der Oberliga West: Schalke braucht, den eigenen Erfolg bei Preußen Münster vorausgesetzt, die Schützenhilfe von Westfalia Herne bei Alemannia Aachen, um für die Endrunde zur Deutschen Meisterschaft qualifiziert zu sein.

Wie das manchmal so ist: Am Aachener Tivoli habe ich einen Schokoladen-Tag. Die Gastgeber sind überlegen, bestürmen pausenlos unser Tor. Und das ist wie vernagelt. Sogar einen Elfmeter wehre ich ab!

Im Sportteil der Montagszeitungen wird mir eine überragende Leistung bescheinigt. Die Fans am Schalker Markt bejubeln das 0:0 meiner Westfalia genauso wie den 1:0-Sieg ihrer Mannschaft in Münster.

In der Abschlusstabelle reicht es für die Königsblauen hauchdünn zum zweiten Platz. Westmeister wird unangefochten Borussia Dortmund mit 45:15 Punkten. Dahinter folgen Schalke und Aachen mit je 41:19 Zählern. Ausschlaggebend ist das bessere Torverhältnis der Westfalen. Sie stehen in der Endrunde; die Alemannia geht leer aus.

Schalke ist wieder versöhnt mit mir.

Meinem Vater geht es da schon sehr schlecht. Er hat eine typische Bergmannskrankheit, die Steinstaublunge. Leidet außerdem an Bluthochdruck und Zucker.

1956 hat er einen ersten Schlaganfall bekommen. Nach dem zweiten ist er rechtsseitig gelähmt, kann nicht mehr sprechen. Meine Mutter pflegt ihn aufopferungsvoll.

Im Juli 1963 verstirbt mein Vater. Meine Mutter überlebt ihn um 22 Jahre.

Meine Frau und ich pflegen das Familiengrab. Wunschgemäß haben meine Eltern ihre letzte Ruhestätte in Husen gefunden. Dort, wo sie in harten, aber auch schönen Zeiten drei Kinder großgezogen haben.

Das Haus Westicker Straße 44 steht noch immer.

KAPITEL 3

Lehrjahre beim „Eisernen Fritz“

Er ist mein erster Trainer im bezahlten Fußball – und ich sage es gleich: Heute würde seinetwegen in jeder Mannschaft eine Meuterei ausbrechen. Ein Aufstand. Ein Streik. Oder wie immer man offenen Widerstand bezeichnen will.

Er ist ein typischer Trainer der fünfziger Jahre – ich sage aber auch: Zu meiner sportlichen Entwicklung hat dieser Mann Entscheidendes beigetragen.

Fritz Langner, Jahrgang 1912. Ein mitunter gnadenloser Schleifer. Und doch ein Fußball-Lehrer, der größten Wert auf saubere Technik legt. Der auf die Jugend setzt, eine Mannschaft systematisch aufbauen kann. Bei Westfalia Herne hat er es bewiesen.

Trotz aller heimlichen Flüche, die ich wegen Langner ausgestoßen habe: Er war für mich der richtige Trainer zur richtigen Zeit und am richtigen Ort.

Obwohl man bei meinem bisherigen Verein SuS Kaiserau mit meiner Ortswahl keineswegs zufrieden ist. Ich bin schon in Herne, als ich erfahre, warum.

Fritz Schulz, Kaiseraus schlitzohriger Vorsitzender, war hinter meinem Rücken schon mit Schalke einig gewesen. Verhandlungspartner Ernst Kuzorra hatte für damalige Verhältnisse mehr als respektable 5.000 Mark Ablöse geboten.

Aber mit zwanzig habe ich schon einen sehr ausgeprägten eigenen Willen. Mein Ziel heißt nun einmal Herne. Und die Westfalia bekommt mich für 3.000 Mark.

Die regional gegliederten Oberligen sind von 1947 bis zur Einführung der Bundesliga in der Saison 1963/64 die höchste deutsche Spielklasse. Was deren so genannte Vertragsfußballer verdienen dürfen, ist, grob gesagt, zum Leben zu wenig und zum Sterben zu viel. Laut Vertrag steht mir ein Grundgehalt von 160 Mark zu. Für jeden Einsatz gibt es eine Spielzulage von 10 Mark Dazu kommen noch Prämien. Die Summe dieser Bezüge darf im Jahresschnitt monatlich 320 Mark netto nicht überschreiten.

Wir sind keine Amateure mehr, aber auch keine Berufsfußballer. Oder anders herum: Für amateurhafte Bezahlung müssen wir nach Feierabend trainieren wie Profis. Jedenfalls bei Fritz Langner. Eine treudeutsche Erfindung ist dieses Vertragsspieler-Statut vom 4. Juni 1953. Vielerorts wird klammheimlich mehr gezahlt. Keine zehn Jahre später hat dieses Statut, längst durchlöchert wie ein Schweizer Käse, auch schon ausgedient.

Wie es das Statut vorschreibt, sind wir Spieler von Westfalia alle berufstätig. Wer Vorgesetzte hat, deren Herz für die Herner Farben Blau-Weiß schlägt, darf es auch mal halblang gehen lassen an seiner Arbeitsstelle.

Ich bin einer von den Glücklichen gewesen. Als Schlosser habe ich ohnehin keine berufliche Perspektive mehr gesehen. Bei der Elektrizitätsgesellschaft Funke & Huster in Herne bekomme ich die Chance, mich zum technischen Kaufmann umschulen zu lassen. Und finde bei meinem Chef viel Verständnis für meinen sportlichen Ehrgeiz. Wenn ich vormittags mit Fritz Langner eine Sonderschicht Torwarttraining einlegen will, kann ich früher gehen.

Mein Ehrgeiz wird noch übertroffen von dem des Trainers. Seine Verpflichtung ist ein Glücksgriff. Langner gelingt es, Aufbruchstimmung zu erzeugen. Er ist ein Praktiker. Einer, der Fußball von der Pike auf gelernt hat. Er hat in seiner Heimatstadt bei Breslau 02 gespielt und später bei Concordia Hamburg. Als Außenläufer gehörte er zum weiteren Kreis der Nationalmannschaft. Langners Pech war nur, dass ihm mit den Schweinfurtern Kupfer und Kitzinger zwei der damals weltbesten Seitenläufer vor der Nase standen.

Fritz Langner ist, wie fast alle guten Trainer in dieser Zeit, ein Schüler Sepp Herbergers und Absolvent der Sporthochschule Köln.

In Herne geht er vom ersten Tag an unbeirrbar seinen Weg. In der Saison davor wäre die Westfalia um ein Haar abgestiegen. Ein Grund mehr für den Neuen auf der Kommandobrücke, seine Truppe auf Vordermann zu bringen.

Lange Reden sind Langners Sache nicht. Die Ansagen kommen kurz und zackig. Widerspruch zwecklos. In dem knorrigen Schlesier steckt etwas von einem preußischen Feldwebel.

An seinen Grundsätzen lässt Fritz Langner nicht rütteln. Die Mannschaft ist alles. Wer sich in ihr Gefüge nicht einordnet, wird aussortiert. An der Spitze seiner sportlichen Werteordnung: erstens Disziplin, zweitens Disziplin, drittens noch mal Disziplin. Sein Training ist knallhart, im Ablauf aber für jedermann nachvollziehbar. Auf die Verbesserung der Kondition folgt die Verfeinerung der Technik, danach die taktische Schulung.

Bis die Früchte wirklich reifen, werden drei Jahre vergehen. Erst dann kommt die Westfalia aus der unteren Tabellenhälfte heraus, hat Herne eine Spitzenmannschaft und mehrere Nationalspieler.

Der Trainer lässt die Zügel nicht locker. Und manchmal schießt er mit seiner Härte auch schon mal über das Ziel hinaus. So, als einer von uns über heftige Schmerzen klagt. Langner jagt ihn wieder auf die Aschenbahn, lässt ihn Runde für Runde laufen. Hinterher stellt sich heraus, dass der arme Kerl einen Mittelfußbruch hat.

Einmal schneit es beim Training fürchterlich. Wir frieren und haben alle schon weiße Häubchen auf dem Kopf. Ich bin zu der Zeit gerade Mannschaftskapitän, und die Jungs bestürmen mich: Los, geh zum Trainer, er soll endlich Schluss machen.

Ich marschiere also hin und sage mein Sprüchlein auf. Langner ironisch: Ach kalt ist Ihnen? Sie armer Kerl, dann gehen Sie doch schon mal in die Kabine.

Die anderen müssen weitermachen.

Und wehe, einer von uns lässt nach einem guten Spiel seinen Stolz raushängen. Da wird Langner besonders biestig: Kommen Sie runter von Ihrer Leiter! Fangen Sie ganz unten wieder an! Sie sind ein Nichts!

Damals haben wir das gar nicht lustig gefunden. Aber heute muss ich grinsen, wenn ich mir vorstelle, was dieser autoritäre Disziplin-Fanatiker mit so verwöhnten Stars angestellt hätte, wie sie in den letzten Jahren unter anderem bei Borussia Dortmund über den Rasen stolziert sind. Ich denke da zum Beispiel an Marcio Amoroso, diese launische Diva. Für den Brasilianer wäre der Zusammenprall mit Fritz Langner so etwas wie ein Kulturschock gewesen, von dem er sich nie mehr erholt hätte.

Auf Langner lasse ich nichts kommen. Er hat immer Zeit gehabt für ein Einzeltraining mit mir, hat nie auf die Uhr geschaut. Stundenlang haben wir Abstöße und Abwürfe geübt. Der Trainer verlangt Präzision. Bogenlampen ins Niemandsland machen ihn wütend. „Der Ball soll beim Abschlag so zum eigenen Mann kommen, dass der auch was damit anfangen kann. Das muss passen," schnauzt Langner.

Heutzutage nennt man das Timing.

Vor dem „Alten", wie wir den Mittvierziger Langner hinter seinem Rücken rufen, haben wir einen höllischen Respekt. Er hat den Röntgenblick, erkennt wie kaum ein anderer Fußball-Lehrer seiner Generation sehr schnell die Stärken und vor allem die Schwächen eines Spielers.

Nach dem Torwarttraining habe ich auch noch das komplette Mannschaftstraining mitmachen müssen. Langner hatte ja Recht: Wie soll ein Torhüter ein Spiel lesen, wie den Ball vernünftig mit dem Fuß abwehren können, wenn er nicht selbst ein brauchbarer Fußballer ist?

Und so renne ich mir die Lunge aus dem Hals. Sechs bis acht Kilometer schon zum Aufwärmen. Und dann spielen wir fünf gegen fünf über den ganzen Platz.

Die spielstärkste der Oberligen stellt der Westen. Von 1955 bis einschließlich 1958 kommen die deutschen Fußballmeister aus der Oberliga West. Genauer gesagt: aus dem Ruhrgebiet.

Unter den Vereinen im Revier herrscht eine prickelnde Rivalität. Wenn die so genannten Derbys auf der Tagesordnung stehen, brennt die Luft. Schalke gegen Dortmund, Rot-Weiß Essen gegen Schwarz-Weiß Essen oder Westfalia Herne gegen den SV Sodingen aus dem gleichnamigen Herner Stadtteil – da knistert es auf den Rängen.

Und auf dem Spielfeld. Ich kann mich noch gut an mein erstes Herner Ortsderby erinnern. Es ist die Saison 1955/56, wir müssen zur Sportanlage unseres Konkurrenten am Mont Cenis.

Die Sodinger waren in der Spielzeit zuvor, als Westfalia gegen den Abstieg kämpfte, als Zweite der Oberliga West zusammen mit dem späteren Deutschen Meister Rot-Weiß Essen in die Endrunde eingezogen. Mussten in den Gruppenspielen nur eine Niederlage hinnehmen und verpassten knapp den Einzug ins Finale, obwohl sie dem Gruppensieger 1. FC Kaiserslautern um Fritz Walter und Co. zweimal ein 2:2 abgetrotzt hatten. Auf dem Papier sind also die Platzherren in den grün-weißen Trikots klare Favoriten.

Ortsderby bedeutet: volles Haus, aufgeheizte Atmosphäre. Wir liefern uns einen Kampf auf Biegen und Brechen. Und ich erlebe eines der härtesten Spiele meines Fußballer-Lebens. Es geht 4:4 aus.

Am Ende der Saison 1955/56 steht der SV Sodingen als Tabellen-Neunter vier Plätze vor uns. Was sich in den beiden nächsten Spielzeiten ändert. Da landen wir jeweils vor unserem Lokalrivalen. Aber noch immer in der unteren Tabellenhälfte.

Die Wende zum Guten deutet sich in der zweiten Saisonhälfte 1957/58 an. Da bleiben wir in zwölf Punktspielen hintereinander ungeschlagen. Fritz Langners Arbeit zahlt sich aus. Die Formverbesserung und eine gewisse Stabilität sind unverkennbar. In Herne blüht der Optimismus. Sogar der Trainer, der sonst Vorschusslorbeeren in den Abfall zu befördern pflegt, rechnet für die Spielzeit 1958/59 mit einem vierten oder fünften Tabellenplatz.

Selbst diese Prognose erweist sich noch als Tiefstapelei. Wir haben einen glücklichen Start und setzen uns gleich auf den vorderen Plätzen fest. Nach sieben Spieltagen gehen wir sogar in Führung. Und geben die Tabellenspitze nicht mehr ab.

Der einzige Trainer aus der Oberliga West, der uns das zugetraut hat, ist mein ehemaliger Lehrmeister aus der Sportschule Kaiserau,

Herbert Widmayer, jetzt bei unserem Liga-Konkurrenten VfL Bochum unter Vertrag.

Am viertletzten Spieltag besiegelt Westfalia Herne mit dem 1:0-Sieg über Preußen Münster die Westmeisterschaft. Die Abschlusstabelle ist für uns und unsere Anhänger etwas zum Einrahmen: Westfalia hat sechs Punkte Vorsprung vor dem großmächtigen 1. FC Köln, der als Westzweiter an der Endrunde teilnehmen darf.

Und ich habe in 30 Punktspielen nur 23 Gegentore kassiert – Rekord in der Oberliga West!

Nicht alle in Herne sind selig. Sodingen muss absteigen, kehrt zwar 1960 noch einmal in die Oberliga West zurück. Dann, nach einem weiteren Abstieg 1962, verschwindet dieser Name leider aus dem großen Fußball. Ein Schicksal, das nach Einführung der Bundesliga auch der Westfalia blüht.

Erst einmal staunt Fußball-Deutschland über die Herner Mannschaft in Blau-Weiß. Die nicht nur kämpfen, sondern auch einen richtig guten Ball spielen kann. Selbst ein so kritischer Geist wie Adi Preißler ist von der Westfalia begeistert.

Borussia Dortmund, der Deutsche Meister von 1956 und 1957, hat gegen uns ebenso wenig zu bestellen wie der FC Schalke, der Meister des Vorjahres. In der Oberliga-Saison 1958/59 endet Dortmund mit zehn Punkten Rückstand auf uns als Fünfter. Und die Schalker finden sich erst auf dem 11. Platz wieder.

Westfalia Hernes größter Erfolg seit dem Gründungsjahr 1904 ist Fritz Langners Werk. Der „Eiserne Fritz“ hat aus unserem Stadion am Schloss Strünkede eine Festung gemacht. In der Spielzeit 1958/59 ist sie uneinnehmbar: Wir gewinnen 14 der 15 Heimspiele, geben nur einen Punkt ab.

Die Mannschaft ist topfit, und so kommt Langner auch mit nur 14 Spielern durch die Saison. Was sich wiederum sehr positiv auf das Spielverständnis auswirkt.

Es ist schon eine tolle Truppe, die sich nun aufmacht, in der Endrunde um die Deutsche Meisterschaft mitzuspielen. Overdieck und Kellermann, die zwei Willis, sind unsere Verteidiger. Willi

Overdieck (27), Kraftfahrer bei der Bergwerksgesellschaft Hibernia in Herne, ist von Langner vom Stürmer zu einem erstklassigen Abwehrspieler umfunktioniert worden. Der erst 23-jährige Willi Kellermann, als Maurer beschäftigt, hat vorher beim SC Constantin Herne gespielt.

Auch Werner Losch (25), Elektromechaniker und von Essen-West nach Herne gewechselt, hat seine Karriere als Stürmer begonnen, spielt jetzt Außenläufer.

An Alfred Pyka (25), unserem Mittelläufer, gefällt dem Trainer nicht nur, dass der ebenfalls aus Schlesien stammt. Alfred hat seine internationalen Weihen bereits in der Junioren-Auswahl des DFB erhalten, ist auch in die B- und A-Nationalelf berufen worden. Der gelernte Schlosser ist das Herzstück unserer Hintermannschaft.

Und dann Helmut Benthaus (24), der andere Außenläufer. Ein Herner Junge und unser Intellektueller. Studiert Philologie mit dem Ziel, Lehrer zu werden. Ein großartiger Fußballer, der es auf acht A-Länderspiele bringt. Später wird er der Erste sein, der in der Bundesliga sowohl als Spieler – 1964 mit dem 1. FC Köln – als auch im Traineramt – 1984 beim VfB Stuttgart – Deutscher Meister wird. (Der Titelgewinn in Stuttgart, aber auch die sieben Schweizer Meisterschaften, die er als Fußball-Lehrer zuvor mit dem FC Basel erringen konnte, hätten Helmut Benthaus fast noch zum deutschen Bundestrainer gemacht. Als Jupp Derwall nach der unrühmlich verlaufenen Europameisterschaft 1984 in Frankreich seinen Rücktritt erklärt, war Benthaus erste Wahl als Nachfolger. Nur weil das DFB-Präsidium den auf Urlaub in Kanada weilenden VfB-Trainer nicht auffinden konnte, fiel die Entscheidung zugunsten von Franz Beckenbauer.)

Unser Angriff ist eine Mischung aus jugendlichem Elan und Erfahrung – so wie es Langner mag. Rechtsaußen stürmt der 22-jährige Horst Wandolek, ein trickreicher Techniker aus dem Bochumer Vorort Riemke, von Beruf Stahlbauschlosser. Alex Kraskewitz, ebenfalls 22, besetzt die halbrechte Position. Auch er kommt aus der Herner Nachbarschaft, aus Castrop-Rauxel. Der gelernte Elektriker spielt seine erste Saison in Herne, ist aber schon dem Bundestrainer aufgefallen, der sich eingehend nach der „Nummer 8“ erkundigt.

Unser Jüngster, der erst 19-jährige Gerhard Clement, ist aus Westfalias eigenen Reihen hervorgegangen. Als Mittelstürmer gibt er in der Oberliga West gleich eine Visitenkarte ab, die viele Abwehrreihen verschreckt. Er wird westdeutscher Torschützenkönig und mit 25 Treffern zweitbester Stürmer aller Oberligen hinter Uwe Seeler vom HSV. An unserem Langen beeindruckt vor allem die Seelenruhe, mit der er seine Chancen nutzt. Gerhard hat das Gymnasium und die höhere Handelsschule besucht. Sein Vater ist in Herne Stadtkassendirektor und freut sich, dass der Filius – kaufmännischer Volontär bei der Zechengruppe „Constantin der Große“ – über dem Toreschießen die Berufsausbildung nicht vernachlässigt.

Am linken Flügel sind die Routiniers zu finden. Auf Halblinks der gebürtige Niederbayer Siegfried Burghardt (28), der über Schwarz-Weiß Essen zum Schloss Strünkede gezogen ist. Anfangs als Unglücksrabe verschrien, zeichnet er sich inzwischen auch als Torschütze aus. Er arbeitet als Kraftfahrer bei derselben Firma, in der ich meine kaufmännische Ausbildung erhalte. Siegfried ist unser Kapitän und sehr beliebt als Stimmungskanone.

Bleibt noch Kurt Sopart, der Senior. Er ist 34 und seit 25 Jahren im Verein. Mit der Westfalia hat er schon 1941 die großdeutsche Jugendmeisterschaft gewonnen – in Breslau, vor der unglaublichen Kulisse von 35.000 Zuschauern, mit einem 5:1-Sieg über Wien. Unser Kurt hat bereits ein wechselvolles Leben hinter sich: Er ist Bergmann gewesen und als Soldat für vier Jahre in russische Gefangenschaft geraten. Jetzt verdient er sein Geld als Kraftfahrer bei der Bergwerksgesellschaft Hibernia.

Westfalia Herne 1958/59 – eine Mannschaft, die nicht nur auf dem Rasen zusammenpasst. Wir verstehen uns auch außerhalb von Spiel und Training, haben gemeinsame Interessen bei der Freizeitgestaltung. Solche, die in dieser Zeit eben üblich sind. Wir begeistern uns für Autos, gehen gern ins Kino oder zu Sportveranstaltungen, spielen Skat und Doppelkopf. Zwei von uns wären heute wahrscheinlich auch mal in der Disco zu finden: Willi Kellermann und Werner Losch sind nämlich begeisterte Tänzer.

Die Heimspiele in der Endrunde zur Deutschen Meisterschaft 1959 tragen wir in der Kampfbahn Rote Erde in Dortmund aus. Sie ist bis zur Eröffnung des Westfalenstadions 1974 die Heimstätte des BVB.

Für Hernes Anhänger bedeutet dies eine Anfahrt von rund 35 Kilometern. Unser eigenes Stadion am Schloss Strünkede entspricht nicht den Anforderungen des DFB. Es gibt keine überdachte Tribüne und zu wenig Sitzplätze. Im Fassungsvermögen (rund 35.000) unterscheiden sich beide Stadien allerdings kaum.

Der Westmeister ist der Gruppe II zugeteilt. Wir starten am 16. Mai in der Roten Erde mit einem 1:0-Sieg gegen den Berliner Meister Tasmania 1900, gewinnen auch das Heimspiel gegen den Hamburger SV 3:1. Das ist es aber schon gewesen. Wir unterliegen in Berlin und in Hamburg. Und gegen die Offenbacher Kickers ziehen wir gleich zweimal den Kürzeren. Da auch der 1. FC Köln keine Bäume ausreißt, bleibt der Titel erstmals seit 1955 nicht im Westen. Um ihn streiten sich die Süd-Vertreter Eintracht Frankfurt und Kickers Offenbach. In einem Finale, das erst in der Verlängerung entschieden wird, behält die Eintracht mit 5:3 die Oberhand.

Verdientermaßen. Die Frankfurter hinterlassen anschließend auch im Europapokal der Meister einen nachhaltigen Eindruck. Erreichen als erste deutsche Mannschaft am 16. Mai 1960 das Finale in Glasgow, wo sie beim 3:7 gegen Real Madrid aber keine Chance haben.

Die Westmeisterschaft ist mein sportlicher Höhepunkt 1959. Aber das Jahr verändert auch mein privates Leben. Ich heirate.

Unser letzter Spieltag in Gruppe II der Endrunde ist der 20. Juni. Wir müssen nach Berlin zu Tasmania 1900.

Und auch der Hochzeitstermin steht fest: der 26. Juni.

Fußballer heiraten am besten in der Sommerpause. Aber auch das wäre schief gegangen, hätte Westfalia Herne das Endspiel erreicht. Das findet am 28. Juni statt.

Also sticheln meine Mannschaftskameraden, ich hätte schon dafür gesorgt, dass dieser Fall nicht eintritt.

Habe ich natürlich nicht. So wie ich überhaupt kaum einen Gedanken an die Hochzeit verschwenden oder mich gar um die Vorbereitungen kümmern kann. Das ist Sache meiner Braut und ihrer Schwester Liesel.

Meine künftige Frau habe ich 1958 kennen gelernt. Da ist Luise zarte 19 und zu Besuch in Herne bei ihrer ältesten Schwester Elfriede. Und die ist verheiratet mit Kurt Sopart, unserem Linksaußen.

Luise ist die Jüngste im Vier-Mäderl-Haus, das in Alsenborn steht, unweit von Kaiserslautern. Ihr Elternhaus liegt nur etwa 500 Meter vom Anwesen Fritz Walters entfernt. Hier wohnte der Ehrenspielführer der Nationalmannschaft nach seiner Karriere beim 1. FC Kaiserslautern bis zu seinem Tode. Oft haben wir mit ihm und seiner Frau Italia zusammengesessen. Alsenborn ist längst zu meiner zweiten Heimat geworden.

Am 26. Juni 1959 heiraten nicht nur Hans und Luise Tilkowski, sondern auch Liesel, die Zweitjüngste aus dem Quartett, und ihr Klaus.

Eine Doppelhochzeit könnte Anlass sein für ein Fest im XL-Format. Aber wir feiern nur im Familienkreis. Die Soparts sind dabei und Luises Schwester Hanna mit ihrem Mann Georg. Meine Eltern leider nicht. Mein Vater, schon seit 1956 erkrankt, ist ein Pflegefall, meine Mutter weicht nicht von seiner Seite. So freue ich mich besonders über den Besuch meiner jüngsten Schwester Renate.

Ohnehin sind weder Luise noch ich für extravagante Festivitäten zu haben. Auch die Zeiten sind nicht danach. Und das Geld verwenden wir lieber, um für uns und den Nachwuchs ein Haus zu bauen. 1960 wird unser erster Sohn Ralf geboren, 1961 folgt Uwe.

Am Tag nach der Hochzeit fahren wir nach Italien. Flitterwochen für uns, Urlaub für den Rest der Familie.

Eine Pfälzerin (noch heute, nach über 40 Jahren in Herne, klingt der Dialekt durch) und ein Westfale (der seine Ruhrpott-Herkunft auch nicht verleugnen kann) – sollte das gut gehen?

Eigentlich eine überflüssige Frage, können wir doch, sofern wir gesund bleiben, 2009 Goldene Hochzeit feiern.

Es ist deswegen gut gegangen, weil wir die Aufgaben teilen, ohne dass einer von uns das Gefühl haben muss, benachteiligt zu sein.

Das hätte ohnehin nur auf Luise zutreffen können. Sie hat sich um die Kinder und das Haus gekümmert, hat mir den Rücken für meine Fußballkarriere freigehalten. Und nur ganz wenige Spiele von mir gesehen.

Die eitle Welt der Ehrentribünen, wo Spielerfrauen sich mehr für das Outfit der Nachbarinnen als für das Geschehen auf dem Rasen interessieren, ist Luise nie verlockend erschienen.

Übrigens hat Luise mich dieser Tage gefragt, ob es denn bei mir damals Liebe auf den ersten Blick gewesen sei. Sie hat dabei ihr schönstes Lächeln aufgesetzt. Schon deshalb kann ich gar nicht anders, als zu gestehen: Ja, Luise, so ist es gewesen.

Folgende Weisheit stammt nicht von mir, trifft aber aus meiner Lebenserfahrung den Nagel auf den Kopf: Erst wenn man eine bessere Hälfte hat, ist man ein ganzer Mensch …

Danke, Luise.

Westfalias Höhenflug in der Oberliga West hält in der Saison 1959/60 an. Auch wenn wir bei weitem nicht so überlegen sind wie in der Spielzeit zuvor. Die dominierende Rolle spielt der 1. FC Köln, der mit sieben Punkten Vorsprung als Westmeister durchs Ziel geht. Wir schaffen als Zweiter wiederum den Einzug in die Endrunde – zwei Punkte vor Dortmund und drei Punkte vor Schalke. Die Nr. 1 im Revier zu sein, ist jedenfalls ein Erfolgserlebnis.

Meine eigene Bilanz stimmt auch: Wieder hat Herne die wenigsten Gegentreffer hinnehmen müssen. Leider aber mit 56 Toren wesentlich schlechter getroffen als Köln (85) und der BVB (81).

Vor der Endrunde müssen diesmal der West- und der Südzweite in die Qualifikation. In Hannover, vor 50.000 Zuschauern im Niedersachsenstadion, schlagen wir den letztjährigen deutschen Vizemeister Kickers Offenbach 1:0. Das Tor macht Otto Luttrop, der auf meine Empfehlung hin zu Saisonbeginn aus Altenbögge zu uns gewechselt ist.

Die „Westdeutsche Allgemeine Zeitung“ befördert mich in der Montagsausgabe zum „Tausendsassa“ und „Beherrscher aller Torwartkünste“. Und titelt: „Fußball-Herne ist stolz.“

Aber nicht nur auf uns. Am selben Wochenende schafft Lokalrivale SV Sodingen den Wiederaufstieg in die Oberliga. Das südliche

Emschertal fühlt sich für kurze Zeit wie die Fußballhauptstadt von Deutschland. Blau-Weiß und Grün-Weiß jubeln um die Wette.

Bedauerlicherweise haben wir, die Blau-Weißen, in Hannover unser Pulver schon verschossen. Obwohl wir dieses Mal unsere Endrunden-Heimspiele im renovierten Stadion am Schloss Strünkede austragen können. Die überdachte Tribüne bietet Platz für über 4.000 Zuschauer, ist nun eine der größten im Westen.

Wir müssen uns zu Hause mit einem 2:1-Erfolg über Borussia Neunkirchen und einem 2:2 gegen den Karlsruher SC begnügen. Die Auswärtsspiele in Neunkirchen (1:2) und Karlsruhe (4:5) gehen verloren. Und gegen den Hamburger SV, der später im Finale mit 3:2 die Oberhand über den 1. FC Köln behält, haben wir keine Chance, unterliegen 1:2 und 3:4.

Hier endet das glorreichste Kapitel in der Vereinschronik von Westfalia Herne. Bis zum Start der neu geschaffenen Bundesliga in der Saison 1963/64 bleiben den Fans noch drei Spielzeiten, um sich vom Oberliga-Fußball zu verabschieden. Im Westen wird der 1. FC Köln auch 1961, 1962 und 1963 Liga-Meister.

Mit Blick auf die künftig eingleisige deutsche Spitzenklasse rüsten jene Vereine auf, die sich Chancen ausrechnen, einen der heiß begehrten 16 „Startplätze" in der Bundesliga zu ergattern.

Die Westfalia schneidet trotzdem noch zweimal ehrenhaft ab. In der Saison 1960/61 erkämpft sie den 5. Platz, 1961/62 den 6. Rang. In der Oberliga-Spielzeit vor dem Bundesliga-Auftakt fehlt jenen Mannschaften, die nicht dabei sein werden, erkennbar auch die letzte Motivation.

Fünf Vereine aus dem Westen dürfen ab August 1963 in der Bundesliga mitmischen: Der 1. FC Köln, Borussia Dortmund, der Meidericher SV (der künftig als MSV Duisburg firmiert), Preußen Münster und der FC Schalke 04. Kein Wunder, dass sie in der Abschlusstabelle der Oberliga West in dieser Reihenfolge auf den Plätzen eins bis sechs zu finden sind. Nur Alemannia Aachen mogelt sich als Fünfter unter die „Auserwählten."

Wir verabschieden uns auf dem 14. Rang aus der Oberliga West. Ein Blick auf deren „ewige" Tabelle von 1947 bis 1963 zeigt, warum unser

Verein nicht zu den Bundesliga-Kandidaten zählt. Die Westfalia ist erst 1954 in die Oberliga aufgestiegen, die ihren Spielbetrieb schon 1947 aufgenommen hat. Sie verfügt demnach nicht über genügend Qualifikationspunkte.

Dafür hat sie einen Vorstand mit Realitätssinn. Da sitzen seriöse Geschäftsleute, die nicht im Traum daran denken, sich in ein wirtschaftliches Abenteuer zu stürzen. Dr. Espey und Dr. Feldmüller, Emil Hochwahr und mein Chef Adolf Schmitz sind Männer, die das Wohl des Vereins stets in den Mittelpunkt gestellt haben. Denen Herne viel zu verdanken hat. Und ich ebenfalls.

Die Bundesliga ist ihnen eine Nummer zu groß. Und die Unterstützung der Kommunalpolitiker nur bescheiden.

Dass in der „ewigen" Tabelle der Oberliga West, die nun Vergangenheit ist, die Westfalia auf dem 10. Platz steht, macht uns trotzdem stolz.

Nur: Alle Komplimente sind ein schwacher Trost auf dem Weg in die Zweitklassigkeit. Und sie helfen erst recht nicht bei den Überlegungen, wie es um meine persönliche Fußball-Zukunft bestellt ist.

In Herne fühle ich mich wohl, habe hier meine Familie und das Haus in der Büchner-Straße. Die Kameradschaft bei der Westfalia ist prima. Fritz Langner, der hemdsärmelige Antreiber, hat einen Leistungsaufschwung bewirkt. Nicht zuletzt ich habe davon sehr profitiert, bin seit 1957 A-Nationalspieler.

Ich bin dankbar. Ich bin bodenständig. Und trotzdem ist für mich klar: Ich will dazu gehören, wenn am 24. August 1963 der Startschuss für die neue Eliteklasse des deutschen Fußballs fällt. Am liebsten bei einem der drei Bundesligavereine im Revier.

So kommt es dann auch.

Geburtsstätte der Bundesliga ist meine Heimatstadt Dortmund. Gespannt verfolge ich, wie sich am 28. Juli 1962 die Entscheidungsträger des Deutschen Fußball-Bundes im Kongresszentrum der Westfalenhalle versammeln.

Bis zu 700 Gäste fasst der Goldsaal, und so hätten die 129 Delegierten des 14. ordentlichen DFB-Bundestages ausreichend Platz, um die vielen noch bestehenden Meinungsverschiedenheiten notfalls im Torwandschießen zu klären.

Man belässt es bei Rede-Duellen – den letzten nach jahrzehntelanger Diskussion um das Für und Wider einer zentralen Spielklasse anstelle der regionalen Oberligen.

Die Geburtsstunde der Bundesliga ist minutengenau festgehalten: Um 17.45 Uhr verkündet der Nürnberger Rechtsanwalt Dr. Franz vom Podium des Goldsaals herab das Votum der Delegierten: Mit 103 zu 26 Stimmen haben sie die Einführung der neuen Liga für die Saison 1963/64 abgesegnet.

Am nächsten Tag kann ich in der Zeitung nachlesen, dass den Vorkämpfern der Bundesliga ein mächtiger Brocken vom Herzen gefallen sein muss. Der im Goldsaal neu gewählte DFB-Präsident Dr. Hermann Gösmann aus Osnabrück feiert die Entscheidung überschwänglich: „Dortmund ist ein Markstein in der Geschichte des deutschen Fußballs." Und mein Bundestrainer Sepp Herberger, der als Delegierter des Südwestdeutschen Fußball-Verbandes ebenfalls mitgestimmt hat, verströmt Genugtuung. „Auf diesen Tag habe ich seit vielen, vielen Jahren gewartet."

Herberger erhofft sich von der Bundesliga vor allem einen Qualitätssprung für die Nationalmannschaft. Die hat nämlich wenige Wochen zuvor die Fußball-WM in Chile schon nach dem Viertelfinale verlassen müssen.

Andere leidenschaftliche Vorkämpfer für die Neuordnung des deutschen Spitzenfußballs sind Franz Kremer, der Präsident des 1. FC Köln, und Hermann Neuberger, Vorsitzender des Saarländischen Fußball-Verbandes (und später, von 1975 bis 1992, DFB-Präsident). Sie halten den Delegierten unmissverständlich den maroden Zustand des Vertragsfußballs vor Augen. Und warnen: Angesichts der zahllosen fiskalischen Verstöße seien die Steuerbehörden nicht länger gewillt, tatenlos zuzusehen. So macht die Angst vor dem Finanzamt aus manchem Zauderer einen Befürworter der Bundesliga.

Nur den großen Sprung, den wagen die Herren des DFB nicht. Er hätte ihnen in den folgenden Jahren viel Kummer erspart. Der Antrag, die neue Spielklasse als echte Profiliga starten zu lassen, erhält lediglich 49 Ja-Stimmen.

Stattdessen entscheidet man sich für eine Kompromisslösung, das so genannte Lizenzspieler-Statut. Es schreibt eine monatliche Gehaltsobergrenze von 1.200 DM vor. Wieder stimmen Wunsch und Wirklichkeit nicht überein. Bald herrschen Schwarzmarkt-Verhältnisse. Und die Bundesliga stürzt in ihre erste große Krise. (Mitte der siebziger Jahre wird das Lizenzspieler-Statut dann vernünftigerweise der freien Marktwirtschaft angepasst.)

Es ist also nicht gleich alles Gold am historischen Goldsaal-Beschluss. Goldrichtig aber ist die Grundidee. Was die Zuschauerzahlen bis auf den heutigen Tag beweisen. Bundesliga-Fußball ist das liebste Wochenendvergnügen der Deutschen. Das gilt ganz besonders für das Ruhrgebiet, die größte Fußball-Landschaft des Kontinents. Nirgendwo sonst finden wir eine solche Vereinsdichte, so viele nationale und internationale Erfolge, eine derartige Begeisterung.

Und so fühle ich mich durchaus als Glückspilz, dass ich vom ersten Tag an der neuen Spitzenklasse angehöre. Als Bundesligaspieler im Revier. Beim BVB, dem Deutschen Meister von 1963.

Und noch dazu in der Stadt, in der ich zur Welt gekommen bin. Die Wiege des BVB, der Borsigplatz, liegt nur 12 Kilometer Luftlinie vom Dortmunder Vorort Husen entfernt, wo meine eigene Wiege stand.

Nach dem Grubenunglück auf der Schachtanlage Scharnhorst, August 1938. In der Mitte stehen die beiden geretteten Bergleute, der rechte davon ist mein Vater Johann. Im Hintergrund sieht man mich auf den Armen meiner Mutter Martha.

Als Schuljunge, 1947.

Das erste Fußball-Foto: als Torhüter (2. v. l.) der Mannschaft von SV Husen 19 im Jahr 1947. Ganz rechts mein Freund Erich Pawlak.

In jungen Jahren versuche ich mich auch als Boxer – hier (in heller Hose) bei einer Freiluft-Veranstaltung 1948 auf einem Schulhof in Kaiserau.

Mit SuS Kaiserau werden wir 1953 Kreismeister in der A-Jugend.

Lehrgang in der Sportschule des Westdeutschen Fußballverbandes in Duisburg, 1954. Ich stehe in der hinteren Reihe (2.v.l.; ganz rechts WFV-Trainer Dettmar Cramer).

Bei einem Oberligaspiel für Westfalia Herne, 1956.

In der deutschen Nationalmannschaft, die 1958 in Kairo gastiert, stehen gleich drei Akteure von Westfalia Herne: Helmut Benthaus (hinten, 4.v.l.), Alfred Pyka (2.v.r.) und Hans Tilkowski (vorne, zwischen Max Morlock und Helmut Rahn).

Mit dem Herner Trainer, dem „eisernen Fritz“ Langner.

Mit Mutter Martha und Vater Johann, 1957.

1959 heirate ich meine aus Alsenborn stammende Frau Luise.

1959 wird Westfalia Herne Meister der Oberliga West und nimmt an der Endrunde um die Deutsche Meisterschaft teil. Hier die Mannschaft vor dem Spiel gegen Kickers Offenbach im Frankfurter Waldstadion (v.l.): Siegfried Burkhardt, Hans Tilkowski, Gerhard Clement, Alfred Pyka, Willi Kellermann, Helmut Benthaus, Willi Overdiek, Alex Kraskewitz, Horst Wandolek, Kurt Sopart, Werner Losch.

Ein Spruchband, über das ich mich natürlich freuen kann. Szene aus der Endrunde der Deutschen Meisterschaft 1960; gegen Kickers Offenbach hat Westfalia im Niedersachsenstadion von Hannover mit 1:0 gewonnen.

Mit Trainer „Fischken“ Multhaup bei Borussia Dortmund, 1965.

1965 werde ich als erster Torhüter zu Deutschlands „Fußballer des Jahres“ gewählt. Vorgänger Uwe Seeler überreicht mir den Pokal.

So stolz ich auf meine sportlichen Trophäen bin (auf dem oberen Foto „Fußballer des Jahres" und Europapokal, auf dem rechten Foto der DFB-Pokal) – viel stolzer noch bin ich auf meine Kinder Ralf, Susanne und Uwe (v.l.).

Zum ersten Mal siegt eine deutsche Mannschaft auf europäischer Ebene: Borussia Dortmund holt 1966 den Europapokal der Pokalsieger. Hintere Reihe, v.l.: Held, Sturm,

Assauer, Emmerich, Schmidt, Libuda, Wosab, Trainer Multhaup. Vordere Reihe v.l.:
Redder, Geisler, Wessel, Paul, Tilkowski, Kurrat, Cyliax.

1964 werde ich gemeinsam mit Lew Jaschin in die Europa-Auswahl nominiert, die in Kopenhagen gegen eine Skandinavien-Auswahl spielt. Hier die Begrüßung durch König Frederik von Dänemark.

Begegnung mit Pelé nach dem großen Spiel im Maracana-Stadion.

150.000 begeisterte Zuschauer sehen am 6. Juni 1965 im Maracana-Stadion das Länderspiel zwischen Brasilien und Deutschland. Pelé erzielt den unhaltbaren Treffer zum 2:0 (oben links), doch die meisten Schlagzeilen hinterher gehören mir – auch weil ich einen Elfmeter gemeistert habe (oben rechts). Der brasilianische Weltstar schreibt seinem deutschen „amigo“ anschließend eine Widmung auf die Zeitung.

Tilkowski - Stern von Rio

Sport BEOBACHTER

WESTDEUTSCHLANDS GRÖSSTE SPORTZEITUNG

18. JAHRG. / NR. 45 7/8. JUNI 1965 Essen I H 6396 B Preis 0,50

Klasse-Abwehr!

Brasiliens 2:0 vor 150000 war Erfolg für Deutschland

Diesmal ist Brasiliens schwarze Perle Pele nicht an den Ball gekommen. Willi Schulz (rechts) ist im Besitz des … und Horst-Dieter Höttges.

Das typische Bild bei Länderspielen: schwarzes Trikot, Mütze auf dem Kopf – und volle Konzentration.

Adi Dassler kreierte für mich neuartige adidas-„Wunderhandschuhe“.

Homestory im Stil der sechziger Jahre: Ich gehe auf „Dienstreise“ und verabschiede mich von meiner Familie: Frau Luise und die Kinder Susanne, Uwe und Ralf (rechts).

Der Ruhm des Nationalspielers wird zeitgemäß vermarktet: Werbung für Tütensuppen.

KAPITEL 4

„Hans, Sie müssen Vorbild sein“

Als ich zur Nationalmannschaft gekommen bin, habe ich gewusst, was Zucht und Ordnung heißt. Wer bei Fritz Langner in die Schule geht, braucht in dieser Beziehung keinen Nachhilfeunterricht.

Langner und die anderen gestrengen Trainer jener Zeit wie Robert „Zapf“ Gebhardt (der unseren Lokalrivalen SV Sodingen betreut), Kuno Klötzer oder Herbert Widmayer, sie alle predigen die Lehre Sepp Herbergers. Der Bundestrainer ist der Meister aller Klassen. Seit dem „Wunder von Bern“ ein lebendes Denkmal.

Im Laufe der Jahre bekommt dieses Denkmal jedoch den einen oder anderen Riss ab. Und ich bin einer der ganz wenigen gewesen, die daran gekratzt haben.

Aber als ich am 21. November 1956 in Zürich bei einem B-Länderspiel gegen die Schweiz erstmals das Trikot mit dem Adler trage, bin ich von Herberger fasziniert, schaue gläubig zu ihm auf.

Die Ausstrahlung der Unfehlbarkeit hat er für mich spätestens in Chile 1962 verloren. Was nichts daran ändert, dass Herberger der wichtigste und größte Trainer in meiner 15-jährigen Laufbahn im Spitzenfußball gewesen ist.

Einen eigenwilligen Charakter hat man dem „Fußballweisen aus Hohensachsen“ nachgesagt. Mir, dem Bergmannssohn aus einer Zechenkolonie in Dortmund-Husen, erst recht.

Herberger hat aber auch menschliche Größe bewiesen. Wie er unseren Zwist am Vorabend der Fußball-WM in Chile später auf seine ganz spezielle Art wieder ausräumt, dafür muss ich ihm meine uneingeschränkte Hochachtung zollen.

Binnen weniger Monate gebe ich in drei Auswahlmannschaften des DFB meinen Einstand.

Am 21. November 1956 stehe ich in Zürich im Tor der B-Mannschaft, die gegen die Eidgenossen 2:1 gewinnt.

Nervös bin ich nicht, habe ja schließlich schon fünfmal in der Westfalen-Auswahl gespielt. Aber in den Stunden vor dem Anpfiff stellt sich doch das gewisse Kribbeln in der Magengegend ein.

Spannend finde ich auch, dass der Bundestrainer zwei „Helden von Bern“ aufgestellt hat: Maxl Morlock vom 1. FC Nürnberg und Ottmar Walter aus Kaiserslautern.

Andererseits bin ich nicht der einzige aus Herne. Unser Mittelläufer in Zürich ist Werner Hesse, den ich schon aus der Westfalen-Auswahl kenne und der ja meinen Wechsel zur Westfalia mit eingefädelt hat.

Meine Vorstellung muss wohl Gnade gefunden haben vor den Augen des Bundestrainers. Jedenfalls erhalte ich postwendend eine Einladung für das A-Länderspiel vier Tage später in Dublin gegen Irland. Es ist meine erste große Auslandsreise, und meine Aufregung gilt der Tatsache, dass ich nicht einmal einen Pass besitze. Der wird von der Frankfurter DFB-Zentrale auf dem kurzen Dienstweg beschafft.

Es ist auch mein erster Flug. Aber noch nicht mein erstes Länderspiel in der A-Mannschaft. Von vornherein steht fest, dass Heini Kwiatkowski in Dublin das Tor hüten wird. Der Dortmunder entpuppt sich als Spezialist für undankbare Aufgaben. Bei der WM 1954 hat er im Vorrundenspiel gegen die Ungarn, als Herberger aus taktischen Gründen etliche Stammspieler pausieren ließ, acht Tore kassieren müssen. Gegen die kampfstarken Iren sieht die deutsche Elf auch kein Land, und einmal mehr ist „Kwiat“ der Leidtragende. Insgeheim bin ich froh, an der 0:3-Niederlage nicht beteiligt zu sein.

Vor allem aber fühle ich mich erleichtert, als ich nach dem Rückflug wieder festen Boden unter den Füßen spüre. Helmut Rahn und Herbergers Assistent Helmut Schön machen sich einen Jux daraus, die Flugängstlichen mit flapsigen Sprüchen zu nerven. „Der Pilot hat einen eigenen Friedhof." Oder: „Dieser Pilot wird demnächst für seinen 25. Absturz geehrt." So geht das schon auf der Hinreise.

Und dann gerät unsere kleine zweimotorige Chartermaschine auf dem Weg in Richtung Heimat tatsächlich in eine kritische Situation. Wegen eines technischen Schadens, dessen Details man uns feinfühlig verschweigt, müssen wir auf einem Militärflughafen in der Nähe Londons notlanden. Erst nach fünf Stunden geht es weiter.

Am 19. Dezember 1956 debütiere ich in der Junioren-Auswahl „U-23". Das Spiel gegen Belgien ist in Lüttich, und wieder sehe ich bekannte Gesichter: Werner Hesse, meinen Herner Mannschaftskameraden Alfred Pyka sowie Helmut Kapitulski und Aki Schmidt vom Deutschen Meister Borussia Dortmund, die wie ich ihr Debüt geben. Aki, mit dem ich zehn Jahre später beim BVB Europapokalsieger werde, schießt in Lüttich alle drei Tore zu unserem 3:2-Erfolg.

Und dann folgt, am 3. April 1957, auch mein erster Auftritt in der „richtigen" Nationalmannschaft. Schauplatz ist das alte Olympiastadion von Amsterdam. Noch ehe der Bundestrainer mich offiziell über meine Aufstellung informiert, ist es mein Torwartkollege und Zimmernachbar Fritz Herkenrath von Rot-Weiß Essen, der mir die freudige Nachricht zuflüstert. Ich hätte ihn vor lauter Glück umarmen können.

Deutschland gegen Holland – immer eine heiße Sache. Ein Jahr zuvor haben Herbergers Schützlinge in Düsseldorf 1:2 verloren. Der Bundestrainer erwartet Wiedergutmachung.

In der Mannschaft, die er aufbietet, steht mit Helmut Rahn nur einer aus der Weltmeister-Elf von 1954. Aber es ist dennoch eine starke Truppe mit Spielern, die in den nächsten Jahren zu den tragenden Säulen gehören werden. Wie die eisenharten Abwehrrecken Herbert Erhardt aus Fürth und Erich Juskowiak von Fortuna Düsseldorf, mein langjähriger Freund Horst Szymaniak, damals noch beim Wuppertaler SV, später beim Karlsruher SC sowie als Italo-Profi in Diensten von CC Catania, Inter Mailand und AC Varese. Die letzten vier seiner 43 Länderspiele macht er dann 1965/66 für Tasmania 1900 Berlin.

Szymaniak, der begnadete Mittelfeld-Stratege, ist ein Lieblingsschüler des Bundestrainers. Es trifft Herberger hart, dass sein Nachfolger Helmut Schön diesen großartigen Fußballer 1966 nicht zur Weltmeisterschaft nach England mitnimmt.

In Amsterdam bin ich nicht der einzige Neue im Kreis der A-Nationalmannschaft. Auch Aki Schmidt erhält eine Chance. Er und Gerd Siedl vom Karlsruher SC erzielen die Tore zum deutschen 2:1-Sieg.

Aki Schmidt ist ein gutes Beispiel dafür, dass Herberger seine eigenen Nominierungskriterien hat. Und dass er sich wenig bis gar nicht darum schert, wie sie in der öffentlichen Meinung ankommen. In Dortmund hat Aki, vom Vorortverein Berghofen zum BVB gewechselt, zu der Zeit noch keinen Stammplatz sicher. Die Endspiele um die Deutschen Meisterschaften 1956 und 1957, die Borussia jeweils gewinnt, verfolgt er von der Bank der Reservisten aus.

Anlässlich meiner Aufnahme in den Kreis der A-Nationalmannschaft, bei einem Lehrgang in der Sportschule München-Grünwald, mache ich auch die interessante Erfahrung, dass dort einer gewissen Relativitätstheorie gehuldigt wird.

Alkohol und Nikotin sind beim Bundestrainer verpönt. Und selbstredend halten die Spieler sich an diese Gebote. Relativ jedenfalls.

Viel trinken steht selbst dann auf dem Index, wenn es sich um Wasser oder andere alkoholfreie Getränke handelt. Damals gilt noch, dass Flüssigkeit schlapp macht, der Kondition nicht zuträglich sei. Eine „Weisheit“, die Sportmediziner längst als Irrlehre entlarvt haben. Heute wird genau das Gegenteil praktiziert, werden die Aktiven bei jeder Spielunterbrechung mit Getränken versorgt. Und die Kollegen Torhüter nehmen sich eine Trinkflasche mit in ihr Gehäuse.

Herberger aber findet, dass sein neuer Schützling Hans Tilkowski zu viel des Flüssigen zu sich nimmt. Nach dem Essen – ich hatte, glaube ich, zwei oder drei Glas Milch getrunken – nimmt mich der Bundestrainer beiseite. „Hans, Sie trinken aber viel. Das ist nicht gut. Schaun Sie mal auf den Tisch, wie die älteren Spieler das machen!“

Ich schaue, sehe jede Menge halbvolle Gläser und bewundere fürs Erste die Disziplin meiner erfahrenen Kollegen.

Irgendwie ist mir die Sache aber doch nicht geheuer. Als sich nach der nächsten Mahlzeit die Truppe fast geschlossen erhebt und den Saal durch eine Seitentür verlässt, gehe ich hinterher. Komme zu einem Nebenraum der Küche, höre verhaltenes Gelächter, öffne die Tür. Und wen sehe ich: meine Vorbilder. Und jeder hat ein Gläschen Bier in der Hand. Prost, Hans!

Zum Thema Nikotin habe ich – 1956 auf meiner ersten Länderspielreise nach Dublin – ein ähnliches Erlebnis. Als ich abends im Hotel Mannschaftskameraden für eine Skatrunde suche, wundere ich mich, dass alle Räume leer sind. Bis ich am Ende des Flurs angelangt bin und Stimmen höre. Die Tür ist abgeschlossen, ich klopfe. Es wird geöffnet, und eine Hand zieht mich ins Zimmer. Das Fenster steht sperrangelweit auf – aber nicht, weil die Herren Gymnastik treiben, sondern weil sie gerade ihren Zigarettenrauch entsorgen. Es qualmt wie bei einem Zimmerbrand.

In unserer Nationalmannschaft gibt es also nicht nur einen „Freundeskreis Gerstensaft“, sie hat auch eine „Raucher-Fraktion“.

Irgendwie tröstlich für mich zu erkennen, dass es sich bei meinen Idolen um ganz normale Sterbliche mit ganz normalen kleinen Lastern handelt.

Dass Herberger so gar nichts davon gewusst haben soll – ich kann es nicht glauben. Er ist alles andere als ein Träumer gewesen. Eher, denke ich, ist er so klug, über das eine oder andere auch mal hinwegzusehen. Jedenfalls solange seine Jungs im Training und auf dem Spielfeld richtig funktionieren.

Was den Fußball angeht, da ist der Bundestrainer in seinen Vorstellungen und Vorgaben kompromisslos. Hast du sie nicht befolgt, gibt es einen Rüffel. Vielleicht noch einen zweiten. Aber den dritten hast du schon nicht mehr gehört – weil du weg bist vom Fenster.

Vom Training mit Fritz Langner her habe ich gewusst, wie Herberger sich den Torhüter seines Vertrauens vorstellt. Und oft genug hat er mir auch sein ABC des perfekten Schlussmannes eingetrichtert – mit Sprüchen wie: *„Ich brauche einen Torwart für die Mannschaft, nicht für das Publikum.“*

„Wenn Sie Ihre Vorderleute nicht lautstark dirigieren, sind Sie von Ihrem Können nicht überzeugt.“

„Sie müssen das Spiel ständig beobachten. Und zwar schon, wenn der gegnerische Torhüter den Ball abschlägt."

„Wenn Sie auf der Linie eine Parade machen müssen, haben Sie vorher etwas verpasst."

„Wenn Sie den Ball haben, sind Sie der erste Aufbauspieler. Ihre Kameraden können einen genauen Abstoß oder Abwurf erwarten. Ihre Mannschaft hat fünf Minuten um den Ball gekämpft, den dürfen Sie nicht leichtfertig wieder hergeben."

Abstöße haben Herberger und seine Assistenten bis zum Erbrechen mit mir geübt. Der Bundestrainer hat sich dann manchmal in Höhe des Mittelkreises links oder rechts an der Seitenlinie postiert, seine weite Trainingshose wie einen Känguru-Beutel weit nach vorn gezogen und verlangt: „In die Hose bitte!" So präzise sollten meine Abschläge landen.

Über das richtige Fausten – *„Hans, Sie müssen wie ein Fragezeichen in der Luft stehen"* – hat Sepp Herberger Lehrfilme mit mir drehen lassen.

Mit dem 2:1-Erfolg gegen Holland in Amsterdam habe ich am 3. April 1957 einen gelungenen Einstand in der Nationalmannschaft gefeiert. Der Dämpfer folgt sechs Wochen danach in Stuttgart, wo wir ein schwaches Spiel abliefern und von den Schotten eine 1:3-Niederlage beziehen.

Im nächsten Länderspiel, das im November in Hamburg stattfindet – Deutschland schlägt Schweden 1:0 – steht Günter Sawitzki im Tor. Ein netter Kerl, der bis 1956 beim SV Sodingen war und für unseren Herner Ortsrivalen schon zwei Länderspiele bestritten hat. Jetzt ist Sawitzki beim VfB Stuttgart.

Für mich ist erst einmal Pause. Herberger wechselt seine Torhüter ständig. 1956 trägt der DFB acht A-Länderspiele aus, in denen vier verschiedene Torleute zum Einsatz kommen: Fritz Herkenrath (RW Essen), Günter Sawitzki (SV Sodingen), Heinz Kubsch (FK Pirmasens), Heini Kwiatkowski (Borussia Dortmund). 1957 werden in fünf Länderspielen drei verschiedene Torhüter aufgeboten: Fritz Herkenrath, Hans Tilkowski, Günter Sawitzki.

Den Begriff Rotation benutzt damals niemand. Und niemand findet es kritikwürdig, dass Herberger laufend einen anderen Torhüter aufstellt. Er denkt gar nicht daran, vorzeitig Stammplätze zu verteilen, will seine Kandidaten unter Spannung halten.

Dies ins Stammbuch all derer, die vor der Weltmeisterschaft 2006 Teamchef Jürgen Klinsmann die Hölle heiß gemacht haben wegen der Torhüter-Rotation. Die ist ein alter Hut und keine Erfindung von Klinsmann.

Zur Weltmeisterschaft 1958 in Schweden will Sepp Herberger nur zwei Torleute mitnehmen: Fritz Herkenrath von Rot-Weiß Essen und Heini Kwiatkowski vom BVB. Herkenrath hat sich in 15 Länderspielen als grundsolider Schlussmann bewährt. Und „Kwiat" kennt von 1954 her die Atmosphäre einer Fußball-WM. Die Erfahrung gibt den Ausschlag. Für Herberger das Schlüsselargument.

Ich werde vertröstet. „Hans, Sie bekommen Ihre Chance," klopft der Bundestrainer mir väterlich auf die Schulter. „Sie sind doch erst 22 und haben gerade mal zwei Länderspiele."

Titelverteidiger Deutschland kann in Schweden den Triumph von 1954 nicht wiederholen, scheitert im WM-Halbfinale mit 1:3 an der Mannschaft des Gastgebers.

Und für Heini Kwiatkowski wird das Tor wieder zur Schießbude. Für das Spiel um den dritten Platz haben die Franzosen sich vorgenommen, ihren Mittelstürmer Just Fontaine zum Torschützenkönig zu machen. Frankreich verabreicht Herbergers Schützlingen eine 6:3-Packung, und Fontaine stellt mit 13 Treffern, davon vier gegen Deutschland, einen neuen WM-Rekord auf.

So endet „Kwiats" unglückliche Karriere in der Nationalmannschaft mit einer Schreckensbilanz von 18 Gegentoren in vier Länderspielen. Das hatte er nun wirklich nicht verdient.

Mein nächster Einsatz ist für das erste Länderspiel nach der WM vorgesehen, das am 24. September 1958 in Kopenhagen gegen Dänemark ausgetragen wird. Ich erlebe es nur aus der Ferne. Der Bundestrainer erteilt mir eine Lektion.

In der Woche vor dem Länderspiel hat Westfalia Herne in der Oberliga West Fortuna Düsseldorf zu Gast. Bei den Fortunen stürmt am linken Flügel ein Spieler namens Wöske. Wir beiden sind uns, gelinde gesagt, nicht besonders grün. Herne führt 1:0, aber Düsseldorf gelingt der Ausgleich. Ich hechte vergeblich nach dem Ball. Und während ich noch auf dem Boden liege, kommt Wöske und zieht mir meine Torwartmütze über die Augen.

Zum Frust über das Tor kommt die Wut wegen der hämischen Geste. Jedenfalls springe ich auf, renne Wöske hinterher und trete ihn in den Allerwertesten. Der Schiedsrichter bekommt von meinem Vergeltungsakt nichts mit, und so halte ich die Sache für erledigt.

Am Montagmorgen klingelt das Telefon. Am Apparat der Bundestrainer. Freundlich erkundigt er sich nach meinem Befinden, teilt mit, dass er sich gerade in der Sportschule Duisburg-Wedau aufhalte, und fragt, ob ich nicht Lust habe, auf eine Tasse Kaffee vorbeizuschauen.

Wer schlägt eine solche Einladung schon aus? Also fahre ich hin, wir trinken unseren Kaffee, unterhalten uns über dies und das. Plötzlich legt Herberger seinen Arm um meine Schulter und bittet mich in den Schulungsraum der Sportschule, weil er mir etwas zeigen wolle.

Im Schulungsraum hängt eine große Leinwand, und auf Knopfdruck läuft ein Filmbeitrag des WDR von unserem gestrigen Spiel gegen Düsseldorf. Ich traue meinen Augen nicht – auch das Attentat auf meine Mütze und die Szene, in der ein wutentbrannter Tilkowski dem Fortuna-Stürmer Wöske einen Fußtritt in die Sitzfläche verpasst, sind zu sehen.

Als der Film zu Ende ist, sagt Herberger ganz ruhig: „Hans, das war nicht in Ordnung."

Sofort regt sich Widerspruch in mir: „Ich kann mir doch nicht alles gefallen lassen."

Herberger: „Was andere machen, interessiert mich nicht. Sie sind Nationalspieler, Hans. Sie müssen Vorbild sein!"

„Aber, Herr Herberger ..."

Mit dem ist jedoch nicht zu handeln. Geduldig wiederholt er, was er in punkto Benehmen von einem Mitglied der Nationalmannschaft erwartet. Dann darf ich wieder nach Hause fahren.

Tags darauf erfahre ich, dass ich aus dem Aufgebot für das Länderspiel in Kopenhagen gestrichen bin. Die bereits gelöste Bahnfahrkarte für die Anreise ins Trainingsquartier der Nationalmannschaft muss ich zurückgeben.

Sepp Herberger gehört zu den Menschen, bei denen man auch hören kann, was sie nicht sagen – die zwischen den Zeilen reden. Eine Erfahrung, die ich noch öfter mit ihm machen werde.

Diesmal lautet die Botschaft zwischen den Zeilen: Noch einmal so ein Ausrutscher wie gegen Fortuna Düsseldorf, Sportkamerad Tilkowski, und Sie können ihre Karriere in der Nationalmannschaft in den Wind schießen. Dann wird es der Chef nicht dabei belassen, dem Rache-Engel die Flügel zu stutzen.

Am 24. September 1958 steht beim 1:1 gegen Dänemark in Kopenhagen noch einmal Fritz Herkenrath im deutschen Tor, der „fliegende Schulmeister“. Es ist das letzte Länderspiel des 30-Jährigen. Gleich nach der WM in Schweden hat Herkenrath den Bundestrainer wissen lassen, dass künftig sein Beruf Vorrang habe werde.

Fritz ist Lehrer in Essen, und das mit Leib und Seele. Während der Weltmeisterschaft hat ihm nichts mehr Freude bereitet, als die Telegramme seiner Schüler mit langen Briefen zu beantworten.

Weil er beruflich ehrgeizige Pläne hegt, erklärt der Schlussmann von Rot-Weiß Essen, dass er nur noch für die Nationalelf zur Verfügung stehen könne, wenn Not am Mann sei. Seine Pläne verwirklicht Herkenrath auch ganz konsequent, bringt es bis zum Professor im Fachbereich Sport der Universität Aachen.

Sepp Herberger hängt an seinem Torhüter, der sich in der Mannschaft allgemeiner Beliebtheit erfreut. Er scheint verstimmt und schreibt an Fritz Herkenrath: „Vielen Dank für Ihre Offenheit und für alles, was Sie für den deutschen Fußball getan haben, aber ich glaube, wir sind uns einig, dass ich versuche, einen Nachfolger für Sie zu finden.“

Der Nachfolger bin ich – jedenfalls im folgenden Länderspiel, das für den 26. Oktober vorgesehen ist. Pikanterweise gegen Frankreich, im Prinzenpark von Paris. Vier Monate nach der 3:6-Schlappe bei der

Fußball-WM bietet sich unserer Mannschaft die Gelegenheit zur Rehabilitierung.

Der großen französischen Sportzeitung „L'Equipe" erscheint die Torhüter-Frage im deutschen Lager so interessant, dass sie ihr vier Tage vor dem Spiel einen längeren Artikel widmet.

Darin beschäftigt sich das Blatt zunächst mit der Oberliga West, „der bedeutendsten und stärksten Gruppe der deutschen Meisterschaft", und mit Westfalia Herne, dem augenblicklichen Tabellenführer im Westen: „Diesen ersten Platz verdankt Herne seinen Stürmern Clement, Sopart, Kraskewitz, aber auch seinem Torsteher Hans Tilkowski, der während der letzten sechs Punktspiele nicht ein einziges Gegentor hat hinnehmen müssen. Eine solche Leistung hat die Aufmerksamkeit Sepp Herbergers erregt."

Im Weiteren vergleicht „L'Equipe" Fritz Herkenrath und seinen Nachfolger. Herkenrath sei ursprünglich ein guter Handballspieler gewesen. Über den 1. FC Köln habe sein Weg zu Rot-Weiß Essen geführt, wo er einen Vertrag unterschrieben habe, um sich ein Taschengeld für sein Studium zu verdienen. Herkenrath spiele „mehr mit dem Verstand als aus natürlicher Veranlagung heraus. Er hat sein Handwerk als Torhüter gelernt. Alle seine Handlungen sind durchdacht."

Dann bin ich an der Reihe. „L'Equipe": „Bei Tilkowski ist das alles anders. Er ist ein Mann mit natürlicher Begabung für die Aufgaben des Torhüters wie bei Rivière für das Radfahren. Er ist ein Beherrscher seines Tores und seines Torraumes, eine Art Jaschin." (Anmerkung: Roger Rivière war 1957 Profi geworden und galt als eines der größten Talente im europäischen Radsport. Zweimal – 1957 und 1958 – gelang es ihm, den Stundenweltrekord zu verbessern.)

Abschließend äußert „L'Equipe" die Vermutung, Tilkowski werde sich von Paris und seinem Publikum so beeindrucken lassen, dass er vielleicht nervös werde.

Natürlich bin ich von der französischen Metropole beeindruckt. Aber meine Aufregung ist nicht größer, als sie einem 23-Jährigen zusteht.

Auch wenn uns die Revanche für das 3:6 nicht ganz gelingt: Helmut Rahn und Uwe Seeler sorgen mit ihren Toren dafür, dass wir mit einem ehrenvollen 2:2 nach Hause fahren können.

In den letzten drei Länderspielen des Jahres 1958 komme ich noch gegen Österreich (2:2 in Berlin) und gegen Ägypten zum Einsatz. Die Begegnung in Kairo findet drei Tage vor Silvester statt und wird in Herne aufmerksam verfolgt. Es sind nämlich gleich drei Spieler der Westfalia dabei: Neben mir noch Alfred Pyka und Helmut Benthaus. Schade, dass wir 1:2 verlieren. Weltmeister Maxl Morlock schießt unseren Ehrentreffer und verabschiedet sich aus der Nationalmannschaft. Für Deutschland hat der Nürnberger insgesamt 21 Tore erzielt. Genau so viele wie Helmut Rahn.

Von den Spielen nach der Weltmeisterschaft hat Deutschland 1958 nur eines gewonnen: in Augsburg gegen Bulgarien 3:0, mit Günter Sawitzki im Tor. Er ist jetzt mein Konkurrent Nr. 1. Was unserem freundschaftlichen Verhältnis keinen Abbruch tut.

Im folgenden Jahr stehen sechs Länderspiele an, und die Bilanz ist so „gemischt" wie Herbergers Einsatz seiner Torhüter: zwei Siege, zwei Unentschieden, zwei Niederlagen. Sawitzki erhält drei Berufungen, ich darf zweimal ran, und Fritz Ewert vom 1. FC Köln hat im Oktober 1959 einen tollen Einstand, als der deutschen Mannschaft ein historischer Kantersieg gegen Holland glückt. Zum 7:0 in Köln steuert Uwe Seeler drei Tore bei.

Meine Bilanz ist durchwachsen. Einem 4:0 gegen die Schweiz in Bern folgt eine 3:4-Niederlage im Nepstadion von Budapest. Das Trauma des verlorenen WM-Finales 1954 sitzt noch tief bei den Ungarn, der Sieg ist Balsam für ihren verletzten Nationalstolz.

Meine Stunde schlägt mit Beginn des nächsten Jahrzehnts. 1960 liegt die Arbeitslosenquote in der Bundesrepublik auf einem nie mehr erreichten Tiefstand von 0,6 Prozent. Und auch ich kann mich über Mangel an Beschäftigung nicht beklagen. In diesem Jahr mache ich fünf der sieben Länderspiele mit, 1961 sogar alle sechs.

Wichtig im Hinblick auf die Weltmeisterschaft 1962 in Chile: Ich stehe in sämtlichen Qualifikationsspielen im Tor.

Sozusagen zur Einstimmung treffen wir am 23. März 1960 in Stuttgart auf den Gastgeber des kommenden WM-Turniers. Helmut Haller, der damals beim BC Augsburg ist, später das Trikot von AC Bologna und Juventus Turin tragen wird, und Uwe Seeler sind unsere Torschützen zum 2:1 gegen Chile.

Der Ernstfall tritt am 26. Oktober ein: erstes WM-Qualifikationsspiel, und das ausgerechnet in Belfast gegen Nordirland. Es geht, wie erwartet, sehr rustikal zur Sache. Ich kann mich noch gut an den langen McAdams erinnern und an seine Kopfbälle. Selbst von der Strafraumgrenze aus kamen sie so hart wie Schüsse mit dem Vollspann.

Von uns ist in der ersten Halbzeit nicht viel zu sehen. Am wenigsten von „Charly“ Dörfel, der völlig untertaucht. Damals darf noch nicht ausgewechselt werden, sonst… Aber es wäre ein Fehler gewesen, den Hamburger vom Platz zu holen. Er ist ein Stürmer aus der Kategorie „unberechenbar“. Nach der Pause bekommt Dörfel zweimal den Ball auf seinen starken linken Fuß – und zweimal landet die Kugel genau im Winkel. Auch Uwe Seeler und Albert Brülls von Borussia Mönchengladbach treffen und sichern so unseren 4:3-Sieg.

Knappe vier Wochen darauf folgt die zweite Aufgabe in der WM-Qualifikation. Gegen Griechenland, wieder auswärts. Von allen Seiten werden wir gewarnt: vor dem harten Einsteigen der Griechen, der hitzigen Atmosphäre im Panathinaikos-Stadion. Was uns dann in Athen mehr zu schaffen macht, sind der holprige Boden und die für die Jahreszeit ungewöhnlich hohen Temperaturen. In Deutschland feuchtkaltes Novemberwetter, in der griechischen Hauptstadt 28 Grad.

Mir selbst sind die äußeren Umständen kaum gewärtig. Ich habe einen jener seltenen Tage, an denen einfach alles klappt. Und man selbst fühlt sich wie in einem schönen Traum. Die Realität ist aber auch nicht übel. Bei meiner Heimkehr kann ich Schlagzeilen lesen wie: „Tilkowski war der Held von Athen“ („Sport-Beobachter“).

Der wahre Held ist wohl Uwe Seeler gewesen. Er wird schon vor der Pause bei einem Zusammenprall schwer am Kopf verletzt, bekommt einen Verband angelegt und hält als Turban-Uwe bis zum Ende durch.

Durch Tore von Haller, Brülls und Dörfel gewinnen wir 3:0. Und ich kassiere jede Menge Komplimente, gesprochene, gedruckte, geschriebene. Der Hauptverdienst am deutschen Erfolg gebühre mir, weil ich die fast todsicheren Chancen der Gastgeber zunichte gemacht, sogar einen Handelfmeter abgewehrt habe.

Wenn ich von den vielstimmigen Lobeshymnen die Erleichterung und Siegesfreude über die gelungene Dienstfahrt nach Athen abziehe, bleibt als Bodensatz: Ich habe eine sehr gute Leistung abgeliefert.

Aus der sicheren Entfernung von 45 Jahren kann ich sogar behaupten, dass es wahrscheinlich mein bestes Länderspiel überhaupt gewesen ist.

Auf der Heimreise machen wir Zwischenstation in Sofia. Für ein Freundschaftsspiel gegen Bulgarien. Der „Held von Athen" sitzt als Reservist auf der Bank, das Tor hütet mein lieber Kollege Fritz Ewert.

Deutschland unterliegt 1:2. Herberger wirkt dennoch zufrieden. Die Gefahr, dass nach dem 3:0 in Griechenland der eine oder andere übermütig wird, ist gebannt.

Und ich darf das Gefühl haben, dass Herberger seine Nr. 1 für das deutsche Tor gefunden hat. Natürlich hüte ich mich, derartige Gedanken auch nur mit einer Silbe zu äußern.

Bevor wir uns endgültig die Tickets zur WM-Endrunde sichern, bucht der DFB Flugscheine für eine Chile-Reise im März 1961, an der wir wenig Freude haben werden.

Im Mai des Vorjahres ist Chile von der größten Naturkatastrophe seiner Geschichte heimgesucht worden. Erdbeben, Vulkanausbrüche und Springfluten richten immense Schäden an. Gebannt schaut die Welt auf dieses längste und schmalste Land der Erde, dessen Menschen eine Doppelbelastung zu tragen haben: den Wiederaufbau ihrer Städte und Dörfer und die Organisation der WM 1962. Aber der Enthusiasmus für den Fußball ist so groß, dass man gar nicht daran denkt, als Ausrichter zurückzutreten.

Unsere Probleme liegen auch weniger in Chile selbst. Vielmehr erweist sich der Weg hin und zurück als Horror-Trip. Jedenfalls nach heutigen Vorstellungen. Da würde der DFB für seine Nationalmannschaft, die mitreisenden Journalisten und Edel-Fans einen Flieger mit allen Annehmlichkeiten chartern. In etwa zwölf Stunden wäre man am Ziel.

Anno 1961 fliegen wir in einer normalen Linienmaschine, Touristenklasse. Müssen wegen eines Schadens in Lissabon zwischenlanden. Schlafen, um uns wenigstens mal ausstrecken zu können, auf dem Boden zwischen den Sitzreihen. 28 Stunden sind wir unterwegs.

Nur ein Masseur begleitet uns: Erich Deuser, DFB-Chefmasseur von 1951 bis 1982. Ihm fallen bald die Arme ab, weil er über viele Stunden unsere verspannte Muskulatur wieder halbwegs geschmeidig kneten muss.

Unter diesen Voraussetzungen spielen wir am 26. März in der chilenischen Hauptstadt gegen die Mannschaft des WM-Gastgebers. Und schimpfen schnell über dieses „krumme Ding". Gemeint ist der südamerikanische Ball. Er ist leichter als ein europäischer, und an seine Flugkurven müssen wir uns erst einmal gewöhnen. Aber wir hätten das Spiel auch mit jedem anderen Fußball verloren.

Uns stecken beim 1:3 schlicht und ergreifend noch die Reisestrapazen in den Knochen.

Wobei die Rückreise noch länger dauert. Erst nach unglaublichen 42 Stunden landet die Super-G-Constellation der Lufthansa in Frankfurt.

Eine Urkunde erinnert mich daran, dass es unterwegs auch was zu Lachen gab. „Ich, Aeolos, Herrscher der Lüfte, nehme über dem Äquator, dem Sitz meines Reiches, den Erdenbürger Hans Tilkowski, nach harten Prüfungen ordentlich getauft, als Ritter der Lüfte in den Tross meiner Heerscharen auf. Beglaubigt am 28. März 1961: R. Mayer, Chefpilot."

Und ich, Hans Tilkowski, kann nach der Äquator-Taufe glaubhaft bestätigen: Vor allem die in der Urkunde genannten „harten Prüfungen" haben wirklich stattgefunden. Vor allem unsere Geduld ist getestet worden.

KAPITEL 5

Chile zum Zweiten: der Eklat

Nach unserer Erkundungstour in Santiago wissen wir: Die kommende Weltmeisterschaft wird unter ungewöhnlichen Bedingungen ablaufen und alles andere als ein Zuckerschlecken sein.

Aber erst einmal müssen wir unsere Hausaufgaben machen. Qualifikationsgegner Nordirland kommt am 10. Mai 1961 zum Rückspiel nach Berlin.

Herberger hat seine Stammformation noch längst nicht gefunden. Im Olympiastadion überrascht er mit der Aufstellung von Klaus Stürmer, dem Angriffspartner Uwe Seelers beim HSV. Er hat vor sieben Jahren schon einmal in der Nationalmannschaft gespielt. Gegen Nordirland macht Stürmer das zweite und zugleich letzte Länderspiel. Eine unheilbare Krankheit beendet nicht nur seine Fußballkarriere, sondern auch sein Leben.

Einmal mehr erweist Nordirland sich als harte Nuss. Wir knacken sie mit einem 2:1-Sieg durch Tore von Albert Brülls aus Mönchengladbach und Richard Kreß von der Frankfurter Eintracht.

Die letzte Qualifikationsprüfung – das Rückspiel gegen Griechenland – bildet den Abschluss des Länderspieljahres. Wenn man vom 1:3 in Santiago absieht, haben wir bis jetzt alles gewonnen: 1:0 gegen Belgien in Frankfurt, 2:1 gegen Nordirland, 5:1 gegen Dänemark in Düsseldorf, 2:0 gegen Polen in Warschau.

In allen Begegnungen stehe ich im Tor. Auch am 22. Oktober in Augsburg. Griechenland will uns in letzter Stunde noch den WM-Spaß verderben.

Es ist ein Arbeitssieg, unser 2:1. Und über den Helden des Tages gibt es keine Diskussion. Er heißt Uwe Seeler. Diesmal kommt er ohne Turban aus und schießt, damit ihn die Griechen ja nicht vergessen, beide Tore.

Im Hinblick auf die Weltmeisterschaft hat das Fußballjahr 1961 keine großen Erkenntnisse gebracht. Immerhin entdeckt der Bundestrainer mit dem Schalker Hans Nowak einen Rechtsverteidiger, der ihn überzeugt. Bis zu Nowaks Debüt am 20. September beim Düsseldorfer 5:1 gegen Dänemark ist auf dieser Position viel experimentiert worden.

Jetzt gilt Hans Nowak als gesetzt und soll mit Karl-Heinz Schnellinger (1. FC Köln, später AS Rom und AC Mailand) das deutsche Verteidiger-Paar in Chile bilden.

Es ist, wie sich herausstellen wird, bisher der einzige Mannschaftsteil, den der Bundestrainer in seiner Planung als für gut befunden und erledigt abhaken kann. Ansonsten müssen im berühmten kleinen Notizbuch Sepp Herbergers noch viele Fragezeichen stehen.

Was ihn wohl auch zu Versuchen antreibt, den einen oder anderen Weltmeister von 1954 zu reaktivieren. Fritz Walter winkt ab. Er, der dem „Chef" immer treu ergeben gewesen ist, hat nach der Fußball-WM 1958 in Schweden kein Länderspiel gemacht und spürt mit seinen 41 Jahren nicht mehr die Kraft für ein solches Turnier.

Auch Helmut Rahn sieht seine Karriere im Nationaltrikot als beendet an. Seinen 40. und letzten Auftritt hat er im April 1960 in Ludwigshafen gehabt, beim 2:1-Sieg über Portugal.

Die „Helden von Bern" sind müde. Nur einer aus dem damaligen Aufgebot, der Fürther „Eisenfuß" Herbert Erhardt, gehört noch zu Herbergers Stammpersonal.

Für einen letzten Test vor dem WM-Turnier in Chile steht das Länderspiel am 11. April zur Verfügung. Die Generalprobe. Sie findet im Hamburger Volksparkstadion gegen Uruguay statt.

Und der Bundestrainer zaubert doch noch einen Wiedereinsteiger aus der WM-Truppe von 1954 aus dem Hut: Hans Schäfer. Der Linksaußen vom 1. FC Köln hat zuletzt im Mai 1959 bei der 2:3-Niederlage in Glasgow gegen Schottland das Nationaltrikot getragen. In Hamburg gelingt Schäfer ein ordentliches Comeback. Zum 3:0-Erfolg steuert er sogar ein Tor bei.

Dafür sitze ich unter den Reservisten. Denke mir aber nicht viel dabei. Der Bundestrainer möchte drei Torhüter mit nach Chile nehmen und ist sich wohl nicht schlüssig, wer das außer Tilkowski und Sawitzki sein soll.

An meiner Stelle steht ein Neuling im Tor. Gepuscht von einigen süddeutschen Journalisten. Aber ohne jeden Zweifel ein großes Talent: Wolfgang Fahrian vom Zweitligisten TSG Ulm 46.

Der Zwanzigjährige ist ein anderer Torwart-Typ als ich. Vor allem ganz anders als Herbergers Idealvorstellung von einem Schlussmann. Fahrian begeistert das Publikum mit spektakulären Flugparaden, seine Stärke liegt in der reaktionsschnellen Abwehr auf der Linie. Umgehend hat ihm die Presse den Beinamen „schwarzer Panther“ angehängt.

Seine Blitzkarriere taugt für einen Hollywood-Film. Begonnen hat er sie vor gerade mal zwei Jahren in der Reserve von Ulm 46. Schon 1961 wird Fahrian in die Junioren-Nationalmannschaft berufen, macht in Gelsenkirchen beim 5:0 gegen Polen ein Riesenspiel.

Und nun fliegt er in Hamburg wie ein Artist zwischen den Pfosten hin und her, lässt keinen Gegentreffer zu. Deutschland gewinnt die Generalprobe mit 3:0.

Nach dem 3:0 in Griechenland war ich der „Held von Athen“, nach dem Sieg über die „Urus“ ist Fahrian der „Held von Hamburg“.

Musste ich damals drei Tage später in Sofia das Spiel gegen Bulgarien von der Reservistenbank aus verfolgen, weil Herberger mich und andere vor Übermut bewahren wollte, erhält der Ulmer – nach nur einem A-Länderspiel – gleich das Flugticket zur Fußball-Weltmeisterschaft.

Selbst als Fahrian sich kurz darauf einen Bänderriss zuzieht und der Fuß in Gips gelegt werden muss, steht seine WM-Nominierung so fest wie das Amen in der Kirche.

Da komme ich schon etwas ins Grübeln. Und mit mir auch Günter Sawitzki.

Zwischen uns dreien gibt es aber keine Probleme. Jetzt nicht und später ebenso wenig. Fahrians Zugehörigkeit zur Nationalmannschaft ist ohnehin nicht von allzu langer Dauer. Nach zehn Länderspielen fällt er 1964 Knall auf Fall beim DFB in Ungnade. Er hat (wie viele andere auch, die sich aber nicht erwischen lassen) gegen das Lizenzspieler-Statut verstoßen, beim Wechsel zu Hertha BSC ein Handgeld kassiert.

Dass Herberger seinen so oft beschworenen Grundsätzen untreu wird, liegt vielleicht an der allgemeinen Verunsicherung vor Chile.

Unsicherheit und Unzufriedenheit sind auch im 22-köpfigen Aufgebot zu spüren und werden noch durch die öffentliche Diskussion geschürt, ob es dem Bundestrainer gelungen sei, den im Nationalkader fälligen Generationswechsel zu vollziehen.

Mit Herbert Erhardt und Hans Schäfer sind zwei Altgediente aus dem Aufgebot von 1954 dabei, die in Chile ihre dritte Weltmeisterschaft bestreiten werden. Uwe Seeler, Horst Szymaniak, Karl-Heinz Schnellinger und der Kölner Hansi Sturm haben schon 1958 die WM in Schweden gespielt. Der Großteil des Chile-Kaders aber ist aus WM-Neulingen oder aus Spielern mit geringer internationaler Erfahrung rekrutiert.

Es trägt auch nicht zur Verbesserung der Stimmung bei, dass Herbert Erhardt, Abwehrsäule und Kapitän in allen Qualifikationsspielen, die Armbinde an den gerade erst wieder aufgetauchten Hans Schäfer abtreten muss.

Neun der 22 Nominierten sehen die WM-Spiele bloß von der Tribüne aus. Damals dürfen ja pro Partie nur elf Spieler eingesetzt werden und nicht, wie heute, bis zu 14.

In Chile sind wir in der „Escuela Militar" einquartiert. Der Name – „Militärschule" – ist Programm: Herberger beauftragt seinen Assistenten Helmut Schön, die drei Torleute einem knüppelharten Test zu unterziehen. Wir springen, hechten, fliegen, bis uns die Luft wegbleibt und der Schweiß in den Augen brennt. Dass der Drill vornehmlich Wolfgang Fahrian und mir gilt, hätte mich stutzig machen müssen. Auch, dass der Bundestrainer während der Übungseinheiten des Öfteren vorbeischaut und seinen „Assi" befragt: „Helmut, was meinen Sie?"

Dann kommt der 30. Mai, von dem ein alter Karnevalsschlager behauptet, er sei der Tag des Weltuntergangs.

Am Vorabend des ersten Vorrundenspiels gegen Italien sitze ich mit Heinz Vollmar vom 1. FC Saarbrücken und Günter Herrmann vom Karlsruher SC beim Skatspiel, als Heinz beiläufig bemerkt, er habe gehört, morgen würde Fahrian spielen, an seinem 21. Geburtstag.

Ich glaube, ich habe an meine Stirn getippt und Vollmar nur mitleidig angelächelt.

Plötzlich klopft es, und Helmut Schön steht in unserem Zimmer: „Hans, der Chef möchte Sie sprechen!"

Ich spüre, wie mir das Blut in den Kopf schießt. Wortlos folge ich dem Trainerassistenten.

Alle Indizien, die auf einen Sinneswandel Herbergers in der Torhüter-Frage hingedeutet haben und die von mir verdrängt worden sind, laufen wie im Zeitraffer vor mir ab. Das kann doch einfach nicht wahr sein!

Immer wieder hat der Bundestrainer mir versichert: „Hans, Sie sind meine Nr. 1." Soll die ganze Schinderei der letzten Jahre mit den vielen Extra-Stunden harten Torwart-Trainings für die Katz gewesen sein? Herbergers Weisheiten über die Sachlichkeit und Effizienz des Torwartspiels – alles nur leere Sprüche?

Dann sitzen wir im Zimmer des Chefs am Tisch. Zu dritt. Helmut Schön fühlt sich erkennbar unwohl. Stützt seinen Kopf in beide Hände und schaut mir kein einziges Mal ins Gesicht. Auch Herberger strahlt in diesem Moment nicht die Souveränität aus, die wir Spieler von ihm gewohnt sind. Es ist, als müsse er das, was er mir mitzuteilen hat, mühsam aus sich herauspressen.

„Hans, morgen gegen Italien steht Fahrian im Tor."

Das schlägt wie eine Granate bei mir ein, obwohl mir seit Minuten klar ist, dass der Bundestrainer mich nicht zum Gute-Nacht-Plausch zu sich bestellt hat.

Mein Adrenalin-Spiegel steigt auf den Siedepunkt. Und der Vulkan Tilkowski bricht aus.

„Das kann ich nicht verstehen."

Ich sei als Nr. 1 nach Chile geflogen. Er selbst habe mir eine gute Form bestätigt.

„Aber Sie sind der Chef. Es ist Ihre Entscheidung. Meine Entscheidung ist: Ich spiele nicht mehr für Deutschland!"

Und bitte um meinen Reisepass und um das Rückflug-Ticket.

Herberger: „Das können Sie doch nicht machen, Hans!"

Ich lege nach. Ich sei maßlos enttäuscht. „Sie praktizieren nicht das, was Sie uns gelehrt haben. Sie verstoßen gegen Ihre eigenen Grundsätze. Ich weiß nicht, was ich Ihnen noch glauben soll."

Vor vier Jahren habe er mir gegenüber betont, wie wichtig es für ihn sei, zu einem WM-Turnier erfahrene Torleute mitzunehmen. Damals sei ich 22 gewesen, habe Erfahrung aus drei Spielzeiten in der Oberliga West gehabt und zwei Länderspiele. Auf jeden Fall mehr Erfahrung als Fahrian jetzt. Aber das reichte nicht.

„Sie haben mich auf 1962 vertröstet."

Der Fall sei für mich erledigt. Ich könne damit leben, meine Karriere in der Nationalmannschaft nach 18 Länderspielen zu beenden.

Helmut Schön sitzt noch immer da, als würde er jeden Augenblick mit einem Schlag auf den Hinterkopf rechnen. Und Herberger merkt, dass in dieser adrenalingeschwängerten Atmosphäre jede weitere Diskussion zu nichts führen würde.

Ich kann gehen. Stürme blind vor Zorn in unser Zimmer, in dem wir zu viert einquartiert sind: die drei Torhüter und Willi Giesemann von Bayern München. Der Raum – wir befinden uns, wie gesagt, in einer Militärakademie – ist spartanisch eingerichtet: Die Betten, ein Tisch, vier Stühle.

Einer der Stühle steht mir im Weg, als ich ins Zimmer stürze. Mit aller Kraft, die einen Ball bis in den gegnerischen Strafraum befördert hätte, trete ich den Stuhl quer durch den Raum. Daraus wird dann in einigen Presseberichten, der randalierende Tilkowski habe im Trainingsquartier der deutschen Mannschaft das Mobiliar zerlegt.

Da gab es nicht viel zu zerlegen.

Aber was hat man von mir erwartet? Dass ich Sepp Herberger um den Hals falle und ein Freudentänzchen mit ihm aufführe?

Ich bekomme weder meinen Pass noch das Ticket für die Heimreise. Bleibe aber bei meiner Ankündigung, nicht mehr zu spielen.

Herberger lässt sich nach außen nichts anmerken, grüßt, wenn er mir über den Weg läuft. Total sauer, kann ich mich nicht dazu überwinden, den Gruß zu erwidern. In den nächsten anderthalb Jahren spreche ich kein Wort mit dem Bundestrainer.

Die Weltmeisterschaft in Chile läuft ohne mich. Ein WM-Turnier, das weder für die Beteiligten noch für die FIFA ein Ruhmesblatt ist. Die Begegnungen sind geprägt von Defensivtaktik und Härte.

Im Gruppenspiel Chile - Italien kommt es zu einem der größten Skandale in der Geschichte der Fußball-Weltmeisterschaften, als die Akteure mit allen erdenkbar unfairen Mitteln aufeinander losgehen und der völlig überforderte englische Schiedsrichter, eingeschüchtert von den tobenden Zuschauern, nur zwei Italiener vom Platz stellt.

Die deutsche Mannschaft übersteht ihre Gruppenspiele gegen Italien (0:0), die Schweiz (2:1) und Chile (2:0) glanzlos, aber unbeschadet. Im Viertelfinale heißt der Gegner – zum dritten Mal in Folge bei einem WM-Turnier – Jugoslawien. Fünf Minuten vor Schluss fällt das entscheidende Tor für die „Jugos".

0:1 – Deutschland ist ausgeschieden.

Wolfgang Fahrian trifft daran nicht die geringste Schuld. Ihm bescheinige ich gern, dass er seine Sache prima gemacht hat. Zwischen uns hat es keinen Streit und kein böses Wort gegeben. Bis heute verstehen wir uns gut.

Auf der Rückreise trägt die Nationalmannschaft noch ein inoffizielles Länderspiel in den USA aus. Ich bin nur Zuschauer, mit meinen Gedanken ganz woanders und weiß nicht mal, wie es ausgegangen ist.

Noch immer zermartere ich mir den Kopf, was Herberger zu seiner Entscheidung bewogen haben mag. Eine Begründung hat er mir jedenfalls nicht gegeben.

Unsere Ankunft am Flughafen in Frankfurt findet so gut wie unter Ausschluss der Öffentlichkeit statt. Die Weltmeisterschaft in Chile hat wohl nicht nur bei mir den Entschluss bewirkt: möglichst schnell vergessen.

Doch das ist leichter gesagt als getan. Der Groll sitzt tief. Und durch das, was ich zu Hause über den „Eklat von Chile“ zu lesen und zu hören kriege, wird die Wunde immer wieder aufgerissen.

Der Bundestrainer hat unter den Pressevertretern, namentlich bei den Fachjournalisten aus dem Süden Deutschlands, viele Gefolgsleute. Sie finden mein Verhalten unerhört. Sepp Herberger steht seit Bern 1954 auf dem Sockel der Heldenverehrung. Ihn zu kritisieren bedeutet Majestätsbeleidigung.

Nur wenige Stimmen aus dem Blätterwald erinnern daran, dass ohne die Glanzleistungen von Tilkowski in den Qualifikationsspielen gegen Griechenland und Nordirland die deutsche Mannschaft gar nicht erst nach Chile geflogen wäre. Hier klingt zumindest eine Spur von Verständnis dafür durch, wie enttäuscht ich gewesen sein muss.

Nur meine radikale Haltung (ich nenne sie konsequent) mit dem Rücktritt aus der Nationalelf stößt auf allgemeine Missbilligung.

Ich habe einen „heißen Ofen“ angefasst. Und mir, so sieht es aus, gründlich die Finger verbrannt.

KAPITEL 6

Die Wunder von Lissabon und Dortmund

Als die Saison 1962/63 beginnt, die letzte der Oberliga West vor Einführung der Bundesliga, hat man sich bei Westfalia Herne schon von dem Gedanken verabschiedet, in der neuen Elite-Klasse vertreten zu sein. Die Auflagen des DFB sind nicht zu schultern.

Fritz Langner, der Architekt unserer Meistermannschaft, verlässt Herne und wird zukünftig Borussia Mönchengladbach trainieren. Auch Langner ist enttäuscht, dass ich in Chile nicht zum Zuge gekommen bin. Selbst er, der Herberger-Schüler, erhält vom Bundestrainer keine Erklärung dafür.

Unser neuer Trainer ist Fritz Silken. Er macht bei weitem nicht den Druck, den wir von seinem Vorgänger gewohnt sind. Langner haben wir oft genug als Wirbelsturm erlebt. Dagegen wirkt der Neue wie eine Frühlingsbrise.

Die Mannschaft verliert auch an Qualität. Mit Helmut Benthaus, Werner Losch und Otto Luttrop verlassen Leistungsträger den Verein. Bei der Westfalia sieht man gefasst dem Schicksal entgegen, bald der Fußballprovinz anzugehören.

Als ich 1955 nach Herne gekommen bin, habe ich, das Landei aus Husen, zunächst an folgende, weil so überlieferte Rollenverteilung geglaubt: Die Westfalia ist der „Lackschuh-Verein“ in der Stadt, wo die Großkopferten und besseren Kreise das Sagen haben. Der SV Sodingen ist der „Malocher-Klub“. Ich habe bald gemerkt, dass es sich bei meinen Vorstellungen nur um Klischees handelt.

Realität ist: Die Westfalia wird von einem durch und durch seriösen Vorstand geführt, der nicht im Geringsten zu finanziellem Größenwahn oder sonstigen Eskapaden neigt. Einfach und schlicht geht es zu im Verein, salopp gesagt: stinknormal. Nach einem Sieg fließt alles andere, bloß kein Sekt. Wir Spieler bekommen nach dem Training eine Bockwurst oder Grützwurst spendiert. Und nach den Heimspielen wird gemeinsam gegessen.

Wenn vor dem Spiel noch mal unser Platz geebnet werden muss, dann lässt ein Gönner aus dem Baugewerbe am Samstagmittag eine Dampfwalze neben den Straßenbahnschienen durch die Stadt rollen, zu unserem Stadion am Schloss Strünkede.

Westfalias nüchtern kalkulierende Vorstandsherren scheinen zu ahnen, dass Fußball in der neuen Spitzenklasse alles Mögliche sein wird – nur nicht mehr die schönste Nebensache.

In Herne, der „goldenen Stadt" (so genannt, weil sie im schwer geprüften Ruhrgebiet selbst kaum Kriegsschäden davon getragen hat), habe ich goldene Fußballzeiten verlebt. Aber meine Bundesliga-Träume, die werde ich hier nicht verwirklichen können.

1962 neigt sich dem Ende zu, und ich frage mich, ob ich vielleicht der „Tor des Jahres" gewesen bin. Dass ich mich so rigoros mit dem Bundestrainer angelegt habe, kreiden mir viele als Dummheit an.

Länderspiele hätte ich verschenkt. Und überhaupt sei die Frage, welcher Bundesligaklub mich nach dem Eklat von Chile noch haben wolle.

Für mich besteht kein Zweifel – und deshalb festigt sich mein Ruf, ein Sturkopf zu sein – , dass es richtig gewesen ist, offen meine Meinung zu sagen. Deshalb möchte ich das alles nicht noch einmal im Konjunktiv durchleben. Mit hätte, wenn und aber.

Um meine sportliche Zukunft ist mir nicht bange. Mit dem Frühling melden sich auch die ersten Interessenten bei mir. Wieder stehe ich bei Schalke auf dem Wunschzettel. Ernst Kuzorra, der Altinternationale, sitzt bei mir zu Hause. Wir unterhalten uns in aller Freundschaft. Eine Zusage nimmt er nicht mit. Ich mache kein Hehl daraus, wohin es mich zieht: in meine Heimatstadt.

Bei Borussia Dortmund ist Herbert Sandmann Fußballobmann, linker Verteidiger der Meistermannschaft von 1956 und 1957. Er hat auch mal für Schalke 04 gespielt. Und ein ehemaliger Schalker Nationalspieler aus den vierziger Jahren, Hermann Eppenhoff, trainiert jetzt die Schwarz-Gelben.

Noch ehe das Frühjahr vorbei ist, bin ich mit dem BVB einig.

Borussia muss für mich die höchste Ablösesumme zahlen, die das neue Bundesligastatut vorsieht: 50.000 Mark – ein warmer Regen für Westfalias Schatzmeister. Und ein gutes Geschäft dazu, kassiert Herne doch mehr Geld für mich, als ich in den ganzen acht Jahren gekostet habe.

Die Dortmunder suchen einen Nachfolger für den mittlerweile 36-jährigen Heini Kwiatkowski. Und auf einmal sieht es so aus, als hätten sie ihn gefunden, noch bevor ich bei ihnen meinen Dienst antrete.

Der BVB spielt eine starke Saison 1962/63, zieht als „Vize" der Oberliga West zusammen mit Meister 1. FC Köln in die Endrunde ein. Beide West-Vertreter werden Gruppensieger und stehen sich am 29. Juni im letzten Endspiel der deutschen Meisterschaftsgeschichte gegenüber. In Stuttgart, vor 75.000 Zuschauern.

Die Dortmunder, eigentlich Außenseiter, gewinnen 3:1. Im Tor steht Bernhard Wessel. Für einen Schlussmann ist er etwas klein geraten, aber er verfügt über tolle Reflexe. Ein Flieger auf der Linie, wie Wolfgang Fahrian. Am Titelgewinn der Schwarz-Gelben hat er großen Anteil.

Die BVB-Fans lieben Bernhard Wessel. Und beim Trainer hat er einen Stein im Brett. Schon fragen sich einige bei der Borussia, ob man den Tilkowski überhaupt braucht.

Die Tür nach Schalke würde mir noch offen stehen. Doch es gibt in Dortmund auch Leute, die über den Tellerrand hinaus schauen. Die wissen, dass die Mannschaft vor einer anspruchsvollen Saison steht. Nicht nur die Bundesliga mit ihren erhöhten Anforderungen gilt es zu bestehen. Als Meister ist der BVB auch im Europapokal gefordert.

Es bleibt also alles wie vereinbart.

So sehr ich mich auf meine neue Aufgabe freue, so hart trifft mich noch vor Saisonbeginn ein familiärer Schicksalsschlag. Mein Vater, nach zwei Schlaganfällen an den Rollstuhl gefesselt, stirbt am 10. Juli 1963.

Den Borussen bleibt nach dem Endspielsieg wenig Zeit zum Verschnaufen. Noch ehe mit der Bundesliga-Premiere ein neues Kapitel im deutschen Fußball aufgeschlagen wird, will die Mannschaft das Double schaffen, steht am 14. August im Pokalfinale gegen den Hamburger SV.

Bernhard Wessel hütet das Tor, als der BVB im Niedersachsenstadion von Hannover ein böses Erwachen erlebt. Die Mannschaft wirkt ausgelaugt, Wolfgang Paul und Timo Konietzka fehlen verletzt, Jürgen Schütz hat sich zum AS Rom abgesetzt.

So kann sich der HSV an seinem Angstgegner für so manche Demütigung der letzten Jahre revanchieren. Rächer des Tages ist Uwe Seeler, der Bernhard Wessel drei blitzsaubere Tore ins Netz setzt.

Bei der Bundesliga-Premiere im Weserstadion bin ich dabei. Wir verlieren gegen Werder Bremen 2:3, und Borussia kommt nur deswegen in die Schlagzeilen, weil unser Timo Konietzka in der zweiten Minute das erste Tor erzielt, das die Bundesliga-Chronik verzeichnet.

Im Heimspiel gegen den von Max Merkel trainierten TSV München 1860 darf ich mich dann auch dem Dortmunder Publikum vorstellen. Wir schaffen den ersten Punktgewinn, und die heimische Presse bescheinigt mir einen gelungenen Einstand. Zumal ich einen Elfmeter abwehre und damit das 3:3 rette.

Der BVB hat einen schwachen Start in der Meisterschaft. Unübersehbar steckt der Titelverteidiger in einem Formtief. Das auch noch anhält, als wir in den Europapokal-Wettbewerb einsteigen.

Trotzdem reicht es am 10. September im Bislet-Stadion der norwegischen Hauptstadt zu einem 4:2-Erfolg über Ski-og Lyn Oslo. Auch das Rückspiel am 2. Oktober ist keine Offenbarung. „Das war die Flutlichtrechnung nicht wert,“ urteilt am nächsten Tag eine Dortmunder Zeitung. Obwohl wir im Stadion Rote Erde 3:1 gewinnen, wird Borussia von 10.000 Zuschauern mit gellenden Pfiffen in die Kabine geschickt.

Verständlich, dass es uns allen erst einmal die Sprache verschlägt, als wir von der Auslosung für die nächste Runde erfahren. Gegner im Achtelfinale ist Benfica Lissabon, der Europapokalsieger von 1961 und 1962, die Wundermannschaft aus Portugal mit Eusebio. Der mit vollem Namen Eusebio da Silva Fereira heißt und aus Mozambique stammt. Und den sie als „schwarze Perle“ verehren.

Die erste Begegnung findet auswärts statt, im Luz-Stadion. Dort, wo im letztjährigen Viertelfinale des Europacups der 1. FC Nürnberg mit 0:6 untergegangen ist. Wenigstens eine schöne Reise für die Mannschaft, trösten sich die Pessimisten unter den BVB-Fans. Hermann Eppenhoff, der spürt, wie seine Spieler allmählich zu einer verschworenen Gemeinschaft zusammenwachsen, behauptet dagegen: „Wir haben durchaus eine Chance.“ Und wird mitleidig belächelt.

Hermann Eppenhoff ist ein Trainer, der im Umgang mit seinen Schützlingen den väterlich-freundschaftlichen Ton bevorzugt und deshalb noch immer zwischen Wessel und Tilkowski schwankt. In Lissabon, am 6. November, vertraut er mir. Wegen meiner internationalen Erfahrung. Und weil Wessel bei Spielen unter Flutlicht Probleme hat, wie er selbst einräumt.

Es wird ein großer Abend für mich. Im „Stadion des Lichts“ gelingt mir eine der besten Torhüter-Leistungen meiner Laufbahn.

Unser Trainer tut alles, um unsere körperliche Verfassung und unser Selbstvertrauen zu stärken. Wir treffen schon vier Tage vor dem Match in Portugal ein. Nehmen Quartier in einem Luxushotel im eleganten Badeort Estoril an der Atlantikküste. Werden von überschwänglicher Gastfreundschaft verwöhnt, und niemand stört sich daran, dass diese Alemanos immer nur im Trainingsanzug herumlaufen.

Unser ganzes Programm ist dem Spiel angepasst, das erst kurz vor Mitternacht angepfiffen wird: Später aufstehen, später trainieren, später essen, später schlafen gehen.

Man liest uns jeden Wunsch von den Augen ab. Wir sind ja auch kein Gegner, den Benfica fürchten muss. Mindestens drei Tore Vorsprung wolle man mit nach Dortmund nehmen, verkündet Supermann Eusebio in einem Interview. Mindestens.

Am 6. November kann der zweimalige Europacup-Sieger sein komplettes Star-Ensemble aufbieten. Bei uns fehlt noch immer Stopper Wolfgang Paul nach einer Meniskusoperation. Ihn vertritt Lothar Geisler. Ins Sturmzentrum stellt Eppenhoff den von Mönchengladbach gekommenen Franz Brungs – gegen den Willen einiger Vorstandsherren.

Aus meinen Dortmunder Erfahrungen kann ich nur sagen: BVB-Trainer haben immer gut daran getan, wenn sie sich nicht von Fußballamateuren aus der Führungsetage ins Handwerk pfuschen ließen. Brungs macht in Lissabon eine gute Partie, später im Rückspiel sogar eine überragende.

Und dann müssen wir durch die Hölle. Auf den Rängen 60.000 entfesselte Benfica-Fans, auf dem Rasen ein Team aus lauter Ballartisten, die wie ein Wirbelsturm über uns hereinbrechen, der alles hinwegzufegen droht, was sich ihm entgegenstellt.

Nach zwei Minuten landet der Ball am Pfosten meines Tores. In der 10. Minute kommt Eusebio zum Schuss – wieder rettet der Pfosten! Obwohl der kleine „Hoppy" Kurrat wie eine Klette am Liebling der Portugiesen hängt, ganz auszuschalten ist er nicht.

Aber wie Kurrat werden in dieser Nacht alle Borussen-Spieler ein Stückchen größer, wächst mit jeder gelungenen Abwehraktion unser Selbstvertrauen. Ich fauste, springe, hechte, werfe mich den Benfica-Stürmern entgegen, wenn sie vor mir auftauchen.

Bei einem Eusebio-Kopfball landet die Kugel zum dritten Mal am Torgebälk, das damals ja wirklich noch aus Holz besteht.

0:0 bei Halbzeit – schon das hätte die Schlagzeile „Das Wunder von Lissabon" gerechtfertigt. Wir sind bis dahin höchstens dreimal vor dem gegnerischen Gehäuse aufgetaucht. Dafür herrscht in unserer Spielhälfte fast ständig Vollversammlung.

Nach der Pause passiert es. Benficas 1:0 versetzt die 60.000 in Ekstase und die Platzherren in noch größere Angriffswut.

Wir halten dagegen und schaffen es, dass in der 53. Minute der ohrenbetäubende Geräuschpegel für einen Moment verebbt: Reinhold Wosab schießt zum Ausgleich ein.

Nur fünf Minuten danach liegt das Leder in meinem Netz. Eusebio hat es dorthin befördert. Allerdings nicht regelgerecht, wie ich behaupte. Ich liege am Boden und habe die Hand schon auf dem Ball, als der Benfica-Stürmer noch einmal zutritt. Meine Reklamation findet beim französischen Schiedsrichter Pierre Schwinte kein Gehör.

Das Publikum tobt. Und ich muss mich behandeln lassen. Die Hand, die Eusebio getroffen hat, tut höllisch weh. Meine Mitspieler stehen um mich herum. Froh über ein bisschen Zeit zum Luftholen. Aber auch mit der bangen Frage im Gesicht, ob ich weitermachen kann.

Ich bleibe im Tor. Benfica wird von Minute zu Minute unruhiger, muss sich letztlich damit abfinden, nur ein Minimalziel erreicht zu haben.

Wir aber feiern die 1:2-Niederlage wie einen Triumph. Es ist ja auch, wie sich herausstellen wird, der erste Schritt zu einer perfekten Fußballsensation.

Die Generalprobe für das Rückspiel am 4. Dezember geht in die Hose. Vier Tage vorher verlieren wir unser Bundesliga-Heimspiel gegen den 1. FC Köln mit 2:3. Wessel hat erneut Schwierigkeiten mit dem Flutlicht. Und ich bin angeschlagen. Noch immer ist die Hand geschwollen von Eusebios Tritt.

Benficas großer Zauberer hat ebenfalls Verletzungssorgen. Er kommt zwar mit nach Dortmund, eingehüllt in einen eleganten Wildledermantel und friert jämmerlich. Wie alle Portugiesen. In diesen ersten Dezembertagen des Jahres 1963 herrscht bitterer Frost. Spielen kann Eusebio nicht.

Im Gegensatz zu mir. Einen solchen Fußballfesttag will ich mir um keinen Preis entgehen lassen. Wir wittern unsere große Chance.

Erst recht, als wir beim Warmlaufen in die langen Gesichter unserer Gäste schauen. Sie sind geschockt von den gefrorenen Eispfützen, mit denen der Rasen übersät ist. Ihr Mittelläufer Germano trägt – damals für einen Fußballer höchst ungewöhnlich – einen Vollbart, in dem nun schon die Eiskristalle glitzern.

Solche Minustemperaturen sind ebenso wenig nach dem Geschmack der Portugiesen wie unser Flutlicht, auch „Funzel“ genannt. Zur Luxus-

Beleuchtung im Lissaboner Luz-Stadion verhält es sich wie die Morgendämmerung zur Mittagssonne.

Die Rote Erde ist 1926 als städtisches Stadion eröffnet worden, stammt also aus einer Zeit, als Borussia zweitklassig war und noch auf ihrem alten Spielplatz Weiße Wiese kickte. Den Anforderungen des Profifußballs genügt die Kampfbahn im Grunde nicht mehr. Zu großen Spielen wird sie mit Zusatztribünen aufgerüstet, um ein Fassungsvermögen von bis zu 40.000 Zuschauern zu erreichen. Die erste Reihe sitzt dann so dicht am Spielfeldrand, dass der vorgeschriebene Mindestabstand zur Seitenlinie von einem Meter gerade noch gewahrt ist.

An diesem ungemütlichen Dezemberabend sind es unsere Stürmer, die anfänglich an Pfosten und Latte scheitern. Aber dann nehmen sie den Stolz Portugals auseinander wie einen unterklassigen Trainingspartner. Binnen 180 Sekunden zerfetzen die Tore von Timo Konietzka und Franz Brungs (2) alle Hoffnungen der Schützlinge des großen Trainers Lajos Czeisler. Nach der Pause vollenden der in Überform auftrumpfende Brungs (den wir „Goldköpfchen" nennen) und Reinhold Wosab die 5:0-Demontage Benficas.

Ich verlebe einen relativ ruhigen Abend und kann mich, wie unsere Fans auf den Rängen, nicht satt sehen an dem Spielrausch, in den sich meine Mannschaftskameraden hineinsteigern.

Würde man per Publikumsbefragung eine Hitparade der besten BVB-Leistungen aller Jahrzehnte aufstellen, dieses 5:0 über die seinerzeit weltbeste Vereinsmannschaft käme mit großer Wahrscheinlichkeit auf Platz 1.

Und Millionen an den Bildschirmen haben Teil zwei des Wunders von Lissabon miterlebt – das Wunder von Dortmund. Rund um Borussias Urheimat, den Borsigplatz, veranstalten Autofahrer eine Nacht lang wilde Hupkonzerte; in den Kneipen fallen sich wildfremde Menschen um den Hals; für ein schwarz-gelbes Trikot werden damals unvorstellbare 1.000 Mark geboten.

Dortmund ist außer Rand und Band.

Heute würde ein Bundesligaklub für ein Europacup-Spiel von dieser Bedeutung eine fünfstellige Siegprämie aussetzen – pro Mann wohlgemerkt.

Wir haben 1963 für das Wunder eins und zwei zusammen jeder 500 Mark erhalten. Und das ist schon das Doppelte von dem, was der DFB damals erlaubt hat. Weshalb wir mit unserem Fußballobmann Herbert Sandmann auch lange darum feilschen müssen.

Das Bankett nach dem Spiel findet im „Römischen Kaiser“ statt, seinerzeit das erste Haus am Platze in Dortmund. Plötzlich erheben sich die Spieler von Benfica zu einem gemeinsamen Trinkspruch auf uns, die Sieger. Und ihr Trainer Lajos Czeisler, der Ungar mit dem italienischen Pass, zeigt sich als Mann von Welt und verkündet: „Ich bin der Verlierer. Aber ich schätze mich glücklich, diesen herrlichen Fußball gesehen zu haben.“

Das sind freudige Überraschungen für uns. Die größte für mich folgt etwas später.

Unter unseren Ehrengästen sind einige Männer, die vor kurzem auch ein Wunder erlebt haben – das „Wunder von Lengede“. In einer dramatischen Rettungsaktion sind diese Bergleute Anfang November aus ihrem unterirdischen Gefängnis befreit worden. Was ich als Bergmannssohn, dessen Vater ebenfalls im Pütt verschüttet gewesen ist, besonders gespannt im Fernsehen verfolgt habe.

An so einem Abend darf auch unser „singendes Maskottchen“ nicht fehlen: Gerhard Wendland („Tanze mit mir in den Morgen“…). Der Mann mit dem samtweichen Timbre ist ein Freund von Hermann Eppenhoff und eingefleischter Borussen-Fan. Wann immer es seine Konzerttermine erlauben, kommt er zu unseren Spielen.

Auch der Bundestrainer ist beim Bankett zugegen. Wir feiern ausgelassen und denken noch lange nicht an den „Zapfenstreich“, als Sepp Herberger aufsteht, um sich zu verabschieden. Er tritt auf mich zu und sagt so ruhig und selbstverständlich, als hätten wir erst gestern noch miteinander gesprochen: „Hans, für mich wird es Zeit. Ich will nach München und muss meinen Nachtzug erreichen. Kann ich Sie in den nächsten Tagen mal anrufen?“

Und reicht mir die Hand. Ich bin so von den Socken, dass ich nur ein kurzes staubtrockenes „Ja“ über die Lippen bekomme.

Es sind die ersten Worte, die wir seit anderthalb Jahren wechseln.

Sind danach zwei oder drei Tage vergangen? Jedenfalls ist Herberger wie angekündigt am Telefon. Und wie es seine fürsorgliche Art ist, erkundigt er sich zunächst nach meiner Familie.

„Hans, wie geht es Ihrer Frau, was machen die Kinder? Ich würde Sie gern dabei haben auf unserer Länderspielreise nach Marokko und Algerien.“

Die ist gleich nach Weihnachten und dauert über den Jahreswechsel hinweg. Was mir die Chance bietet, den Zögernden zu spielen. „Ich müsste das erst mit meiner Luise besprechen.“

„Selbstverständlich, Hans, das sind ja die Feiertage, die der Familie gehören. Reden Sie mit Ihrer Frau, ich melde mich wieder.“

Herberger, der Verständnisvolle.

Er ruft wieder an. Und ich sage ja.

Dass nach den Spielen gegen Benfica Lissabon die lokale und regionale Presse meine Rückkehr in die Nationalmannschaft zum Thema gemacht hat, habe ich selbstredend registriert.

Das Nachdenken darüber hat aber auch jenseits der westdeutschen Grenzen eingesetzt. Die Frage ist wohl nur, wie man diesen halsstarrigen Tilkowski dazu bringt, seinen Rücktritt vom Rücktritt zu erklären.

Zu den Publikationen, die als Sprachrohr des DFB und des Bundestrainers gelten, zählt die in Nürnberg erscheinende Fachzeitschrift „Sportmagazin“ (die später mit dem „Kicker“ fusioniert). Dort erscheint ein flammendes Plädoyer für die Fortführung meiner internationalen Karriere, verfasst von einem der führenden Dortmunder Fußballjournalisten. Er umgeht dabei geschickt die Frage, wer denn nun die Initiative zur Wiedervereinigung von Herberger und Tilkowski ergreifen soll. Die Presseleute im Umfeld des BVB kennen mich gut genug, um zu wissen, dass ich den ersten Schritt nicht tun werde. Zitat: „Tilkowski hat nun mal das, was man eine Meinung nennt und Rückgrat.“

In einem ergänzenden Kommentar zu besagtem Artikel im „Sportmagazin“ sieht Hans Fiederer, der Chefredakteur und ehemalige Nationalspieler der SpVgg Fürth in den zwanziger Jahren, die Verpflichtung bei mir, den Bundestrainer anzusprechen. Zitat: „Unser gut gemeinter Rat: Hans Tilkowski, gehen Sie zu Sepp Herberger und sprechen Sie sich aus. Es ist noch lange nicht zu spät. Es wird für Sie, für Borussia Dortmund und für die Nationalmannschaft förderlich sein.“

Herberger selbst hat sich da weniger Illusionen gemacht als sein Vertrauter Fiederer. Er weiß, ich bin kein „Chefzäpfchen“. In seinem Umfeld tummeln sich genug Leute, die so an seiner Jacke ziehen, dass fast ein Mantel daraus wird.

Als ein Mann, der sich seine Überzeugungen ebenfalls nicht abkaufen lässt, hat Sepp Herberger nicht ernsthaft damit gerechnet, dass ich der im „Sportmagazin“ erteilten öffentlichen Aufforderung nachkommen werde.

Und so hat er mir von sich aus am 4. Dezember in Dortmund die Hand gereicht.

Kurz nach Weihnachten mache ich mich auf zur Nationalmannschaft. Außer mir sind vom BVB noch Aki Schmidt und Timo Konietzka für die Nordafrika-Spiele nominiert.

Damals erfolgt die Anreise zum Treffpunkt der Auserwählten grundsätzlich mit der Bahn. Der DFB hat in einem Fernreisezug meist einen ganzen Waggon reserviert, und von Station zu Station bekommen wir Zuwachs.

Die Fahrten sind immer eine lustige Angelegenheit. Vor allem, wenn man sich erst wenige Tage vorher bei den Bundesligaspielen beharkt hat.

Dann wird noch einmal „abgerechnet“. In aller Freundschaft natürlich. Keiner gibt sich die Blöße, nachtragend zu sein. Auch ich werde wegen meiner längeren Abwesenheit von der Nationalmannschaft ein bisschen angepflaumt. Aber ich fühle mich schnell wieder heimisch in diesem Kreis. So, als wäre nichts gewesen.

Treffpunkt ist diesmal Frankfurt, Hauptbahnhof, Nordausgang. Auch Sepp Herberger ist da, um seine Schützlinge in Empfang zu nehmen. Er schüttelt mir zur Begrüßung die Hand: „Hans, ich freue mich."

So, als wäre nichts gewesen.

Wir haben nie richtig über Chile 1962 gesprochen. Nicht darüber, warum aus der Nummer 1 plötzlich die Nummer 0 geworden ist. Nicht über das, was ich in meiner Rage dem Bundestrainer entgegengeschleudert habe.

Ich habe lange nachgedacht, warum Herberger mich zurückgeholt hat. Erklären kann ich es mir nur so: Zum einen spielen sportliche Überlegungen eine Rolle. Meine stabile Form und meine guten Leistungen, seit ich bei Borussia Dortmund bin. Mit dem Höhepunkt Lissabon.

Und Herberger sieht seinen Abschied näher rücken, er wird das Amt des Bundestrainers zum 1. Juli 1964 seinem Nachfolger übergeben. Bis dahin will er noch die eine oder andere „Baustelle" aufgeräumt haben. Einem Mann wie ihm kann es nicht gefallen haben, was da am 30. Mai 1962 in Chile abgelaufen ist. Über das „Wie" ganz zu schweigen.

Am meisten hat ihn wohl der Vorwurf getroffen, er habe seine eigenen Grundsätze verraten.

Damit wir uns nicht missverstehen: Sepp Herberger wäre niemals gekommen, um einen Fehler einzuräumen. Oder gar sich zu entschuldigen. Dass muss er auch nicht, weil er als Bundestrainer jederzeit das Recht hat, einen Spieler aufzustellen oder nicht.

Und doch will er etwas gutmachen. Nicht mit einem spektakulären Akt. Und erst recht nicht in aller Öffentlichkeit. Herberger tut es auf seine Art. Scheibchenweise. Mit kleinen Gesten gibt er mir jetzt und in den folgenden Jahren zu verstehen, dass er mit mir im Reinen ist.

Zwischen uns entsteht ein richtig gutes Verhältnis. Und ich kann zu diesem Mann wieder voller Hochachtung aufschauen.

Darüber wird noch zu schreiben sein.

Die Reise nach Nordafrika. Vor dem Spiel am 29. Dezember in Casablanca kommt Herbergers Assistent Helmut Schön zu mir. „Hans, wir haben schon seit längerem Fritz Ewert versprochen, dass er auf dieser Reise zum Einsatz kommen wird."

Schön guckt ein bisschen scheu, so als erwarte er wieder einen Ausbruch meinerseits. Aber ich bin weit davon entfernt, sofort irgendwelche Ansprüche zu stellen. Wenn ich einem den Einsatz gönne, dann meinem Freund Fritz vom 1. FC Köln. Er ist einer der nettesten Kollegen gewesen, die ich im Fußball kennen gelernt habe. Leider ist er nur 53 Jahre alt geworden.

Der Kölner hütet beim 4:1-Sieg gegen Marokko das Tor und auch in der ersten Halbzeit am Neujahrstag 1964 in Algier. Als ich nach der Pause eingewechselt werde, steht der Endstand bereits fest: 2:0 für Algerien.

Ich beginne den zweiten Teil meiner Karriere in der Nationalmannschaft mit einem weinenden und einem lachenden Auge: Zwar verloren, aber kein weiteres Gegentor zugelassen.

Bis 1967 werde ich noch weitere 20 Länderspiele machen.

Nach meiner Rückkehr aus Nordafrika ist erst mal der Europapokal das beherrschende Thema für uns Dortmunder. Noch acht Mannschaften sind im Rennen: Pokalverteidiger AC Mailand, Inter Mailand, Real Madrid, Partizan Belgrad, PSV Eindhoven, FC Zürich, Dukla Prag und der BVB. Also die Creme de la Creme des europäischen Fußballadels – wenn man von den an uns gescheiterten Benfica-Stars absieht.

Hermann Eppenhoff wünscht sich den Schweizer Meister aus Zürich. Das Los serviert uns Dukla Prag, die Offiziersmannschaft. Mit den drei Internationalen Masopust, Pluskal und Novak, die 1962 in Chile mit der CSSR Vizeweltmeister geworden sind.

In der Tschechoslowakei herrscht Winterpause. Die Fußballsoldaten werden deshalb in einem Trainingslager kaserniert und gehen zur Vorbereitung ins „Manöver". Will heißen: Sie treten auf einer Gastspielreise zum Einüben gegen Fejenoord Rotterdam und Standard Lüttich an. Wo sie von Hermann Eppenhoff aufmerksam studiert werden.

Das Hinspiel ist für den 4. März im Prager Dynamo-Stadion angesetzt. Am Tag zuvor erhält Timo Konietzka das Bild seines gerade geborenen Stammhalters. Eine Dortmunder Zeitung hat es ihm per Funk nach Prag übermittelt. Was wir als gutes Omen betrachten.

Wir servieren Dukla und den 40.000 Zuschauern vier böhmische Knödel, die der Mannschaft des Gastgebers gallebitter schmecken müssen. Und sind sicher, dass wir mit dem 4:0 im Rücken im Eurocup-Wettbewerb das nächste Kapitel aufschlagen können.

Zumal wir die Generalprobe vor dem Rückspiel, die Bundesliga-Begegnung mit dem VfB Stuttgart, 7:1 gewinnen.

Was also soll uns noch passieren?

Auch die Spieler von Dukla tun das Ihre, um uns in Sicherheit zu wiegen. Sie wohnen im Hotel Westfalenhalle, und Major Josef Masopust, der fließend Deutsch spricht, beantwortet freundlich und bescheiden jede Reporter-Frage. „Wir sind nur gekommen, um guten Fußball zu zeigen", lässt Duklas Weltklasse-Techniker uns wissen. 1963 hat man ihn zu Europas „Fußballer des Jahres" gewählt.

Die Ballkünstler von der Moldau halten Wort, allen voran der brillant aufspielende Masopust.

Trotzdem liegen wir nach 20 Minuten in Front. Aus 30 Metern trifft Burghardt Rylewicz, der den verletzten Aki Schmidt ersetzt, genau in den Winkel. Das Hinspiel hinzugerechnet, führen wir praktisch 5:0.

Und werden leichtsinnig. Was man sich gegen Masopust und Co. nicht erlauben darf. Wenn die erst mal in Fahrt kommen ... Ich muss dreimal hinter mich greifen.

Mit der 1:3-Niederlage sind wir letztlich gut bedient. Aber es reicht zum Weiterkommen.

Mit den Spielern aus Prag haben wir schon im Hinspiel Freundschaft geschlossen. Schnell kommen kleine Tauschgeschäfte zustande. Wir nehmen gern das gute Bleikristall mit nach Hause, sie freuen sich über die bei ihnen sehr begehrte D-Mark. Meine Kontakte zu Josef Masopust bestehen noch heute.

Für das Halbfinale haben sich außer uns noch Inter Mailand, Real Madrid und der FC Zürich qualifiziert.

Ich beschäftige mich erst gar nicht mit Gedanken an einen Wunschgegner. In dieser Phase des Wettbewerbs ist jede Aufgabe schwer.

Aber uns beschert das Los die schwerste. Den italienischen Meister.

Inter Mailand ist aus dem Schatten des Lokalrivalen AC herausgetreten. Dank der Öl- und Reederei-Millionen seines Präsidenten Angelo Moratti. Und dank des „Hexenmeisters".

So nennen sie Helenio Herrera, den damals teuersten und umstrittensten Erfolgstrainer der Welt. Der Argentinier mit dem französischen Pass gilt als Erfinder des Catenaccio, wie sein Superbeton in der Abwehr auf Italienisch heißt.

Jeder von uns hat schon von Herrera gehört. Horst Szymaniak, mein alter Spezi, spielt damals bei Inter. Er weiß ein Lied von diesem Sicherheitsfanatiker zu singen. Der Inter-Trainer steckt gnadenlos auch perfekte Techniker in seine taktische Zwangsjacke.

Herrera beherrscht alle Tricks der psychologischen Kriegsführung, wie wir noch erfahren werden. Und ist in der Vorbereitung penibel bis zum Geht-nicht-mehr. „Passt mal auf," flachst Szymaniak, „der wird in eurem Stadion vor dem Spiel nicht nur die Tore und den Platz vermessen, sondern auch noch jeden einzelnen Grashalm ..."

Gegen Inter haben wir zuerst Heimrecht.

Wenn ich mir heute die Aufstellungen anschaue, dann wird mir erst richtig bewusst: Es sind zwei Welten gewesen, die sich da am 15. April 1964 getroffen haben: Wir mit unserer „hausgemachten" Mannschaft aus zehn Westfalen und dem Rheinländer Franz Brungs – dort internationale Asse wie der berühmte Spanier Luis Suarez oder der dunkelhäutige Brasilianer Jair. Dazu mit dem krausköpfigen Mittelstürmer Mazzola und dem legendären Verteidiger Facchetti das Beste aus dem italienischen Fußball.

Nicht zu vergessen „Schimmi" Szymaniak, Deutschlands zu dieser Zeit überragender Mittelfeldspieler. Er betritt den Rasen in der Roten Erde mit der Rückennummer „9" – ein taktischer Bluff Herreras, denn auch Szymaniak muss sich in den dichten Abwehrriegel einreihen.

Dort lauert Inter auf Konter. Und schon der erste führt zum Erfolg: 0:1 in der 3. Minute durch einen artistischen Kopfball Mazzolas.

Erst bin ich geschockt, dann sind es die Italiener. Franz Brungs spielt genau so frech wie gegen Lissabon, schießt und köpft in der 23. bzw. 26. Minute das 1:1 und 2:1.

Leider können wir den Vorsprung nicht mit in die Halbzeitpause nehmen. Eine missglückte Rückgabe von Helmut Bracht, an die ich nicht mehr herankomme, weil ich ausrutsche – es steht 2:2. Dabei bleibt es, obwohl Brungs 20 Minuten vor Schluss noch einmal trifft. Aber der ungarische Unparteiische Gere, wenngleich weit vom „Tatort" entfernt, erkennt auf Abseits. Eine höchst umstrittene Entscheidung, die minutenlange Protestaktionen der Zuschauer zur Folge hat.

Im Rückspiel werden wir es mit einem Schiedsrichter zu tun bekommen, der sich noch ganz andere Fehler leistet.

Noch ehe wir zwei Wochen später zum Rückspiel nach Mailand aufbrechen, erhalten wir einen Vorgeschmack auf die Raffinessen, mit denen Inter sich den Weg ins Finale bahnt. Der Psycho-Krieg beginnt in den italienischen Medien, von denen wir Spieler mit Klubs der Serie A in Verbindung gebracht werden. Ein Angebot von Lanerossi Vicenza für Timo Konietzka, Offerten von Sampdoria Genua und Atalanta Bergamo an die Adresse von Franz Brungs. Unser Spiel vergleichen die Mailänder Gazetten mit dem Aufmarsch deutscher Panzer. Alles heiße Luft.

Und ganz heiß ist auch der Empfang, den uns 80.000 fieberhaft erregte Tifosi im Stadion San Siro bereiten. Das sind doppelt so viele Zuschauer wie im Hinspiel. Sie begrüßen den Deutschen Meister mit einem ohrenbetäubenden Pfeifkonzert. Und ihrem Verein bescheren sie mit umgerechnet 1.050.000 Mark einen neuen Einnahme-Weltrekord.

Es dauert nicht lange, bis wir merken, was in San Siro gespielt wird. Der Rasen wird zum rechtsfreien Raum, weil der jugoslawische Schiedsrichter Branco Tesanic schlecht sieht. Oder nichts sehen will.

„Hoppy" Kurrat, ein echtes Dortmunder Eigengewächs, ist mit 1,62 Metern unser Kleinster. Was Kampfgeist und Einsatzbereitschaft angeht, aber ein Riese. So mancher Stürmer-Star ist an seiner hautnahen Bewachung schon verzweifelt.

In Mailand heftet Kurrat sich – wie im Hinspiel – an die Fersen von Suarez, dem diese Manndeckung gar nicht schmeckt. Als „Hoppy" bei einem Freistoß nicht gleich auf Distanz zum ausführenden Suarez geht, tritt Inters spanischer Spielmacher dem kleinen Borussen in den Unterleib. Kurrat, alles andere als ein Simulant, krümmt sich vor Schmerzen am Boden.

Ganz San Siro sieht das üble Foul, und wir Spieler sind betroffen von dieser Rohheit, für die es nur eine Strafe geben kann: Platzverweis. Doch Tesanic macht keine Anstalten, den berühmten Luis Suarez in die Kabine zu schicken. Ungerührt lässt er alle Proteste an sich abgleiten.

Da wissen wir, dass hier für uns nichts zu holen ist. Obwohl wir bis zur Pause das 0:0 halten.

Am Ende heißt es 2:0 für die Schwarz-Blauen. Das zweite Tor der Mailänder ist ein Gewaltschuss von Rechtsaußen Jair. Ich sehe den Ball erst im letzten Augenblick und knalle bei meinem verzweifelten Abwehrversuch mit dem Kopf an den Pfosten.

Minutenlang liege ich benommen am Boden. Man zieht mir den Torwartpullover aus, übergibt ihn an Franz Brungs, unseren Mittelstürmer, der mich ersetzen soll.

Noch halb im Unterbewusstsein brülle ich unsere Betreuer an. Bis sie mir den Pullover überstreifen.

Da ist sie wieder, meine Sturheit.

Ich bleibe zwischen den Pfosten. Bis zum bitteren Ende.

Ein schwacher Trost, dass wir dem kommenden Europapokal-Sieger unterlegen sind. Inter behält auch im Finale die Oberhand, schlägt Real Madrid 3:1 und gewinnt später sogar den Weltpokal 1964.

Wenigstens wird uns noch die Genugtuung zuteil, dass Schiedsrichter Tesanic seiner gerechten Strafe nicht entgeht. Sein Verband disqualifiziert ihn auf Lebenszeit.

Mailand hat Kraft gekostet. Und Nerven. Letzteres trifft vor allem auf unseren Vorstand zu.

Fünf Tage nach dem Ausscheiden im Europacup-Halbfinale liefert der Postbote in Hermann Eppenhoffs Gelsenkirchener Wohnung einen Einschreibebrief ab. Absender ist der BVB, der seinem Trainer die Entlassung mitteilt.

Was ist passiert?

Darüber gibt es widersprüchliche Aussagen. Sehr schnell aber ist klar, dass vor allem der 1. Vorsitzende Kurt Schönherr, Generaldirektor einer Dortmunder Brauerei, sich von Eppenhoff brüskiert fühlt. Der Trainer habe sich, so die offizielle Begründung für den Rauswurf, nach dem Spiel in Mailand in abfälliger Weise über den Vorstand geäußert.

Das bringt nicht nur uns Spieler, sondern halb Fußball-Deutschland auf die Palme. Auf Eppenhoffs Seite stellen sich u.a. Sepp Herberger und Dettmar Cramer, vor allem aber die Journalisten.

Einige von uns Spielern riskieren sogar das gleiche Schicksal wie der Trainer. Das Punktspiel gegen den Hamburger SV steht an, und „Hoppy" Kurrat, Timo Konietzka, Reinhold Wosab und Aki Schmidt treten in den Streik, melden sich krank.

Der Vorstand droht, befindet sich aber schon hoffnungslos in der Defensive. Seine Fantasie reicht zum Glück noch, um sich auszumalen, was in Dortmund los wäre, wenn man zum Beispiel einen „Hoppy" Kurrat vor die Tür setzen würde.

Zunächst einmal muss im Stadion Rote Erde gegen den HSV gespielt werden. Die „Streikbrecher", wie das Häuflein der einsatzwilligen Borussen in der Presse scherzhaft genannt wird, sind immer noch stark genug, Uwe Seeler und Co. mit einer 5:2-Schlappe nach Hause zu schicken.

Unterdessen leitet der Vorstand, beraten von zwei Rechtsanwälten, den Rückzug ein. Heinz Dolle, einem Dortmunder Gastwirt, bleibt es als drittem Vorsitzenden vorbehalten, den juristischen Ausweg aus der Sackgasse zu verkünden.

Der Vorstand sei zwar im Januar 1964 ordnungsgemäß gewählt worden, so Dolle, aber irrtümlicherweise habe man versäumt, ihn ins Vereinsregister eintragen zu lassen. Somit betrachte der Vorstand sich als nicht im Amt, und Eppenhoffs Entlassung sei als nicht rechtens anzusehen.

Kurz und bündig: Wir haben unseren Trainer wieder.

Wieder einmal entpuppt Borussia sich als unzulänglich geführter Verein, entwickeln Vorstandsherren den fatalen Hang zur Selbstzerstörung.

Was wir Spieler gerade durch sportliche Erfolge an Ansehen für den BVB erworben haben, wird in den Boden getreten, weil die Leute an der Spitze ihre persönlichen Interessen und Eitelkeiten pflegen.

Das liegt wie ein Fluch auf der Vereinsgeschichte. Fast jeder große Triumph scheint schon den Keim des Niedergangs in sich zu tragen.

In den folgenden 40 Jahren wird Ähnliches sich leider noch mehrmals wiederholen.

KAPITEL 7

Pelé und der „Stern von Rio“

Unsere großen Europacup-Spiele haben mich wieder zum Torhüter Nr. 1 in der Nationalmannschaft befördert. Wolfgang Fahrian macht im April 1964 – einen Monat vor seinem 24. Geburtstag – beim 3:4 gegen die Tschechoslowakei in Ludwigshafen sein letztes Länderspiel.

Ich stehe im Tor, als Herberger, 67-jährig, seinen Abschied nimmt. Zunächst vor heimischem Publikum am 12. Mai 1964 in Hannover. Wo Uwe Seeler zum Glück zwei Tore schießt und wir unseren Chef beim 2:2 gegen Schottland wenigstens nicht blamieren.

Die Schotten der sechziger Jahre sind ein anderes Kaliber als die von heute. Man muss sich nur an Weltklasseleute wie Jimmy Baxter oder Dennis Law erinnern.

Die Ära des Bundestrainers Sepp Herberger endet dann am 7. Juni mit dem Spiel in Helsinki und einem standesgemäßen 4:1-Erfolg über Finnland.

Neben mir sind noch vier weitere Borussen dabei: Aki Schmidt, der sich ebenfalls aus der Nationalelf verabschiedet, Friedhelm Konietzka, Theo Redder.

Und Willi Sturm. Für ihn freue ich mich ganz besonders. Er gehört zu den Stillen im Lande. Zu den immer Zuverlässigen und Fleißigen. Bei uns hat Willi Sturm alles gespielt, vom rechten Verteidiger bis zum linken Halbstürmer. Solche Typen weiß Herberger zu schätzen.

Jetzt darf auch der Willi sich Nationalspieler nennen. Seinen ersten und einzigen Einsatz wenige Minuten vor dem Schlusspfiff hat er mit feiner Selbstironie so beschrieben: „Ich war dreimal am Ball – eine Grätsche, ein Einwurf, eine Ecke.“

Sepp Herberger verlässt die Bühne des großen Fußballs. Deutschland hat ihm viel zu verdanken. Nicht nur den ersten WM-Titel 1954 in der Schweiz. Auch in der Trainingslehre und in der Ausbildung der Fußball-Lehrer hat er wichtige Akzente gesetzt.

Herberger geht, und seine Einflüsse bleiben noch lange spürbar.

Ein Mann mit Charisma. Aber auch einer, der nie vergessen hat, wo er herkommt. Aus einem Arbeiterviertel in Waldhof, Sohn einer achtköpfigen Familie. Er spricht und er versteht die Sprache der einfachen Leute.

Die Verbindung zu mir lässt er bis zu seinem Tod nicht abreißen.

1964 tritt zweimal eine Europa-Auswahl zu Benefiz-Spielen an. Helmut Schön betreut sie, aber der Chef hat ihm seine personellen Wünsche aufgetragen. Beide Male bin ich im Aufgebot.

Am 20. Mai spielt die Auswahl der Europäischen Fußball-Union (UEFA) gegen die besten Fußballer Skandinaviens. Ergebnisse gelten in solchen Begegnungen als zweitrangig. Das Publikum will ein technisches Feuerwerk genießen; die Topstars sollen ganz tief in ihre Trickkiste greifen. Spieler wie Eusebio und Augusto (Portugal), Josef Masopust (CSSR), Paul van Himst (Belgien), Bobby Charlton (England), George Best (Nordirland) oder Dennis Law (Schottland) lassen sich da nicht lange bitten.

Im Tor steht in der ersten Halbzeit der große Lew Jaschin von Dynamo Moskau, für viele Experten der beste Schlussmann aller Zeiten. Ich darf ihn in der zweiten Hälfte ablösen.

Das Spiel endet übrigens 4:2 für die UEFA-Auswahl. Und wir haben mächtig Spaß miteinander.

Jaschin hat Kaviar und Wodka mitgebracht und russische Sportbriefmarken. Ich schenke ihm zwei Stangen Zigaretten.

Unser Freund aus der Sowjetunion ist Kettenraucher. Ein paar Brocken Deutsch kann er auch. Er pafft vergnügt vor sich hin und sagt in den Zigarettenqualm hinein: „Gut, Hans. Vitamina!“

Gut bekommen sind ihm diese „Vitamina“ letztlich doch nicht.

1985 muss Jaschin sich wegen Durchblutungsstörungen einen Unterschenkel amputieren lassen.

Der zweite Auftritt der UEFA-Auswahl ist am 23. September 1964 in Belgrad gegen Jugoslawien. Der Reinerlös fließt den Hinterbliebenen der Erdbebenkatastrophe von Skopje zu.

Nach Herbergers Rücktritt hört die deutsche Nationalmannschaft auf das Kommando von Helmut Schön. Der Lange ist während des Zweiten Weltkrieges Deutscher Meister mit dem Dresdner SC gewesen und hat in diesen Jahren auch 16 Länderspiele gemacht. In der Qualifikation für die WM 1954 betreut Schön die Mannschaft des Saarlandes, das damals noch autonom ist. Und mit dem Saarland tritt er gegen Deutschland an. Gegen die späteren „Helden von Bern" und seinen Lehrmeister Sepp Herberger, bei dem Schön an der Sporthochschule Köln das Trainer-Examen abgelegt hat.

Die meisten von uns kennen Schön als langjährigen Assistenten Herbergers. Der hat sich eigentlich seinen Lieblingsschüler Fritz Walter als Nachfolger gewünscht.

Den Fritz mögen wir alle. Nur als Trainer kann ihn sich keiner so recht vorstellen. Er ist ein sehr sensibler Mensch und hat dankend abgelehnt.

Auch Schön ist sensibel. Zu dünnhäutig und nachtragend zu sein und auf Kritik mimosenhaft zu reagieren – das ist es, was man dem neuen Bundestrainer sehr bald vorhält. An seiner fachlichen Kompetenz gibt es nichts zu deuteln.

Unter Helmut Schön hüte ich in 18 Länderspielen das Tor der Nationalmannschaft. Unser Verhältnis? Auf beiden Seiten glimmt ein Funke Misstrauen.

Erst einige Jahre nach dem Eklat von Chile erfahre ich durch Herberger, dass vor allem Schön, aber auch der Kölner Hans Schäfer damals bei ihm für den Einsatz von Fahrian plädiert haben.

Sepp Herberger sagt aber auch: „Die Verantwortung, Hans, habe ich getragen."

Schön macht gleich mit dem vollen Ernst des Bundestrainer-Lebens Bekanntschaft. Sein Debüt im neuen Amt ist das erste Qualifikationsspiel für die nächste Weltmeisterschaft, die 1966 in England stattfinden wird. Was wir am 4. November 1964 in Berlin abliefern, ist noch keine Offenbarung. Ein mageres 1:1 gegen eine schwedische Mannschaft, die ordentlich zur Sache geht.

Unser zweiter Qualifikationsgegner ist Zypern. Eine Pflichtaufgabe, bei der es aber darauf ankommt, zu null zu spielen und möglichst viele Tore zu schießen. Nur der Gruppensieger darf nach England, und zwischen den Schweden und uns kann am Ende auch das Torverhältnis entscheiden.

Beim Zypern-Spiel im April 1965 in Karlsruhe steht Manfred Manglitz vom MSV Duisburg im deutschen Tor. Ich habe noch Schonfrist.

Knappe sechs Wochen zuvor haben wir in Hamburg gegen Italien 1:1 gespielt. Ich bekomme von Orlando, dem gegnerischen Rechtsaußen, einen Tritt ins Gesicht, verliere das Bewusstsein und lande im Krankenhaus. Ich habe eine Gehirnerschütterung und sehe aus, als sei ich auf der Reeperbahn streitsüchtigen Ganoven in die Hände gefallen.

Nach dem 5:0 gegen Zypern ist Halbzeit in der WM-Qualifikation. Bevor es im September in Schweden weitergeht, bin ich in Nürnberg und in Basel dabei, wo wir 0:1 gegen England verlieren bzw. 1:0 gegen die Schweiz gewinnen. Helmut Schön testet, und die nächste Aufgabe dient in erster Linie dazu, uns aufzuzeigen, wo wir im Vergleich zur absoluten Weltklasse stehen.

Kein Geringerer als der amtierende Weltmeister soll uns auf den Zahn fühlen. Wir fliegen also nach Brasilien. Begleitet von vielen Befürchtungen.

Die schwüle Treibhausluft von Rio de Janeiro, die den Europäern so zu schaffen macht. Der Hexenkessel des Maracana-Stadions, wo im Jahr zuvor England mit 1:5 und Belgien mit 0:5 unter die Räder gekommen sind. Die kaffeebraunen Ballartisten, die das körperlose Spiel bevorzugen – aber nur dann, wenn man sie zaubern lässt. Sie können auch ganz anders. Wir werden es erleben. Aber wir gehen nicht unter.

Ich habe lange nicht mehr in einem Spiel so viel Arbeit gehabt wie am 6. Juni 1965. Unsere Abwehr hält sich großartig. Und die 150.000 Zuschauer reagieren zunehmend enttäuscht. Wo bleibt der Torsegen?

Das 1:0 fällt nur, weil der peruanische Schiedsrichter Rivero den Gastgebern so einiges durchgehen lässt. So auch in der 26. Minute. Garrincha, der legendäre Rechtsaußen, schießt einen Freistoß, Pelé bedrängt regelwidrig unseren Mittelläufer Klaus-Dieter Sieloff, wodurch Flavio ungehindert zum Kopfball kommt.

In der 76. Minute liegt Pelé nach einem Zweikampf mit Max Lorenz in unserem Strafraum – Elfmeter für Brasilien. Rinaldo schießt, ich tauche in die bedrohte Ecke und kann abwehren.

Das 2:0 fällt erst in der 93. Minute durch einen 20-Meter- Freistoß von Pelé genau in den Winkel. Ich habe ein Bild, das diesen unvergleichlich präzisen Schuss dokumentiert: Zwischen Ball, Latte und Pfosten passt kaum ein Blatt Papier.

Und dabei hat dieser Mann so kleine Füße, nur Schuhgröße 38.

Ich will aber auch die Schattenseiten dieses großartigen Ballzauberers nicht verschweigen. Er hätte zu diesem Zeitpunkt gar nicht mehr auf dem Platz sein dürfen.

Doch angesichts der Wahnsinnskulisse, aus der immer wieder Feuerwerkskörper abgeschossen werden, wagt es Schiedsrichter Rivero nicht, die „Schwarze Perle“ in die Kabine zu verbannen. Es wäre die einzig angemessene Strafe gewesen für den rüden Tritt von Pelé gegen unseren Willi Giesemann. Der wird mit einem Schienbeinbruch vom Spielfeld getragen.

In unserer Abwehr stehen harte Burschen. Willi Schulz (Schalke 04, später HSV) oder die Bremer Max Lorenz, Sepp Piontek und Horst-Dieter Höttges sind alles andere als Kinder von Traurigkeit. In Rio können sie noch dazulernen. Lorenz zeigt mir nach dem Spiel einen Schienbeinschoner, den Pelé ihm glatt durchgetreten hat.

Das können die Brasilianer sich auch nur zu Hause erlauben. Bei einem Schiedsrichter, der gar nicht daran denkt, in einem Freundschaftsspiel die mitunter tödlichen Emotionen des Fußballvolkes auf sich zu ziehen, die in der Riesenschüssel des Maracana brodeln.

Was ich ihm, ehrlich gesagt, noch nicht einmal verübeln kann. Die Szenerie auf den Rängen hat schon etwas Furchterregendes. Dass die Zuschauer durch die Laufbahn und einen Wassergraben vom Spielfeld getrennt sind, ist ein eher zweifelhafter Schutz, sollte eine Massenpanik ausbrechen.

Nach dem Spiel sinkt in beiden Parteien der Adrenalinspiegel wieder. Shakehands, wie unter Sportsleuten üblich. Edson Arantes do Nascimento, so Pelés bürgerlicher Name, kommt auf mich zu, umarmt mich und gratuliert zu meiner Leistung.

Ein Bild, das in den folgenden Tagen auf der einen und anderen Titelseite erscheint.

So wie die Schlagzeilen „Tilkowski, der Stern von Rio" oder „Tilkowski in Rio wie ein Held gefeiert". Oder im „Sportmagazin": „Nicht Pelé, sondern Til war der Größte."

Soll ich behaupten, ich hätte mich darüber nicht riesig gefreut? Würde mir ohnehin keiner glauben.

Ich habe im größten Stadion der Welt gegen Pelé, Djalma Santos, Garrincha gespielt, allesamt Jahrhundertfußballer, deren Namen damals jeder fußballbegeisterte Junge kennt. Für mich ist in Brasilien ein Jugendtraum in Erfüllung gegangen.

Mehr noch als Freude und Stolz bewegt mich aber ein anderes Gefühl. Sollten wir uns in den kommenden Monaten für die Fußball-WM 1966 in England qualifizieren, wird Helmut Schön nicht so leicht an mir vorbeikönnen. Das Trauma vom 30. Mai 1962 in Chile habe ich wohl noch immer nicht ganz verarbeitet.

Als Torhüter habe ich jetzt einige wohlklingende Titel aufzuweisen (für die ich mir freilich nichts kaufen kann): „Held von Athen" (1960), „Held von Lissabon" (1963), „Stern von Rio" (1965).

Wohl die besten Spiele meiner Laufbahn. Und das, obwohl wir nur eines davon – das in Athen – gewonnen haben. Auch irgendwie komisch.

Im Herbst 1965 folgt die zweite Runde der WM-Qualifikation. Wir müssen nach Schweden, ins Rasunda-Stadion von Stockholm, wo die Einpeitscher mit dem Rücken zum Spielfeld die Sprechchöre der Zuschauer dirigieren: Heja, heja, Sverige …

Ein Sieg muss her, wenn am Ende nicht der Rechenschieber entscheiden soll.

Die bange Frage, die alle bewegt: Wie ist es um die Fitness von Uwe Seeler bestellt, der gerade einen Achillessehnenriss auskuriert hat? Im Training geht Uwe noch jedem Zweikampf aus dem Weg. Von den Schweden, deren rustikaler Stil gefürchtet ist, hat er keine Schonung zu erwarten. Sie haben Leute in ihren Reihen, die dann, wenn der Fußball in Skandinavien Winterpause macht, als Eishockeyspieler dem Puck nachjagen.

Der Druck ist groß, und Helmut Schön legt sich in unserem schwedischen Trainingsquartier mit Magenkrämpfen ins Bett.

Am 26. September läuft „Uns Uwe“ auf, mit der Kapitänsbinde am Arm. Und mit einem eigens von Adidas angefertigten Spezialschuh am rechten Fuß, der die Achillessehne besonders schützen soll.

Zudem gibt ein gewisser Franz Beckenbauer, gerade zwanzig Jahre alt geworden, sein Debüt in der Nationalmannschaft.

Es ist das erwartet schwere Spiel. Und selbst ein Supertalent wie der Franz zahlt Lehrgeld. Kurz vor der Pause segelt ein Flankenball, der sich von meinem Tor weg dreht, in unseren Strafraum Richtung zweiter Pfosten. Wo ist Beckenbauer? Jedenfalls in diesem Moment nicht bei seinem schwedischen Gegenspieler, und so liegen wir 0:1 hinten.

Aber zu mindestens 50 Prozent muss ich das Tor auch auf meine Kappe nehmen.

Nach der Pause besorgt Werner „Eia“ Krämer vom MSV Duisburg den Ausgleich. Und dann fällt uns allen ein Stein vom Herzen: Von der rechten Seite gibt Peter Grosser (TSV München 1860), Länderspiel-Neuling wie Franz Beckenbauer, einen scharfen Flachpass vor das Tor der Schweden. In diesen Ball grätscht Uwe Seeler hinein und drückt das Leder zum 2:1 über die Linie.

Uns Uwe hat spektakulärere Treffer erzielt. Aber wenige sind so wichtig gewesen wie dieser.

Noch müssen wir mehr als eine halbe Stunde überstehen. Und zum Schluss wird es noch einmal kritisch. Wie aus dem Hut gezaubert steht in der 88. Minute ein Schwede mutterseelenallein vor mir: Harry Bild, den Namen werde ich nie vergessen, ist wohl selbst überrascht von dieser Riesenchance und knallt wild drauflos.

In so einer Situation kann man nur seinem Instinkt folgen. Ich werfe mich mit meinem ganzen Körper in die Schussbahn, spüre den Einschlag und weiß: Dieser Ball wird sonstwo landen, aber nicht in meinem Tor.

Wir gewinnen 2:1 und sind zu 99 Prozent in England dabei.

Vor dem Rückspiel in Zypern brauchen wir uns nicht verrückt zu machen. Obwohl wir ungewohnte Verhältnisse vorfinden werden: Spätsommerliche Temperaturen, während bei uns um diese Jahreszeit – wir spielen am 14. November – nasskalte Witterung an der Tagesordnung ist.

Wir wohnen in einem Hotel, in dem auch die Schutztruppe der Nato untergebracht ist; dänische Soldaten, die an der ganz in der Nähe liegenden Grenze zwischen dem griechischen und dem türkischen Teil Zyperns Wache schieben.

Das Spielfeld in Nikosia ist gewöhnungsbedürftig: ein grauer, staubiger Hartplatz, übersät mit vielen kleinen Steinchen – vor allem für Torhüter ein zweifelhaftes Vergnügen.

Mit deutscher Gründlichkeit haben Helmut Schön und seine Mitarbeiter die Expedition auf den Inselstaat im Mittelmeer vorbereitet. Für mich kreiert Adidas, der Ausrüster der Nationalmannschaft, eigens Spezialhandschuhe. Das Geheimnis dieser „Greifer“ machen die auf die Innenseite gespritzten Sandpapierflächen aus.

Griffig sind sie schon, diese Dinger. Aber wenn ich damit einem Gegenspieler versehentlich durch das Gesicht fahren sollte, braucht der sich tagelang nicht mehr zu rasieren.

Wir gewinnen glatt 6:0, lösen damit endgültig die Tickets zur Fußball-WM 1966 in England. Meine „Greifer“ haben keinen Schaden angerichtet und verschwinden wieder in der Versenkung.

Worüber ich keinesfalls traurig bin. Haben solche Handschuhe noch etwas mit Sportausrüstung zu tun? Eigentlich bräuchte man dafür einen Waffenschein, ehrlich.

Dann müssen wir uns fein machen. Für einen Empfang bei Erzbischof Makarios. Er ist das Staatsoberhaupt Zyperns.

Vor dem Zypern-Ausflug hatten wir noch ein Länderspiel in Stuttgart ausgetragen. 4:1 gegen Österreich am 9. Oktober 1965.

Für mich ein Datum mit Erinnerungswert, weil ich im Neckarstadion zum ersten und einzigen Mal den Platz als erster Spieler betreten darf. Bekanntlich ist dies das Vorrecht des Mannschaftskapitäns.

Die Ehre wird mir zuteil, weil ich zum „Fußballer des Jahres" proklamiert worden bin. Zum ersten Mal haben die deutschen Sportjournalisten einen Torhüter gewählt.

Mein Vorgänger 1964: Uwe Seeler, mein Nachfolger 1966: Franz Beckenbauer. Ich befinde mich also in sehr guter Gesellschaft.

Die eigentliche Ehrung findet am Wochenende nach unserem ersten Europacup-Spiel bei Floriana La Valetta statt. Von Malta aus verfrachtet uns Multhaup direkt ins sauerländische Eisborn. Will uns in aller Ruhe auf das Heimspiel gegen den Hamburger SV vorbereiten.

Mit der Ruhe ist es schnell vorbei. In unserem Trainingsquartier geben die Presseleute sich die Klinke in die Hand. Sie wollen den „Fußballer des Jahres" interviewen.

Im ausverkauften Stadion Rote Erde ist es dann Uwe Seeler, der mir im Auftrag des „Kicker" den Pokal überreicht.

Anschließend trennen sich BVB und HSV 2:2.

KAPITEL 8

Deutschlands erste Europapokalsieger

In der Saison 1963/64 haben wir Borussen im Europapokal der Meister Furore gemacht. Der Wettbewerb ist noch längst nicht so aufgebläht wie heute die Champions League. Seinerzeit darf nur der nationale Titelträger teilnehmen. Und im Europapokal der Pokalsieger nur der Cup-Gewinner eines Landes.

TV-Übertragungen von den Europapokal-Spielen sind Festtage des Fußballs und „Straßenfeger". Das Fernsehprogramm insgesamt ist noch sehr übersichtlich. Nur die ARD sendet, ab April 1963 dann auch das ebenfalls öffentlich-rechtliche ZDF.

Ohne den Konkurrenzdruck durch private Anbieter, die erst 1984 einsteigen, zahlen die Öffentlich-Rechtlichen damals nur bessere Trinkgelder für die Fußballübertragungen, obwohl sie Millionen an die Bildschirme locken. Dass vor etwa 40 Jahren die gesamten Bundesliga-Rechte keine drei Millionen Mark kosten, klingt heute fast wie ein Märchen aus Tausendundeiner Nacht.

Geld gibt es also wenig vom Fernsehen. Dafür wird geradezu eine Hexenjagd ausgelöst, wenn man irgendwo im Schwenkbereich der Kameras auch nur die kleinste Spur von Werbung entdeckt.

Wir Spieler vom BVB haben es trotzdem mal versucht. Vor der Begegnung mit Benfica legen wir einen Fußball der Marke „Derbystar" auf den Anstoßpunkt. Ein kleines Dankeschön unsererseits an die Sportartikelfirma in Goch, die für uns kostenlos Autogrammkarten drucken lassen will. Aber wir haben die Rechnung ohne die humorlosen Freunde von der ARD gemacht. Ihre Kameraleute können natürlich jeden Grashalm vergrößern und haben auch den Markennamen auf dem Ball entdeckt. Prompt schicken sie einen los, der das unliebsame Objekt konfisziert.

Borussias Vorteil aus der TV-Präsenz? Der Klub gewinnt europaweit an Bekanntheit und Anerkennung. Die freilich bezahlt der Verein insoweit teuer, als wir wegen der zusätzlichen Strapazen im Europapokal unsere Bundesligasaison nur auf einem 4. Tabellenplatz abschließen.

Um in der Spielzeit 1964/65 dennoch in einem internationalen Wettbewerb vertreten zu sein, beschließt man beim BVB, am Messepokal teilzunehmen. Ein Wettbewerb, der anfangs den klassischen Messestädten vorbehalten ist und bei weitem nicht die Resonanz des Europapokals findet. (1971 nimmt sich die Europäische Fußball-Union des Messepokals an und macht daraus den UEFA-Cup.)

Messestadt ist Dortmund tatsächlich. Auf dem Gelände der Westfalenhallen werden schon in den sechziger Jahren regelmäßig Messen und Ausstellungen veranstaltet. Am Messepokal aber findet man in der Westfalenmetropole keine rechte Freude. Obwohl Borussia auf namhafte Gegner trifft.

Am 23. September 1964 empfangen wir in der Roten Erde den französischen Vizemeister Girodins Bordeaux. Leider bringt er Gastgeschenke mit, auf die wir und die nur 8.000 Zuschauer gern verzichtet hätten: Hiebe, Tritte und Spuckeinlagen. Dabei hat die technisch beschlagene Mannschaft aus der Stadt des edlen Rotweins solche Mätzchen gar nicht nötig. Der Schiedsrichter lässt bis zur 78. Minute mehr als einmal Gnade vor Recht ergehen – dann schmeißt er den Rechtsaußen von Bordeaux, der sich als Boxer versucht, endlich vom Platz. Es folgt ein minutenlanger Amoklauf der Gäste.

Und wir hätten trotz unseres 4:1-Sieges am liebsten auf die weitere Teilnahme am Messepokal verzichtet. Geht aber nicht, weil uns die UEFA mit Sanktionen droht. Also fliegen wir eine Woche später mit sehr gemischten Gefühlen in die Stadt an der Garonne.

Die Begegnung verläuft hart und hektisch, aber so üble Flegeleien wie in Dortmund bleiben zum Glück aus. Wir kassieren zwei Tore. Weil ich einen Elfmeter abwehren kann, reicht das 0:2 gerade so zum Weiterkommen. Aber vielleicht hätte ich besser nicht …

In der nächsten Runde trifft Borussia auf einen alten Bekannten aus dem Europacup-Wettbewerb 1956/57. Manchester United hat damals den BVB im Achtelfinale aus dem Rennen geworfen, sich aber beim 3:2 und 0:0 mächtig strecken müssen.

Von besonderen Anstrengungen für Englands Star-Ensemble Nr. 1 kann am 11. November 1964 keine Rede sein. Die Mannschaft um Bobby Charlton, Denis Law und George Best zieht im Stadion Rote Erde einen Tempofußball auf, bei dem unserer Truppe Hören und Sehen vergeht. Es liegt nicht an Bernhard Wessel, der im Tor steht, dass der BVB eine 6:1-Lehrstunde erhält.

Damit dürfen wir den Messepokal abhaken. Beim Rückspiel in Manchester lässt Trainer Eppenhoff einige Stammkräfte pausieren, und die Engländer werden nicht mehr gefordert als in einem Trainingsmatch.

In Old Trafford, wie Manchesters Stadion heißt, habe ich als Torhüter ein Erlebnis der besonderen Art. Man kann es auch Albtraum nennen. Ich berühre den Ball zum ersten Mal, als ich ihn nach dem 2:0 aus dem Netz hole.

Mit dem Anpfiff stürmen die Engländer wie der Blitz in unseren Strafraum – 1:0. Anstoß für uns, wir verlieren postwendend den Ball, und ehe wir uns in der Abwehr halbwegs organisieren können, fällt schon durch einen unhaltbaren Schuss an den Innenpfosten der zweite Treffer für Manchester.

Bis dahin sind keine zwei Minuten vergangen. Ein Kapitel aus dem Buch „Rekorde, die man gern vergisst“. Zum Glück machen unsere Gastgeber nicht in diesem Tempo weiter. 4:0 steht es am Ende.

Einziger Trost: Jetzt können wir uns für den Rest der Saison auf die Bundesliga und den DFB-Pokal konzentrieren.

Das erklärte Ziel heißt: Teilnahme an einem der beiden Europacup-Wettbewerbe.

Unsere Meisterschaftsträume reifen nicht. Zum Schluss belegen wir den 3. Platz hinter Werder Bremen und dem 1. FC Köln.

Wir halten uns schadlos im Pokal. Durch Auswärtssiege bei Preußen Münster (1:0), Tennis Borussia Berlin (2:1) und Eintracht Braunschweig (2:0) hangelt Borussia sich bis ins Halbfinale zu Hause gegen den 1. FC Nürnberg.

Das andere Halbfinale bestreiten Alemannia Aachen und der FC Schalke 04. Klar, wovon nun das ganze Ruhrgebiet träumt. Von einem Endspiel Schwarz-Gelb gegen Königsblau.

Borussia hat mit dem 1. FC Nürnberg noch eine Rechnung offen. Siehe Hannover 1961, wo der „Club" die Dortmunder im Finale um die Deutsche Meisterschaft mit 3:0 vorgeführt hat.

Die Schuld wird beglichen. Nach einem 4:2-Erfolg steht Schwarz-Gelb im Endspiel um den DFB-Pokal. Mit dem Gipfeltreffen der alten Revier-Rivalen aber wird es nichts, weil Königsblau am Aachener Tivoli eine 3:1-Führung vergeigt und noch 3:4 verliert.

Die Alemannia spielt in der Regionalliga West, schafft aber 1967 den Bundesliga-Aufstieg. Ein Markenzeichen für besonderen Kampfgeist ist die Mannschaft immer gewesen.

Das addieren nun die Experten mit Borussias spielerischen Qualitäten und sagen einen Pokalkampf voller Rasse und Klasse voraus. Dreimal Pustekuchen!

Das Einzige, was an diesem glühend heißen 22. Mai 1965 in Hannover glänzt, ist der neue DFB-Pokal, einen halben Meter hoch, 15 Pfund schwer und mit Halbedelsteinen geschmückt. Zur Übergabe lässt Bundespräsident Heinrich Lübke sich mit einem Bundeswehr-Hubschrauber ins Niedersachsenstadion einfliegen.

Dort sehen die 48 000 Zuschauer eine erbärmliche Partie, die bereits nach 18 Minuten durch Tore von Aki Schmidt und Lothar Emmerich entschieden ist. Aachen zu ängstlich, Borussia ohne Inspiration. Und ich im Tor weitgehend arbeitslos.

Wahrscheinlich bin ich einer der ganz wenigen im weiten Stadionrund, der trotzdem bester Laune ist. Tags zuvor habe ich nämlich die freudige Nachricht erhalten, dass ich zum dritten Mal Vater geworden bin. Meine Frau Luise und das Baby Susanne sind wohlauf.

Nach zwei Söhnen, Ralf und Uwe, haben wir jetzt die ersehnte Tochter. Die Familie Tilkowski ist komplett.

Außer unserem Bundespräsidenten Heinrich Lübke, dessen Fußballkenntnisse aber bei weitem nicht an seine staatsmännische Höflichkeit heranreichen, lässt niemand ein gutes Haar am Niveau des Pokalfinales.

Sepp Herberger, nach seinem Urteil über das fade Fußballfest befragt, flüchtet sich in beißende Ironie: „Das Wetter war schön. Am besten hat mir die Musik der Bundeswehr-Kapelle gefallen …“

Beim Empfang in Dortmund fahren wir in offenen Lastwagen der Hansa-Brauerei einige Ehrenrunden um den Borsigplatz. Der Aufmarsch der Fans hält sich in Grenzen, die Stimmung ist alles andere als überschwänglich.

Nichts, aber auch gar nichts deutet darauf hin, dass wir mit diesem ruhmlosen 2:0 das Tor zu einem grandiosen Siegeszug im Europapokal aufgestoßen haben. Und dass wir in 347 Tagen sogar das Endspiel gewinnen werden.

Zumal es in unserer Mannschaft nicht mehr stimmt und die Spannungen zwischen Vorstand und Trainer nach der misslungenen Entlassung vom Mai 1964 niemals ganz ausgeräumt worden sind.

Hermann Eppenhoff verlässt den BVB, mit Timo Konietzka (zu München 1860) und Franz Brungs (zum 1. FC Nürnberg) gehen auch zwei Leistungsträger.

Dass Konietzka die Borussia verlässt, überrascht uns alle. Er ist ein echter Junge aus dem Revier, in Lünen vor den Toren Dortmunds groß geworden. Eigentlich heißt er ja Friedhelm. Seinen Spitznamen Timo handelt er sich ein, weil er mit seinem stoppeligen Haarschnitt an den russischen General Timoschenko erinnert. Als er viele Jahre später die Schweizer Staatsbürgerschaft annimmt, lässt Konietzka sich in seinen neuen Pass Timo als offiziellen Vornamen eintragen.

Ein bisschen verrückt ist er immer gewesen. Ein Schlitzohr dazu. Ich werde nie vergessen, wie er mich an einem total verregneten Tag im Training auf die Rolle nehmen will.

Wir üben Torschüsse, und in meinem Torraum hat sich eine Pfütze gebildet. Timo platziert jeden Ball so, dass ich mich – wie er glaubt – in die lehmige Brühe schmeißen muss, um den Schuss abwehren zu können. Absicht erkannt – Gefahr gebannt: Mit ein, zwei schnellen Schritten bin ich jedes Mal rechtzeitig am Ball.

„Du kannst ja selber in die Matsche springen, wenn du den Dreck so gerne hast," rufe ich Timo zu.

Neuer Trainer von Borussia Dortmund wird Willi Multhaup, der gerade den Außenseiter Werder Bremen zur Deutschen Meisterschaft geführt hat.

Willi Multhaup aus Essen, genannt „Fischken", weil sein Vater Fischhändler gewesen ist. Andere nennen ihn auch „Gentleman". Er ist eine elegante Erscheinung, Jahrgang 1903 – und trotzdem geht von ihm jugendliche Begeisterung aus. Ein Herr, der mit seinen Spielern aber auch die Sprache des Ruhrgebiets spricht.

Multhaup gilt als erster Erfolgstrainer der Bundesliga. Zwischen 1965 und 1968 gewinnt er mit drei verschiedenen Vereinen drei verschiedene Titel.

Auch in Dortmund zieht er eine Erfolgsspur. Nur bekommt es der Vorstand nicht geregelt, diesen Mann über 1966 hinaus in Dortmund zu halten.

Beim Bankett nach dem Pokalendspiel in Hannover begrüße ich unseren neuen Trainer, der Gast des BVB ist. Ich kenne ihn bereits aus der Oberliga West. Multhaup hat damals den Meidericher SV trainiert, der nun als MSV Duisburg ebenfalls der Bundesliga angehört.

„Fischken" ist auf den ersten Blick ein lockerer Typ. Er fährt einen Sportwagen, kommt daher wie aus dem Ei gepellt. Und trägt zum Lesen ein Monokel. Wer von uns daraus schließt, dass uns ein leichtes Leben bevorsteht, hat sich geschnitten.

Multhaup macht gern seine Späße. Aber er hat klare Prinzipien, die er konsequent durchsetzt.

Er fragt schon mal den einen oder anderen Spieler nach dessen Meinung. Die Entscheidungen trifft er ganz allein. Widerworte sind verpönt.

Erst recht lässt Multhaup sich nichts von Leuten sagen, von deren Fußballverstand er keine hohe Meinung hat. Dem Vorstand bedeutet er, dass die Mannschaftskabine an Spieltagen Tabuzone sei.

Aber es gibt auch Männer im engsten Umfeld des BVB, zu denen der Trainer ein enges Vertrauensverhältnis entwickelt. Dazu zählen vor allem Fußballobmann Heinz Stork, dessen Stellvertreter Helmut „Jockel" Bracht, der in Borussias Meistermannschaften von 1956,1957 und 1963 gestanden hat, sowie Peter Hillefeld, Prokurist der Dortmunder Hansa-Brauerei.

Und Ottmar Rein, ebenfalls dem Spielausschuss angehörig, ein Bundeswehrmajor mit bundesweit sehr guten Kontakten. Seine Empfehlung lautet: Holt Siegfried Held! Der lauf- und dribbelstarke Stürmer von den Offenbacher Kickers steht bei der halben Bundesliga auf dem Wunschzettel. Und bei Hertha BSC auch schon im Wort.

Heinz Stork schafft es, dass Sigi Held doch noch nach Dortmund kommt. Wie? Solche Fragen quittiert Stork mit einem Lächeln, aus dem man alles oder auch nichts lesen kann. Es muss jedenfalls so schwer gewesen sein wie Eisbeinessen mit Stäbchen. Aber der Mann schafft es.

Stork holt auch Reinhard Libuda von Schalke 04 zum Erzrivalen BVB. Den Dribbelkönig, den alle nur „Stan" rufen. In ehrfürchtiger Erinnerung an den legendären englischen Rechtsaußen Stanley Matthews.

Borussias Europapokalsieg im folgenden Jahr wäre ohne Libuda und erst recht ohne Held nur ein Traum geblieben.

Womit auch belegt ist, wie unverzichtbar Heinz Stork zu dieser Zeit für die Schwarz-Gelben gewesen ist. Mit Hilfe der Quadriga Stork, Bracht, Hillefeld und Rein baut Multhaup die 66er Mannschaft.

Heinz Stork, Besitzer mehrerer Geschäfte in der Möbelbranche, stammt aus dem Dortmunder Vorort Bövinghausen und hat ein weites Herz und eine offene Brieftasche für seine Borussia. Das schürt die Missgunst der Gehaltsempfänger im Vorstand. Stork ist für sie vor allem ein Lebemann.

Zunächst einmal geht Multhaups Einstand beim BVB total in die Hose. Die Bundesligasaison beginnen wir bei Eintracht Braunschweig, und ich muss viermal den Ball aus meinem Netz holen.

Nach der 0:4-Schlappe kommt der Trainer zu mir und will meine Meinung hören. Zwischen uns stimmt die Wellenlänge, das merke ich schnell. Ich bin künftig des Öfteren sein Ansprechpartner. Mit inzwischen 30 Jahren zähle ich zu den Erfahrenen im Kader.

Multhaup reagiert auf die Enttäuschung von Braunschweig keineswegs hektisch. Am wenigsten denkt er an einen Torwartwechsel. Er hat sich für mich als Nr. 1 entschieden. Und dazu steht er.

Aber die taktische Ausrichtung ändert sich. Multhaup macht Wolfgang Paul zur zentralen Figur in der Abwehr. Der lange Sauerländer, robust und kopfballstark, spielt einen lupenreinen Ausputzer, der nur ganz selten die eigene Spielhälfte verlässt. Die Hintermannschaft gewinnt zusehends an Sicherheit, ohne dass wir stur auf Defensive schalten. Im Gegenteil: Multhaup ist einer der ersten Trainer, der von seinen Verteidigern erwartet, dass sie Mut zum Spiel nach vorn beweisen.

Ein weiteres Erfolgsgeheimnis von Multhaup: Er lässt seine Schützlinge spüren, dass er ihnen vertraut. So absolvieren wir die Saison 1965/66 trotz der Doppelbelastung durch Meisterschaft und Europapokal mit einem Kader von nur 15 Spielern. Für mich und Sigi Held kommen noch die Einsätze in der Nationalmannschaft dazu.

Disziplin wird bei „Fischken" groß geschrieben. Wenn wir im Trainingsquartier sind, besteht er beispielsweise nach dem Mittagessen auf strikter Einhaltung der Bettruhe. Und das Pokern, eine beliebte Freizeitbeschäftigung unter Fußballern, ist bei ihm verboten.

Aber wir fühlen uns bei Multhaup nie in einer Zwangsjacke. Je härter das Programm, desto mehr versucht er, uns bei Laune zu halten.

So erscheint er, der Monokelträger, eines Tages zur Mannschaftssitzung mit einer normalen Brille. Nimmt sie ab, holt ein Taschentuch heraus und beginnt seine neue Sehhilfe umständlich zu putzen. Wir schauen andächtig zu, während Multhaup stillvergnügt vor sich hin lächelt. Bis einer von uns plötzlich merkt, dass es sich um ein Brillengestell ohne Gläser handelt, das unser Trainer so ausgiebig wienert.

Jedenfalls bekommt er unseren Applaus für die schauspielerische Glanzleistung.

Unser Trainer will zufriedene Spieler. Und seine Mannschaft soll auch gut aussehen. Also lässt er uns einkleiden. Für die Freizeit und für offizielle Anlässe. Alles muss aufeinander abgestimmt sein.

Keine Frage, dass „Fischken" Multhaup etwas von Mode versteht. Mag der Vater Fische verkauft haben – Willi tritt als Dressman auf. Einer seiner eigenen Söhne führt ein Geschäft für feine Herrenausstattung.

Wir sind also gerüstet für das Abenteuer Europapokal. Der Wettbewerb der Pokalsieger wird seit 1960 ausgespielt, und in der vergangenen Saison hat der TSV 1860 München für alle künftigen deutschen Vertreter einen hohen Maßstab gesetzt. Die „Löwen" sind bis ins Finale vorgestoßen, wo sie sich dem Londoner Spitzenklub West Ham United mit 0:2 beugen müssen. Für uns bedeutet das eine große Verpflichtung.

Die Auslosung meint es erst einmal gut mit uns. Immerhin warten im ersten Durchgang, zu dem 30 Vereine antreten, schon einige „dicke Brocken". Der FC Liverpool bekommt es gleich mit Juventus Turin zu tun, und Atletico Madrid muss Dynamo Zagreb aus dem Feld schlagen. Mannschaften, mit denen wir zum Glück erst später konfrontiert werden.

Dagegen hört sich unser Ausflug nach Malta fast wie eine Kaffeefahrt an. Unser Gegner hat einen blumigen Namen, stellt aber keine echte Gefahr dar: Es erwartet uns Floriana La Valetta. Immerhin besteht Multhaup darauf, dass ich aus Stockholm direkt nach Malta anreise. In der schwedischen Hauptstadt trägt die deutsche Nationalmannschaft am 26. September das entscheidende Spiel in der WM-Qualifikation für England 1966 aus.

Wir gewinnen 2:1, und ich bin zum Auftakt im Europapokal am 29. September pünktlich vor Ort. Wo Multhaup mich mit einer freudigen Nachricht überrascht: Die deutschen Sportjournalisten haben mich zum „Fußballer des Jahres" gewählt.

Wir spielen in dem erst wenige Tage vorher fertig gestellten Manoel-

Stadion von La Valetta. Und haben mehr mit dem staubigen und hart betonierten Platz und der Hitze zu kämpfen als mit Maltas Pokalsieger. In der ersten Halbzeit tut sich unsere Mannschaft schwer, muss nach Emmerichs 1:0 in der 27. Minute kurz darauf den von 6.000 Maltesern stürmisch gefeierten Ausgleich hinnehmen.

Nach der Pause machen wir dann kurzen Prozess. Zweimal Reinhold Wosab, Sigi Held und Jürgen Weber holen die Floriana-Elf unsanft auf den Betonboden zurück. Achtmal treffen unsere Spieler nur Latte oder Pfosten.

La Valettas Fußballer sind bessere Amateure, die für eine Jahresgage von umgerechnet 400 Mark kicken. Und die deswegen für ihre Anreise zum Rückspiel einen strapaziösen, aber kostenschonenden Weg wählen: Mit dem Schiff bis in Roms Hafen Ostia und von dort mit dem Zug nach Dortmund.

Und obwohl ihnen am 10. Oktober 8.000 Zuschauer im Stadion Rote Erde einen freundlichen Empfang bereiten, haben sie bei uns wenig zu lachen. Ein glänzend aufgelegter „Stan" Libuda wirbelt die Abwehr der Malteser fast im Alleingang durcheinander. Lothar Emmerich will Torschützenkönig im Europokal werden und legt dafür mit sechs Treffern schon mal einen komfortablen Grundstock. Die restlichen Tore zum 8:0 steuert Aki Schmidt bei.

So fröhlich geht es leider nicht weiter. In Gegenteil. Was jetzt folgt, gehört zum Schlimmsten überhaupt, was ich im Europacup erlebt habe.

Das Los beschert uns im Achtelfinale Bulgariens Pokalsieger ZSKA Sofia. Die Mannschaft um Major Ivan Kolev, den 68-maligen Nationalspieler, besteht ausnahmslos aus Armeeangehörigen. Der Verein wird auch „Rote Fahne" genannt, und die Kameraden, die unter dieser Flagge bei uns einmarschieren, halten Fußball offensichtlich für eine Art Ersatzkrieg. Sie sind vom Eintreffen in Dortmund an auf Konfrontation aus, verlassen protestierend das für sie reservierte Hotel und suchen sich selbst eine Unterkunft. Sogar eine Nobelherberge.

Merkwürdig. Wo doch sonst die Vereine aus Ländern des Ostblocks chronisch klamm sind, wenn es um Devisen geht.

Am 10. November stehe ich meiner Mannschaft nicht zur Verfügung, weil Helmut Schön mich für das letzte Qualifikationsspiel vor der WM 1966 angefordert hat. Ich bin also auf Zypern und erfahre erst nach meiner Rückkehr, was sich im Spiel gegen ZSKA Sofia zugetragen hat.

Multhaup hat die Taktik auf Konter angelegt, und zwei dieser schnellen Gegenstöße bringen den BVB bis zur Pause durch Willi Sturm und Sigi Held in Führung. Was die Bulgaren mit wütender Härte beantworten. Ihr gefürchtetes „Rollsystem" endet an der dichten Dortmunder Abwehrkette, in der vor allem „Hoppy" Kurrat und Wolfgang Paul Schwerstarbeit verrichten. Ein weiterer Konter in der 54. Minute, eingeleitet von „Stan" Libuda, führt durch Aki Schmidts Kopfball zum 3:0.

Das hört sich beruhigend an. Aber alle, die auf dem Platz gestanden haben und nun ihre Blessuren pflegen, machen sich keine Illusionen. In der bulgarischen Hauptstadt erwartet uns das Fegefeuer auf Erden. Der Drops – oder besser: die bittere Pille – ist noch längst nicht gelutscht.

In Sofia stehe ich im Tor, und für die Läuferreihe wählt Multhaup die defensivere Variante: Anstelle von Rudi Assauer spielt Friedhelm Groppe, genannt „Hugo".

Bei ZSKA ist seit sieben Jahren kein Gast im Europapokal ungeschoren davon gekommen. Hier regiert der eiserne Besen. Manchmal auch die eiserne Faust.

Und ich bin der Erste, der sie zu spüren bekommt. Schon in den Anfangsminuten streckt mich ein Schlag zu Boden.

Nach sechs Minuten führt Sofia 1:0.

Das Spiel ist ein Charaktertest, den unsere Mannschaft mit Bravour besteht. Sie lässt sich auch durch den türkischen Schiedsrichter Servan nicht aus der Fassung bringen. Dieser Mann hat das Prädikat „unparteiisch" wirklich nicht verdient.

Sigi Held schafft mit einem Kopfballtorpedo den Ausgleich, und seinem Fußball-Zwilling Lothar Emmerich gelingt sogar die Führung zum 2:1. Seine „linke Klebe" macht allmählich Schlagzeilen in Europa.

Das dicke Ende steht uns noch bevor. Als Wolfgang Paul am Spielfeldrand behandelt werden muss, fällt das 2:2.

Unerbittlich berennen die Bulgaren jetzt unser Tor, und Schiedsrichter Servan denkt nicht daran, die übertriebene Härte unserer Gastgeber zu unterbinden. Wir kassieren das dritte Tor. Das vierte fällt durch einen Elfmeter mit drei Fragezeichen.

Und Servan krönt seine indiskutable Leistung mit einem Platzverweis für „Hoppy" Kurrat. Das „Vergehen": Nach einem üblen Foul an „Stan" Libuda beklagt Kurrat sich beim Schiedsrichter über die anhaltend rüde Gangart der Bulgaren. Weinend verlässt unser Kleinster den Platz.

Die UEFA schreibt die Teilnahme am damals üblichen Bankett zwingend vor. Sonst wären wir liebend gern fern geblieben. Zumal es dort fast noch zu einer Schlägerei kommt. Sofias Soldatenfußballer können sich so schnell nicht damit abfinden, dass sie trotz des 4:2-Erfolges ausgeschieden sind. So wenig wie Schiedsrichter Servan unsere Kritik an seiner Pfeiferei verstehen will. Wir seien keine Gentlemen, gibt er uns mit auf den Heimweg.

Die Europäische Fußball-Union sieht zumindest den Platzverweis für „Hoppy" Kurrat anders. In Zürich wird seine automatische Sperre für das nächste Europacup-Spiel aufgehoben. Der bulgarische Verbandsvorsitzende ist um Schadensbegrenzung bemüht, sagt bei der UEFA zugunsten von Kurrat aus.

In Zürich fallen auch die Lose für das Viertelfinale. Mit dem üblichen Vorspiel in der Presse. Wen wir uns denn wünschen? Die einzig mögliche Antwort hätte ich mir am liebsten auf die Stirn gestempelt: Wenn nur noch acht Mannschaften im Rennen sind, erübrigt sich jede Diskussion.

Ob nun Cupverteidiger West Ham United, der FC Liverpool oder Celtic Glasgow, ob Honved Budapest, Atletico Madrid, Dynamo Kiew oder der bis dahin noch ungeschlagene SC Magdeburg – wir müssen es nehmen, wie es kommt.

Und es kommt schwer genug: Atletico Madrid heißt unser Gegner. Die „Atleti" können eine eindrucksvolle Visitenkarte vorweisen. Zu Hause sind sie im Europapokal noch ohne Niederlage, haben erst vier Gegentore hinnehmen müssen. Und gewonnen haben sie diesen Cup-

Wettbewerb auch schon, nämlich 1962. Im Jahr darauf sind die Spanier erst im Finale an Tottenham Hotspur gescheitert.

Bangemachen gilt nicht. Multhaup tut alles für die moralische Aufrüstung, redet uns stark. Und sorgt dafür, dass wir uns umsorgt fühlen wie Topstars des europäischen Fußballs.

Die stehen auch damals schon vorwiegend bei Real Madrid unter Vertrag. Drei Tage vor dem Spiel beziehen wir ein feines Quartier in der Nähe des weltberühmten Schlosses Escorial, etwa 50 Kilometer von Madrid entfernt, und der Atletico-Rivale Real stellt uns sämtliche Trainingseinrichtungen zur Verfügung. Ein Bekannter von „Fischken" Multhaup hat alles arrangiert.

„Atletico verfügt über sehr gute Spieler, aber als Mannschaft sind wir stärker", lautet die Parole unseres Trainers. Er hat uns zu einer verschworenen Gemeinschaft geformt.

Dann kommt der große Regen. Am 16. Februar 1966 gießt es wie aus Eimern. Die Wassermassen verwandeln das Metropolitano-Stadion von Madrid in eine Schlammwüste. Hier sollen wir Fußball spielen?

Der Schiedsrichter stammt aus England. Mister Clements scheint auf seiner Insel solche Verhältnisse gewohnt zu sein. Er pfeift an, und 58.000 Zuschauer schreien sich die Seele aus dem Leib: „Atleti, Atleti"… Da haben es die rund 300 Dortmunder Schlachtenbummler ganz schwer, sich akustisch bemerkbar zu machen.

Wenigstens müssen unsere treuesten Fans den weiten Weg in die spanische Hauptstadt nicht bereuen. Die Gastgeber haben mit dem schweren Boden mehr Probleme als wir, sie schwimmen im wahrsten Sinne des Wortes. Lothar Emmerich trifft in der 12. Minute nur den Pfosten, in der 57. Minute aber auch ins Tor.

Unser zweckmäßiges Spiel, die schnellen Stürmer Held und Libuda, die aufopfernd kämpfende Abwehr – das alles wiegt bei diesen Platzverhältnissen mehr als Atleticos technische Brillanz.

Das Publikum demonstriert seine Enttäuschung, in dem es die Sitzkissen in Richtung Spielfeld schleudert. Erst einmal hat hier eine deutsche Mannschaft im Europacup ein Tor geschossen, Werder Bremen 1962. Aber am Ende 1:3 verloren.

So setzen die „Atleti" im Endspurt alles auf eine Karte, werden die

Zweikämpfe immer giftiger. Es bleibt jedoch alles im Rahmen. Kein Vergleich mit den Rüpeleien von Sofia..

Vier Minuten vor Schluss bin ich geschlagen: Mendoza, der dunkelhäutige Mittelstürmer von Atletico, trifft zum 1:1. Kollektives Aufatmen auf den Tribünen. Kollektive Freude nach dem Abpfiff bei uns und bei unserer kleinen Gefolgschaft. Wir alle sind mit dem Unentschieden hoch zufrieden.

Spanische und deutsche Journalisten stellen uns ein gutes Zeugnis aus, bezeichnen das 1:1 als schmeichelhaft für Atletico. Und „Marca", eine der größten Zeitungen auf der iberischen Halbinsel, nennt Borussia sogar „Deutschlands beste Mannschaft der letzten zwanzig Jahre".

Das geht runter wie ein edler Rioja-Wein. Nur sind alle Komplimente bloß noch Makulatur, wenn wir im Rückspiel den Sack nicht zumachen können.

14 Tage später sehen wir uns wieder. Im Stadion Rote Erde. Das ist restlos ausverkauft. Allmählich traut man uns zu, dass wir im Europapokal für eine Überraschung gut sind.

Die 250.000 Mark aus dem Kartenverkauf sind Borussias höchste Einnahme in der bisherigen Vereinsgeschichte. Dazu kommen noch 35.000 Mark für die Übertragung im TV.

35.000 Mark! Dafür dürfte das Fernsehen heutzutage noch nicht einmal das Warmlaufen filmen.

Um es vorweg zu sagen: Wir spielen nicht so gut wie in Madrid. Dafür bekomme ich viel mehr Arbeit.

Dabei haben wir die „Generalprobe", das Bundesliga-Heimspiel gegen Schalke, mit Glanz bestanden, die Königsblauen mit einer 7:0-Packung nach Hause geschickt.

Und Multhaup hat alles getan, um uns bei Kräften zu halten. Wie so oft bereiten wir uns in der Sportschule Kaiserau vor. Auf dem Programm stehen nur kurze Trainingseinheiten und Ruhe, Ruhe, Ruhe.

Training, das heißt in diesen „englischen Wochen": Ein bisschen Gymnastik zum Auflockern, ein Spielchen „sechs, fünf oder vier gegen zwei". Oder, zur Hebung der guten Laune und Aufbesserung der Mannschaftskasse, das von Multhaup „erfundene" Elfmeter-Spiel.

Das läuft so: Jeder, der sich beteiligen will, auch Fans und Journalisten sind willkommen, darf gegen mich oder Bernhard Wessel zum Elfmeterschießen antreten. Wenn der Ball gehalten oder verschossen wird, muss der Schütze berappen. Ein Fehlschuss kostet fünf Mark, sofort zahlbar an unseren Kapitän und Kassenwart Wolfgang Paul. Der gelernte Uhrmacher und spätere Kaufmann in seiner sauerländischen Heimat Bigge-Olsberg übt sich schon mal in Buchführung.

Jeder hat so seine Aufgabe bei uns. Lothar Emmerich zum Beispiel ist zuständig für die musikalische Unterhaltung im Bus, wenn wir von Kaiserau ins Stadion Rote Erde fahren. Auch vor dem Spiel gegen Atletico heizt „Emma" unsere Stimmung mit Schlager- und Marschmusik an.

An seiner Titelauswahl kann es jedenfalls kaum gelegen haben, dass wir diesmal nicht so richtig in die Gänge kommen.

Über Nacht ist der Frühling im Ruhrgebiet eingekehrt. Die milden Temperaturen behagen den Spaniern wesentlich mehr als das „teutonische Sauwetter" zwei Wochen zuvor.

Wir können in unveränderter Aufstellung antreten. Bei Atletico fehlt dagegen Mendoza, der Torschütze vom Dienst. Taktisch sind unsere Gäste dieses Mal besser eingestellt, und unsere Stürmer sehen sich einer scharfen Bewachung ausgesetzt.

Trotzdem gelingt unserem Discjockey Lothar Emmerich in der 16. Minute mit einem harten Flachschuss das 1:0. Das wir mit allem Einsatz verteidigen müssen. Es entwickelt sich eine hektische und von vielen Freistößen unterbrochene Partie. Sie lebt vor allem von der Spannung. Werden wir den hauchdünnen Vorsprung ins Ziel bringen? Er würde uns reichen.

Es gehört auch Glück dazu. Damals darf ein angeschlagener Spieler noch nicht durch einen Reservisten von der Bank ersetzt werden. Für einen verletzten Torwart muss ein Feldspieler zwischen die Pfosten.

Mich erwischt es gegen Atletico an der linken Hand: Nicht zum ersten und nicht zum letzten Mal kugle ich mir ein Fingergelenk aus. Unser Mannschaftsarzt Dr. Melliwa kommt also hinter mein Tor gesaust, besieht sich den Schaden und renkt mit einer ebenso heftigen wie schmerzhaften Zugbewegung das Gelenk wieder ein.

Wer sich heute meine Hände besieht, muss wirklich glauben, ich hätte nicht nur in meiner frühesten Jugend, sondern über viele Jahre hinweg im Boxring gestanden.

Es geht also weiter für mich. Und es geht auch gut zu Ende für uns alle.

Der Jubel in der Kabine klingt aber gedämpft. Unser Trainer, grippekrank und nur mit Pillen aufgepäppelt, kann sich ohnehin kaum auf den Beinen halten. Und wir, seine Schützlinge, sind erschöpft. Wissen genau, dass wir ganz gewaltig zulegen müssen, wenn wir im Europapokal auch noch die nächste Runde überstehen wollen. Weiter wagt in dieser Stunde niemand zu denken.

Eine erlauchte Runde erwartet uns im Halbfinale. Mit britischem Übergewicht. Westham United hat den SC Magdeburg 1:0 und 1:1 ausgeschaltet, die Rangers aus Glasgow behalten gegen Dynamo Kiew mit 3:0 und 1:1 die Oberhand, der FC Liverpool qualifiziert sich mit 0:0 und 2:0 gegen Honved Budapest.

Wir haben schon mehr erreicht, als man uns zugetraut hat, unser Soll eigentlich erfüllt. Was nicht heißt, dass unser Erfolgshunger gestillt ist. „Fischken" Multhaup treibt seine Bemühungen um gesteigertes Selbstvertrauen auf die Spitze, indem er vor der Presse verkündet: „Jetzt wünschen wir uns den Cup-Verteidiger."

Zuweilen gehen auch tollkühne Wünsche in Erfüllung. In der Tat wird West Ham United als unser Halbfinal-Gegner ausgelost. Wobei wir uns die Hände reiben, dass wir zuerst in London antreten können. Genauer gesagt: Im Osten der englischen Hauptstadt. Dort sind die „Hammers" zu Hause, die Mannschaft mit den ungewöhnlichen Klubfarben bordeauxrot und himmelblau.

Aus jüngster Vergangenheit habe ich keine so gute Erinnerung an London. Von Wembley bin ich sechs Wochen zuvor mit der Nationalmannschaft ziemlich frustriert abgereist. Wir haben 0:1 gegen England verloren, weil unser Ausgleichstor, kurz vor Schluss durch Fredy Heiß (TSV München 1860) erzielt, nicht anerkannt wird. Angeblich hatte der Ball vor der Flanke von Sigi Held zu Heiß schon die Außenlinie überschritten. Eine Fehlentscheidung des holländischen Schiedsrichters, wie Filmaufnahmen der Wochenschau später belegen.

Unser Spiel ist am 5. April, an einem Dienstagabend. Wir fliegen schon am Sonntagmorgen und beziehen im piekfeinen Kensington-Palace-Hotel Quartier. Also dort, wo Sigi Held und ich im Februar auch beim Länderspiel gewohnt haben.

Und dann lassen uns die Statistiker wissen, dass noch nie eine deutsche Mannschaft im Europapokal auf der britischen Insel gewonnen hat. Feine Aussichten.

Für unseren Trainer zählen weder Unheil verheißende Vorzeichen noch negative Statistiken. Jede Serie geht einmal zu Ende, behauptet Multhaup. Sonst hätten wir ja schon gegen Lissabon oder Madrid ausscheiden müssen.

Zuversicht ist also angesagt. West Ham United macht dagegen in Pessimismus. Die Mannschaft habe in den letzten 14 Tagen sieben Spiele austragen müssen, sei mit ihren Kräften ziemlich am Ende. Dazu komme das Zerwürfnis zwischen Bobby Moore und Klub-Manager Ron Greenwood. Der Spielführer der „Hammers" und der englischen Nationalelf hat sich auf die Transferliste setzen lassen, worauf Greenwood ihm die Kapitänsbinde entzieht.

Am Abend des 5. April, als der spanische Schiedsrichter Mendibil im Upton Park zum Anstoß bittet, sind alle Stars von West Ham dabei: Moore ebenso wie Martin Peters und Geoff Hurst – lauter Nationalspieler, die ich schon vom Länderspiel im Februar kenne. Und denen ich im Sommer 1966 beim WM-Finale in Wembley erneut begegnen werde.

Peters ist Dreh- und Angelpunkt der „Hammers", überragend in Abwehr und Angriff. Er bringt seine Mannschaft in der 52. Minute auch in Führung. Bei seinem Schuss habe ich keine Chance. Anschließend ist für mich und meine Vorderleute Vollbeschäftigung angesagt.

Wir liefern eine Abwehrschlacht, bei der ich reichlich „Feindberührung" habe. Auf der Insel sind die Stürmer alles andere als zimperlich, gehen selbst im Fünf-Meter-Raum voll auf den Torhüter. Schubsen ihn auch schon mal mitsamt dem Ball ins Netz. Und nicht immer pfeift der Schiedsrichter das als Foul. Fausten ist da bei hohen Bällen die beste Abwehrmethode.

Als West Ham dann nur noch darauf bedacht ist, den Vorsprung über die Zeit zu retten, bereiten wir dem Cup-Verteidiger ein böses Erwachen, drehen binnen 120 Sekunden den Spieß um. Erst „Stan" Libuda, dann Sigi Held leisten die Vorarbeit zu zwei Treffern von Lothar Emmerich.

85 Minuten lang ist von „Emma" so gut wie nichts zu sehen gewesen. Und dann schlägt er zweimal zu. So sind sie eben, die Herren Torjäger. Stehen goldrichtig, wenn es darauf ankommt.

Beim 1:1 ist es nicht einmal die gefürchtete „linke Klebe", sondern der rechte Fuß, der den Ball ins Netz befördert. Jener rechte Fuß, den „Emma" eigentlich nur braucht, um nicht umzufallen, wie Multhaup lästert.

Nach dem 2:1 ändert die Geräuschkulisse im Upton Park sich schlagartig: 40.000 Engländer verfallen in entsetztes Schweigen, die kleine Dortmunder Kolonie ist aus dem Häuschen. Mit seinem zwölften Europacup-Tor lässt Emmerich uns alle vom Finale träumen.

Die englischen Hauptstadt-Zeitungen lassen kaum ein gutes Haar an ihrer Mannschaft. „Nur Narren können jetzt noch an eine Endspiel-Chance für West Ham glauben," malt der „Daily Mirror" die Lage in den schwärzesten Farben.

Wir hingegen werden gefeiert. Vor allem die „Terrible Twins" haben es den Engländern angetan. Die „schrecklichen Zwillinge" – so haben sie auf der Insel den blonden Sigi Held und den dunkelhaarigen Lothar Emmerich getauft. Und dieses doppelköpfige Schreckgespenst wird auch im Rückspiel wieder zuschlagen.

Am Vorabend gehen wir gemeinsam mit den Spielern von West Ham ins Kino. „Leise flüstern die Pistolen", heißt der Film. Wer wird im Halbfinale wen abschießen?

Der nächste Tag ist der 13. April – für uns ein Glückstag. Ehe die „Hammers" im Stadion Rote Erde auf dumme Gedanken kommen können, liegt der Ball schon in ihrem Netz. Zu verdanken haben sie dies einer Koproduktion der „Terrible Twins". Noch hat kein englischer Fuß das Leder berührt, da verwandelt Emmerich eine Flanke von Held – nach nur 25 Sekunden steht es 1:0! Und für alle, deren Herz für die Schwarz-Gelben schlägt, steht der Himmel offen.

Lothar Emmerich erhöht in der 29. Minute auf 2:0 – sein 14. Treffer im Europapokal. Als Torschützenkönig darf er sich schon mal feiern lassen.

Es brennt nichts mehr an im Rückspiel. West Ham wirft alles nach vorn, verkürzt auch noch durch einen wuchtigen Kopfball von Byrne auf 2:1. Aber Gerd Cyliax, unser rechter Verteidiger, stellt den alten Abstand wieder her.

Der Cup-Verteidiger ist k.o. Und wir ziehen als dritte deutsche Mannschaft in ein Europapokal-Endspiel ein. Nur Eintracht Frankfurt (1960, gegen Real Madrid 3:7 verloren) und der TSV München 1860 (1965, gegen West Ham United 0:2 verloren) haben das vor uns geschafft.

Alles wartet am Abend des 13. April gebannt auf Nachrichten aus Liverpool, wo unser Gegner ermittelt wird.

Im anderen Halbfinale hat der englische Pokalsieger das Hinspiel bei Celtic Glasgow mit 0:1 vergeigt. An der heimischen Anfield Road gewinnt der FC Liverpool 2:0, doch der Sieg löst heftige Proteste aus. Die schottischen Anhänger bombardieren das Spielfeld mit Bierflaschen. Und die Sanitäter müssen über 100 Verletzte betreuen. Ausgelöst werden die Ausschreitungen durch eine heftig umstrittene Entscheidung des belgischen Schiedsrichters Hannet. Er versagt einem Treffer von Celtic die Anerkennung.

Also winkt uns Liverpool im Finale. Das am 5. Mai stattfinden wird. Ausgerechnet im Hampden Park von Glasgow. Europas größte Fußballarena wäre brechend voll geworden, hätten die Schotten das Endspiel erreicht.

So können wir es sogar als Pluspunkt betrachten, gegen den FC Liverpool anzutreten. Die zornigen schottischen Fans werden entweder zu Hause bleiben oder die ungeliebten Engländer auspfeifen.

Meinen wir. Und alles, was als winziger Vorteil für uns gedeutet werden kann, trifft bei „Fischken“ Multhaup auf offene Ohren.

Er ist einer der besten Trainer. Er wäre auch ein guter PR-Manager geworden. Jedenfalls bringt Multhaup dafür viele Voraussetzungen mit. Er ist ein charmanter Plauderer. Er beherrscht die Kunst, vor den Journalisten und den TV-Kameras mit vielen wohlgesetzten Worten wenig zu sagen. Und er versteht es, Stimmung zu machen.

In der Öffentlichkeit schiebt Multhaup dem FC Liverpool die Favoritenrolle zu. Die jüngste Bilanz der „Reds" ist eindrucksvoll genug: Englischer Meister 1964, Cupsieger 1965 und jetzt schon wieder auf dem Weg zum Meistertitel – mit sieben Punkten Vorsprung in der aktuellen Tabelle.

Zudem haut Liverpools Manager Bill Shankly mächtig auf den Putz. Der gebürtige Schotte ist ein Fanatiker des Erfolgs, hat ohne Frage ein großes Team aufgebaut. Auf der Insel gebe es nur zwei gute Mannschaften, so sein provozierendes Eigenlob, Liverpools erste Garnitur und die Reserve.

Intern redet Multhaup uns stark. Gegen Celtic Glasgow habe unser Finalgegner keineswegs souverän ausgesehen. „Kann ja sein, dass wir normalerweise neun von zehn Spielen gegen Liverpool verlieren würden. Diesmal ist das zehnte Spiel. Wir werden in Glasgow gewinnen!"

Diesen Spruch hören wir so oft, dass wir ihn letztendlich sogar glauben.

Drei Tage vor dem Endspiel fliegen wir nach Schottland. Es ist eine große Woche für den deutschen Fußball. Die Nationalmannschaft, dieses Mal natürlich ohne mich, gewinnt am 4. Mai in Dublin gegen Irland 4:0 und am 7. Mai in Belfast gegen Nordirland 2:0. Da dürfen wir uns nicht lumpen lassen.

Wir wohnen im Marinehotel Troon, inmitten eines noblen Golfzentrums, eine Autostunde von Glasgow entfernt.

Heute spielt so mancher aktive oder ehemalige Fußballer zum Ausgleich Golf, vorneweg Franz Beckenbauer. Wir Borussen haben seinerzeit keine Ahnung vom britischen Nationalsport. Was „Fischken" Multhaup nicht daran hindert, das satte Grün der schottischen Golfplätze ebenso zu loben wie die schottischen Steaks und die schottische Gastfreundschaft. Schließlich hoffen wir im Hampden Park auf freundlich gesinnte schottische Zuschauer.

Unterdessen sind an die 20.000 Fans aus der Beatles-Stadt Liverpool auf dem Anmarsch in Richtung Glasgow. Sie machen daraus eine vorweg genommene Siegesparade und hinterlassen unterwegs einigen Flurschaden.

Multhaup knobelt noch an der Taktik. Eigentlich besteht für ihn kein Grund, seine Aufstellung zu ändern. Die einzige Frage, die ihn bewegt: Soll, wie in den letzten Wochen immer, Friedhelm Groppe spielen oder Rudi Assauer?

Der Trainer kommt und fragt nach meiner Meinung. „Hugo“, wie wir Groppe rufen, ist ein feiner Kerl, die Zuverlässigkeit in Person. Und er hat wirklich stark gespielt.

Assauer kann mehr für die Offensive tun. Und außerdem ist er mein Zimmernachbar. Also lege ich ein gutes Wort für ihn ein. Ob es für Multhaup ausschlaggebend gewesen ist, weiß ich nicht.

Heute würde ich anders handeln. Groppe gegenüber habe ich fast ein schlechtes Gewissen. Und Assauer hat sich in späteren Jahren leider nicht als der Freund erwiesen, für den ich ihn mal gehalten habe. Jahrelang haben wir kein Wort miteinander gesprochen. Warum, darüber wird noch zu reden sein.

Multhaup entscheidet sich für Rudi Assauer. Der liefert auch, das muss ich fairerweise sagen, eine gute Leistung ab.

Der 5. Mai ist ein Donnerstag. Bevor wir in Troon aufbrechen, hält Multhaup uns noch eine Postkarte von Fritz Walter unter die Nase. Der Ehrenspielführer der Nationalmannschaft wünscht uns viel Glück. Können wir gebrauchen.

Glasgow präsentiert sich Grau in Grau. Keine Spur von Frühling, sondern typisches Insel-Wetter mit tief hängenden Wolken und Nieselregen.

Liverpool kann sich also wie zu Hause fühlen. Die Fans der „Reds“ haben schon in der Nacht davor den Hampden Park auf ihre Art in Besitz genommen: Liverpooler Siegesparolen auf jedem freien Fleckchen, und sogar die Torpfosten sind mit roter Farbe verziert. In aller Eile lassen die Verantwortlichen einen Malertrupp anrücken, der die Schmierereien beseitigen muss.

Das Spiel wird in Schottland und in zwölf anderen Ländern live übertragen. Auch das mag ein Grund sein, warum sich im Hampden Park, der 130.000 Zuschauer fasst, nur 41.657 zahlende Besucher verlieren. Darunter etwa 3.000 Schlachtenbummler aus Deutschland.

Nach dem Anpfiff durch den französischen Schiedsrichter Pierre Schwinte geraten wir postwendend unter Druck. Angriffswelle auf Angriffswelle brandet gegen unsere Abwehrmauer. Wolfgang Paul ist unser Turm in der Schlacht. Der 1,91 Meter lange Ausputzer wirft sich immer wieder in die Flanken der gefährlichen Liverpooler Flügelflitzer Thompson und Callaghan.

Auch ich habe mehr als gut zu tun.

Zur Pause steht es 0:0. Nach Punkten geht die erste Hälfte an die Engländer.

Es ist der erwartet verbissene Kampf, nichts für Feinschmecker. Liverpool steht nach den großspurigen Worten von Bill Shankly gewaltig unter Erfolgsdruck. Wir wehren uns mit dem Mut der Verzweiflung. Wohl wissend, dass unsere Chancen wachsen, je länger wir unser Tor sauber halten können.

Über den Kampf finden wir ins Spiel – diese alte Floskel trifft an diesem Abend wirklich den Kern.

Und dann beweisen unsere „Terrible Twins", dass sie es auch anders herum können. Diesmal kommt die Vorlage von Lothar Emmerich: Ein Traumpass in den freien Raum zu Sigi Held, der aus vollem Sprint den Ball halbhoch ins Netz befördert. Wir führen 1:0!

Eine gute Stunde ist gespielt, und wir dürfen uns acht Minuten freuen.

Das Unheil kommt von der rechten Seite. Thompson dribbelt an der Torauslinie nach innen. Der Ball ist für einen Moment über der Linie im Aus. Gerd Cyliax hebt die Hand, keiner von uns greift mehr ein. Auch der Linienrichter hat die Fahne oben. In der Mitte erhält Roger Hunt den Ball und jagt ihn mir unhaltbar in den Winkel.

Sofort stürze ich auf den Schiedsrichter zu: „Der Ball war klar im Aus. Mindestens zwanzig Zentimeter." Pierre Schwinte kommt aus Straßburg, versteht und spricht als Elsässer problemlos deutsch.

Mit einer Handbewegung wehrt er meinen Protest ab und zeigt zum Mittelkreis. Es steht 1:1.

Erinnerungen werden bei mir wach. Auch im November 1963, beim „Wunder von Lissabon", hat der Franzose ein Tor anerkannt, obwohl mir Eusebio im Fünf-Meter-Raum auf die Hand tritt, die bereits den Ball festhält.

Ich muss mich wohl damit abfinden, mit Schwinte und mit englischen Spielfeldbegrenzungen kein Glück zu haben.

Erst einmal verschaffen uns die Fans der „Reds" eine Verschnaufpause. Zu Hunderten stürmen sie nach dem Ausgleich auf den Rasen. Es dauert Minuten, bis der Platz geräumt ist.

Und Liverpool bleibt in der Offensive. Konditionell können wir ohne weiteres mithalten. Jetzt muss auch Fortuna helfen.

Das tut sie schon mal bei einem unheimlich scharfen 25-Meter-Schuss des Halblinken Smith. Sein Ball wäre im Torwinkel gelandet, doch ich komme gerade noch mit den Fingerspitzen an das Leder.

Der Abpfiff nach 90 Minuten.

Schon das 1:1 ist mehr, als uns die meisten Experten zugetraut haben. Jetzt müssen wir uns noch zweimal 15 Minuten zusammenreißen. Ist auch nach der Verlängerung kein Sieger ermittelt, muss das Spiel 48 Stunden später wiederholt werden. So will es das damalige Reglement.

Wir spüren, dass etwas geht. Und merken auch, wie das Selbstvertrauen der „Reds" allmählich bröckelt. Rächt sich nun die Überheblichkeit ihres Managers Bill Shankly? Mit seinem vollmundigen Versprechen in aller Öffentlichkeit, Liverpool könne das Endspiel gar nicht verlieren, hat er die Schraube wohl überdreht.

In der Verlängerung sind wir unserem Gegner ebenbürtig. Taktik, Technik und frühere Triumphe – das alles zählt nicht mehr. Wer kann die letzten Reserven mobilisieren? Und wer bringt den größeren Siegeswillen auf? Nur darum geht es noch.

Dann stehen die Zeiger der Stadionuhr auf 21.33. Es ist die 106. Spielminute, als Sigi Held den herausstürzenden Liverpooler Schlussmann Lawrence anschießt, das Leder zu „Stan" Libuda prallt, der es aus gut 25 Metern Entfernung gefühlvoll in Richtung leeres Liverpooler Tor hebt.

Vergebens versucht der baumlange Stopper Ron Yeats, den Ball noch mit der Hand aufzuhalten – er landet im Netz.

2:1! Außer uns vor Glücksgefühlen fallen wir über unseren Rechtsaußen her. Er, von dem im bisherigen Spielverlauf kaum etwas zu sehen gewesen ist, steht im richtigen Moment am richtigen Fleck und hat die richtige Eingebung. Unser „Stan" – im Scherz hat er mal behauptet, er schieße nur die ganz wichtigen Tore. Und nun hat er das wichtigste in der bisherigen schwarz-gelben Vereinsgeschichte erzielt.

Liverpool bäumt sich noch einmal auf. Mehr aus Pflichtgefühl als aus Überzeugung. Der Glaube an die Unschlagbarkeit ist zerbrochen.

Unsere Abwehr um Wolfgang Paul lässt nichts mehr zu. Sie legt den Grundstein zum Erfolg. Dazu „Hoppy" Kurrat und Willi Sturm mit ihrer unermüdlichen Laufarbeit. Und Sigi Held. Seine langen Sprints haben den Engländern zu schaffen gemacht.

Der Schlusspfiff bringt uns die Gewissheit: Wir haben das Unglaubliche geschafft, als erster deutscher Klub Europapokalsieger zu werden!

Wolfgang Paul, unser Kapitän, nimmt den riesigen Silberpott entgegen. Die Siegerehrung durch Gustav Wiederkehr, den Präsidenten der UEFA, geht fast unter im Jubel der deutschen Schlachtenbummler und im Pfeifkonzert der enttäuschten Liverpooler Fans. Auf unserer Ehrenrunde bewerfen sie uns mit Flaschen und Getränkedosen.

Unserer Freude tut das keinen Abbruch. Wir haben bleischwere Beine und schweben dennoch im siebenten Himmel. Und fast allen von uns stehen Tränen in den Augen.

Das Bankett in Glasgow ist Pflichtsache. Wir freuen uns auf die richtige Sause. Auf eine lange Nacht ganz unter uns. Locker, ohne Schlips und Kragen. Die Fete soll in Troon steigen, in unserem Quartier.

Doch als Käpt'n Paul und seine siegreichen Matrosen zu später Stunde das Marine-Hotel entern wollen, erleben sie eine unangenehme Überraschung. Das Personal liegt sozusagen schon in den Kojen. Küche und Keller sind verriegelt. Mit einem Satz: Die Reederei (sprich: unser Vorstand) hat seiner Besatzung wohl keine erfolgreiche Expedition nach Glasgow zugetraut. Jedenfalls ist in Troon nichts vorbereitet.

Helmut Bracht macht sich dann auf den Weg und besorgt wenigstens noch belegte Brote und ein paar Flaschen Bier. Einige von uns haben in dieser Nacht kein Auge zugetan, andere nur ein kleines Nickerchen gemacht.

Wir fliegen nach Hause. Schon auf der Autobahn von Köln-Wahn zum Westhofener Kreuz werden wir mit Hupkonzerten begrüßt.

Von der Stadtgrenze aus halten wir Einzug in offenen Wagen, kommen nur schrittweise voran. Ganz Dortmund scheint auf den Beinen zu sein und bereitet seinen Helden von Glasgow einen unvergesslichen Empfang. Über 300.000 Leute sind unterwegs, schätzt die Polizei. Und alle wollen den silbernen Schatz sehen, den Europapokal.

Mir, der ich damals u.a. auch für eine Versicherungsagentur tätig bin, fällt die Aufgabe zu, das gute Stück versichern zu lassen. Für einen Wert von 50.000 Mark.

Später werden wir bei Ehrungen und Empfängen herumgereicht. Ein Schallplattenproduzent lädt uns zu Aufnahmen ein. Für eine Platte singen wir – tatsächlich aus eigener Kehle – das Vereinslied („Wir halten fest und treu zusammen …") und einen weiteren Titel aus dem unerschöpflichen schwarz-gelben Liedgut.

Und der Bundespräsident verleiht den Europapokalsiegern das Silberne Lorbeerblatt, die höchste deutsche Sportauszeichnung.

Zur Verleihung kommt Bundeskanzler Prof. Ludwig Erhard ins Stadion Rote Erde, vor dem noch Hunderte vergebens auf Einlass hoffen. Die Kampfbahn ist an diesem 21. Mai restlos ausverkauft.

Es ist der vorletzte Spieltag der Bundesligasaison 1965/66, und die Zuschauer sehen ein echtes „Endspiel". Wir sind Tabellenführer und haben den punktgleichen TSV München 1860 zu Gast.

Die „Löwen" sind in dieser Zeit noch die Nr. 1 in München. Trainer Max Merkel hat eine starke Truppe aufgebaut. Mit dem jugoslawischen Exzentriker Petar „Radi" Radenkovic im Tor, mit Nationalspielern wie Bernd Patzke, Rudi Brunnenmeier, Peter Grosser, Hans Rebele und „Timo" Konietzka, den Merkel vor Jahresfrist an die Isar gelockt hat. Nicht zu vergessen meinen Kumpel aus glorreichen Herner Zeiten, Otto Luttrop.

In der Sportschule Kaiserau versucht „Fischken" Multhaup, uns noch einmal aufzurüsten. Für das „letzte Gefecht". Hält uns vor Augen, dass wir mit dem Gewinn von Europacup und Deutscher Meisterschaft einen einmaligen Doppelschlag landen können.

Ihm hat der ganze Trubel nach unserer Rückkehr aus Glasgow gar nicht ins Konzept gepasst. Er wäre lieber mit uns auf eine Insel geflüchtet. Oder von Schottland aus in ein Trainingslager in der Umgebung von Bremen. Aber Multhaup muss sich den Wünschen des Vorstands und der Stadtoberen beugen.

Vor einer Woche haben wir trotz klarer Überlegenheit bei Werder Bremen 0:1 verloren. Durch einen Elfmeter in der 89. Minute. Fast schon fahrlässig, wie wir mit unseren Chancen umgegangen sind. Vor allem Lothar Emmerich zeigte plötzlich Ladehemmung. Ihm gelang rein gar nichts.

Gegen München 1860 muss ein Sieg her, sonst ist der Titel futsch.

Die „Löwen" wollen uns mit unseren eigenen Waffen schlagen, setzen auf schnelle Konter aus einer verstärkten Abwehr. Wir stürmen. Vor „Radis" Gehäuse spielen sich turbulente Szenen ab. Doch es ist wie verhext – wir schießen wieder kein Tor.

Das gelingt den Gästen in der 66. Minute durch Rudi Brunnenmeier. Unverkennbar, dass wir mit unseren Kräften am Ende sind. München 1860 kann in der 89. Minute durch Peter Grosser sogar auf 2:0 erhöhen. Nichts wird es mit dem vierten Meistertitel für den BVB.

Das letzte Spiel verlieren wir 1:4 in Frankfurt. Den „Löwen" reicht ein 1:1 gegen den Hamburger SV zur Meisterschaft.

Und wir sind Vizemeister. Stellen mit Lothar Emmerich auch den Torschützenkönig. In der Bundesliga hat er 31-mal getroffen. Nur zum Schluss ist von der „linken Klebe" nichts mehr zu sehen. Und Multhaup ist sauer auf seinen Torjäger.

Nach dem Europacup-Finale hat Emmerich seine „Pöhler" einem Fan überlassen, tritt zum Bundesliga-Endspurt in neuen Schuhen an. Ein Anfängerfehler. Lothar hat Blasen an den Füßen und ein schlechtes Gewissen. Aber so ist er nun mal gewesen: unberechenbar.

Bei der folgenden Weltmeisterschaft wird er dank dieser Eigenschaft ein Tor schießen, das allen physikalischen Gesetzen zu spotten scheint.

England ruft, und so ist für das Borussen-Quartett Tilkowski, Held, Emmerich und Paul noch immer kein Urlaub in Sicht. Bis zum Beginn der WM am 11. Juli stehen Länderspiele, Trainingslager und aktive Erholung auf dem Programm der Nationalspieler.

Abenteuer Weltmeisterschaft: Mein offizieller FIFA-Pass für das WM-Turnier 1966 in England.

Gentlemen in Trainingshosen: Neben mir posieren (v.l.) Schulz, Schnellinger und Brülls im deutschen WM-Quartier für den Fotografen.

Die deutsche Nationalelf kann bei der WM unter anderem Spanien, Uruguay und die Sowjetunion ausschalten und erreicht das Finale. Die Presse meint es gut mit mir:

Sie zählt mich zu den Stützen unseres Teams und neben Lew Jaschin zu den besten Torhütern des Turniers.

Im Gespräch mit Bernd Trautmann, dem deutschen Torhüter, der in England Karriere machte und 1966 seine Landsleute vor Ort unterstützt.

Geburtstagsfeier im WM-Quartier: Während des Turniers werde ich 31 Jahre alt.

Die deutsche Elf im Endspiel gegen England (v.l.): Horst-Dieter Höttges, Wolfgang Overath, Siegfried Held, Helmut Haller, Wolfgang Weber, Lothar Emmerich, Willi Schulz, Franz Beckenbauer, Karl-Heinz Schnellinger, Hans Tilkowski und Uwe Seeler.

Hartes Ringen um die WM-Krone: Hurst attackiert mich im Fünf-Meter-Raum; Peters, Overath, Schulz und Schiedsrichter Dienst (v.l.) beobachten die Szene.

Die 101. Minute im Finale von Wembley.

Vom Wembley-Tor existiert keine Aufnahme, die den Ball hinter der Linie zeigt – wohl aber mehrere, die nahe legen, dass er vor bzw. auf der Linie aufprallte.

Nach der Entscheidung: Der englische Torhüter Gordon Banks spendet mir Trost.

War es ein Tor oder nicht? Diese Frage bewegt noch immer die Fußballwelt. 20 Jahre nach dem Finale versuchen sich Schiedsrichter Dienst, Torschütze Hurst und ich im Wembley-Stadion um eine Rekonstruktion des berühmten Treffers.

Je länger wir uns kannten, desto besser wurde unser Verhältnis: Gespräch mit Sepp Herberger, der mir zum letzten Länderspiel ein Glückwunsch-Telegramm schickte.

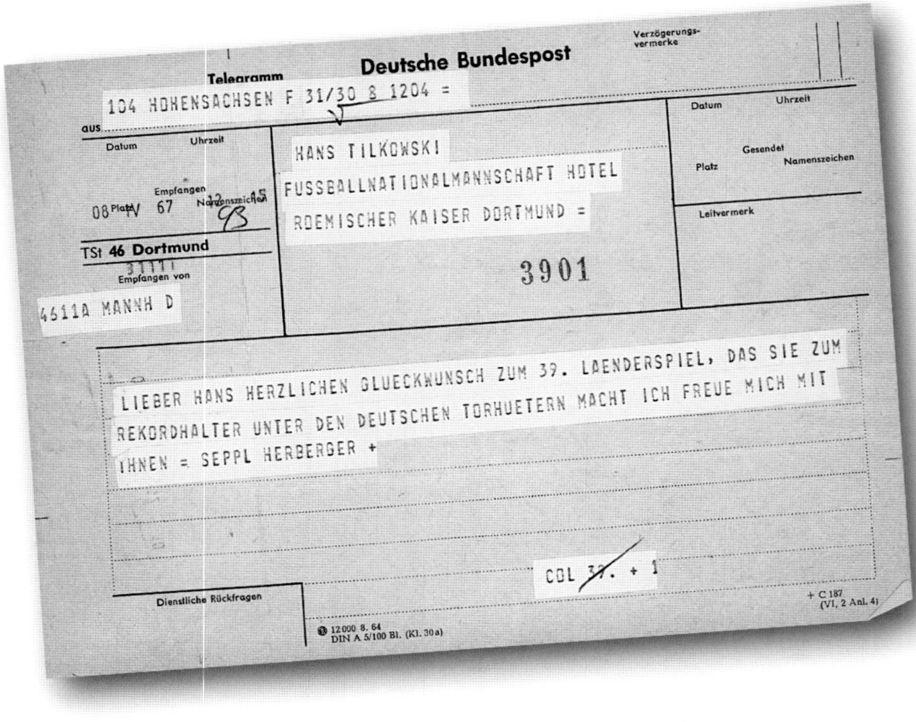

Deutsche Bundespost

Telegramm

Verzögerungsvermerke

aus 104 HOHENSACHSEN F 31/30 8 1204 =

Datum Uhrzeit
Empfangen
08 Platz IV 67 Namenszeichen 12 45

TSt 46 Dortmund

Empfangen von 4611A MANNH D

HANS TILKOWSKI
FUSSBALLNATIONALMANNSCHAFT HOTEL
ROEMISCHER KAISER DORTMUND =

3901

Datum Uhrzeit
Gesendet
Platz Namenszeichen

Leitvermerk

LIEBER HANS HERZLICHEN GLUECKWUNSCH ZUM 39. LAENDERSPIEL, DAS SIE ZUM REKORDHALTER UNTER DEN DEUTSCHEN TORHUETERN MACHT ICH FREUE MICH MIT IHNEN = SEPPL HERBERGER +

COL 39. + 1

Dienstliche Rückfragen

12000 8. 64
DIN A 5/100 Bl. (Kl. 30a)

+ C 187
(VI, 2 Anl. 4)

8. April 1967, Stadion Rote Erde: Abschied von der Nationalelf. Gegen Albanien absolviere ich mein 39. und letztes Länderspiel. Damit bin ich seinerzeit Rekordhalter der deutschen Torhüter.

Begegnungen: Auf dem oberen Foto feiere ich Fritz Walters 80. Geburtstag, zusammen mit dem Jubilar sowie Peter Schössler (links), Josef Masopust und Horst Eckel (rechts). Auf dem unteren Foto verleiht Bundeskanzler Ludwig Erhard der erfolgreichen BVB-Elf das Silberne Lorbeerblatt.

Unsere aktive Zeit liegt längst hinter uns. Doch mit dem Toto-Lotto-Prominententeam treten wir immer mal wieder für einen guten Zweck an – so auch aus Anlass meines 60. Geburtstags. Mit dabei: Franz Beckenbauer (hinten, 3.v.l.) und Helmut Haller (vorn, 2.v.r.).
Endlich habe ich auch genügend Zeit zum Lesen: Das untere Foto zeigt mich mit meiner Frau Luise vor der heimischen Bücherwand.

Bis heute engagiere ich mich im sozialen und karitativen Bereich. Dazu gehören auch Benefiz-Veranstaltungen, wie die Gala im Februar 2000 im Casino Hohensyburg, bei der ich Königin Sylvia, den NRW-Ministerpräsidenten Wolfgang Clement (links) und Dortmunds Oberbürgermeister Langemeyer (rechts) begrüßen kann.

Auch der 70. Geburtstag wird 2005 mit einer Benefiz-Gala verbunden. Mit dabei meine Familie: Sohn Uwe, Tochter Susanne, Frau Luise und Sohn Ralf (v.l.)

Vergnügliche Plauderei bei der Benefiz-Gala anlässlich meines 70. Geburtstags: Dettmar Cramer, Werner Hansch, Uwe Seeler, Rudi Michel und Franz Beckenbauer (v.l.).

Zu Besuch im Friedensdorf Oberhausen, für das ich als „Botschafter“ tätig bin.

70 Jahre und kein bisschen leise: auf der alten Tribüne der Roten Erde in Dortmund.

KAPITEL 9

„Wir haben phantastisch verloren“

Mir ist klar, was ich im Vorfeld der Weltmeisterschaft auf jeden Fall vermeiden muss: eine Situation wie am 30. Mai 1962, am Vorabend des ersten WM-Spiels in Chile.

Obwohl ich sicher bin: Herbergers Nachfolger würde einer direkten Konfrontation mit mir aus dem Wege gehen. Er würde seinen Assistenten schicken, also Dettmar Cramer. Aber nicht, um mich zu holen, sondern als Boten der schlechten Nachricht.

Wie könnte sie lauten?

Außer mir werden als Torleute noch Günter Bernard von Werder Bremen und Sepp Maier von Bayern München mit nach England fahren. Günter ist ein ruhiger Vertreter, kein Überflieger. Zwei seiner bisher vier Länderspiele hat er für Schweinfurt 05 gemacht, die anderen für den SV Werder, mit dem er 1965 Deutscher Meister geworden ist. Er ist der typische „zweite Mann“ – eine Rolle, die er 1968 satt hat und deshalb seinen Rücktritt erklärt.

Eher als Günter Bernard könnte Sepp Maier noch im letzten Moment wie „Kai aus der Kiste“ hüpfen. Wie Wolfgang Fahrian, der 1962 vor dem Abflug zur Chile-WM allen den Kopf verdrehte, als er in Hamburg gegen Uruguay zwischen seinen Pfosten eine regelrechte Flugschau aufführte.

Der Sepp ist 22, also fünf Jahre jünger als Günter und neun Jahre jünger als ich. Was seine Erfahrung angeht, die ist noch recht bescheiden. Viermal hat er in der DFB-Auswahl der Amateure gestanden und einmal in der A-Nationalmannschaft vor wenigen Wochen. Schon in der Junioren-Auswahl U-18 ist man auf den Bayern aufmerksam geworden. Er verfügt durchaus über eine Lobby beim Bundestrainer.

Unbestritten, dass der Maier-Sepp großes Potenzial hat. Und eine ziemlich große Klappe dazu.

Aus Erfahrung klug, werde ich also alles daransetzen, in den noch ausstehenden zwei Spielen vor der WM das Tor zu hüten. Was fast daran scheitert, dass ich furchtbar eins auf die Nase kriege.

Zur Begegnung mit Rumänien am 1. Juni 1966 ist das Ludwigshafener Südweststadion mit 62.000 Zuschauern bis auf den letzten Platz gefüllt. Die hohe Erwartungshaltung der Fans passt so gar nicht ins Konzept von Helmut Schön, der zu den Vorsichtigen im Lande zählt. Er weist darauf hin, dass seine WM-Kandidaten eine kräftezehrende Saison hinter sich haben. „Wir gehören in England nicht zu den Favoriten“, betont der Lange. In der Außenseiterrolle fühlt er sich wohler.

Und wie um Schön einen Gefallen zu tun, spielen wir auch – zunehmend von Pfiffen begleitet – nur ein mageres 1:0 heraus, das Uwe Seeler in der 72. Minute besorgt. Unsere Vorstellung ist alles andere als vergnügungssteuerpflichtig.

Ehe es am 1. Juli zum letzten Feinschliff in die schleswig-holsteinische Sportschule Malente geht, ist die Generalprobe angesagt. Das Länderspiel gegen Jugoslawien. Über 76.000 wollen das Spiel im Niedersachsenstadion von Hannover sehen, darunter auch der englische FIFA-Präsident Sir Stanley Rous.

Der letzte Test. Und ich will an diesem 23. Juni natürlich unbedingt dabei sein. Dumm nur, dass ich mich vorher noch verletze.

Wir wohnen in der Sportschule Barsinghausen, und am Vorabend eines Länderspiels geht die Nationalmannschaft traditionsgemäß ins Kino. Ich weiß nicht, ob der Film wirklich so aufregend gewesen ist. Jedenfalls läuft Horst Szymaniak beschwingt und mit den Armen fuchtelnd an mir vorbei, ohne mich zu sehen. Ein Teil seines Körpergewichts landet auf meiner Nase, aus der sofort das Blut schießt.

Ein gebrochenes Nasenbein – das hat gerade noch gefehlt!

Ich werde fast zum Vollzeitpaniker.

Dettmar Cramer ist zu meinem Glück in der Nähe. Der Assistent des Bundestrainers muss mir nur ins Gesicht schauen, um meine Gedanken lesen zu können. Er tut alles, um mir zu helfen. Fährt mit mir nach Barsinghausen zu einem Facharzt, der die Nase notdürftig richtet. Nachts bestreicht sie unser Masseur Erich Deuser immer wieder mit einer speziellen Salbe, damit die Schwellung abklingt. Am nächsten Morgen melde ich mich einsatzbereit.

Die Jugoslawen präsentieren sich als der erwartet schwere Prüfstein. Demonstrieren nicht nur ihre spielerischen Mittel, sondern auch Härte und Raffinesse in den Zweikämpfen.

Ich kann dazu beitragen, dass unsere Mannschaft zum sechsten Mal in Folge „zu null" spielt. Die Abwehr für die Weltmeisterschaft steht. Vorn sorgen Uwe Seeler und Wolfgang Overath für die Tore zum 2:0-Erfolg.

Helmut Schön ist zufrieden. Und ich habe ein dauerhaftes Andenken an dieses Spiel. Dass ich auch heute noch mit einem leicht schiefen Nasenbein herumlaufe, rührt nicht von meinen jugendlichen Ambitionen im Boxring her, sondern von Szymaniaks unbeabsichtigtem Bodycheck.

Das malerische Malente im Naturpark Holsteinische Schweiz ist für acht Tage unser letztes Trainingsquartier vor dem Aufbruch nach England.

22 Spieler umfasst Helmut Schöns WM-Kader. Dazu kommen noch 13 Offizielle, angeführt von DFB-Präsident Dr. Hermann Gösmann. Den engeren Kreis rund um die Mannschaft bilden der Bundestrainer und seine Assistenten Dettmar Cramer und Udo Lattek, Mannschaftsarzt Prof. Dr. Hannes Schoberth, Masseur Erich Deuser (genannt „der Mann mit dem Koffer") und Hans Damker, unser Koch.

Damker weiß, was Fußballer wünschen, wenn es um Essen und Trinken geht. Er bekocht seit Jahren bei sämtlichen deutschen Sechs-Tage-Rennen die Fahrer. Und die sollen von allen Sportlern die empfindlichsten Mägen haben.

Dass auch Udo Lattek mit nach England fährt, hat er uns, den Spielern, zu verdanken. Der DFB will ihn anfangs nicht mitnehmen, macht daraus eine finanzielle Frage. Damals ist eben alles noch eine Nummer kleiner. Oder kleinlicher. Die Mannschaft möchte aber Lattek dabei haben, weil er gute Arbeit leistet. Deshalb lassen Uwe Seeler und ich unsere Beziehungen spielen. Als Adi Dassler, also Adidas, sich bereit erklärt, die Kosten zu übernehmen, ist die Sache zu unserer Zufriedenheit geregelt.

16 Nationen nehmen an der seinerzeit noch sehr übersichtlichen Endrunde des WM-Turniers teil. Heutzutage sind es 32 Mannschaften. Unser Aufgebot trifft als letztes auf der Insel ein. Wir landen auf einem Flughafen südlich von Manchester.

Die Auslosung der vier Gruppen ist bereits am 6. Januar erfolgt. Wir treffen auf gute Bekannte: auf die Schweiz (wie 1962), auf Argentinien (wie 1958) und auf Spanien. Spielorte der Gruppe B sind die mittelenglischen Städte Sheffield und Birmingham.

Einen ersten Sieg hat der DFB durch seinen Sekretär Hermann Joch bei der Quartiersuche verbucht. Dank guter Beziehungen zu englischen Freunden ist Joch in Dovedale fündig geworden. Dieser Teil der englischen Grafschaft Derbyshire ist ein herrliches Fleckchen Erde. Genau der richtige Platz, um zwischen den Gruppenspielen neue Kräfte zu tanken. „Peveril of the Peak" heißt unser Hotel. Eine Herberge zum Wohlfühlen.

Eine meiner Freizeitbeschäftigungen: Ich schreibe Ansichtskarten, wie bei allen Länderspielen. Diesmal sind es eine ganze Menge mehr. So um die 500 insgesamt. Dafür investiere ich mein komplettes Tagegeld.

Um ehrlich zu sein: Das reicht noch nicht einmal. Zehn Mark je Tag zahlt der DFB seinen Nationalspielern. Aber nur, weil wir uns im Ausland befinden. Bei Länderspielen auf deutschem Boden sind es bloß fünf Mark.

Mit unserem Quartier sind wir sehr zufrieden. Fürs Erste „no problems". Und sollten Probleme auftauchen, haben wir ja noch Bernd Trautmann, den der englische Fußball-Verband dem DFB als Verbindungsmann zugeteilt hat.

Trautmann, der gebürtige Bremer, ist zur Zeit der WM 43 Jahre alt und hat die erstaunlichste Karriere eines deutschen Fußballers in der Nachkriegszeit hinter sich.

Der ehemalige Fallschirmjäger bleibt nach seiner Entlassung aus der Gefangenschaft auf der Insel und wird als Torhüter von Manchester City zum englischen Fußballidol. Unvergessen, wie er im Cup-Finale 1956 seiner Mannschaft den Sieg rettet, weil er trotz eines Wirbelbruchs weiterspielt. Was er mit einer zwölfmonatigen Verletzungspause bezahlt. Aber Trautmann kehrt zurück und macht bis 1965 insgesamt 508 Liga-Spiele für Manchester City.

Der Löwe „World Cup Willy", das Maskottchen der Weltmeisterschaft, ist allgegenwärtig. Wir sind im Mutterland des Fußballs. Das WM-Fieber grassiert und wird von den englischen Blättern Tag für Tag weiter angeheizt.

Kaum zu fassen, was Journalisten alles einfällt. Als Helmut Schön nach der Ankunft in Dovedale eine Tasche vermisst, wird daraus in einer Zeitung der Verlust wichtiger strategischer Papiere. Selten so gelacht.

Gar nicht zum Lachen findet der Bundestrainer, dass man uns mehr und mehr in den Kreis der Favoriten einreiht. Bei den Buchmachern ist die Quote für Deutschland von 25:1 im Januar schon auf 10:1 gefallen. Die Engländer haben Respekt vor uns. Und können nicht verstehen, warum Helmut Schön so auf der Außenseiterrolle beharrt. Da ist sein Kollege Alf Ramsey ganz anders geartet: „England wird Weltmeister!", verkündet er kurz und trocken.

Was im Klartext heißt, dass die WM-Trophäe auf der Insel bleibt. Sie liegt seit einigen Monate in einem Tresor der Organisatoren, so sorgfältig bewacht wie die britischen Kronjuwelen. Und das hat seinen guten Grund.

Im März hat eine Nachricht die englische Nation aufgeschreckt und einen Wirbel auslöst, als sei der Buckingham Palast abgebrannt: Der „Coupe Jules Rimet" ist verschwunden, der Pokal des Weltmeisters!

Mit Genehmigung des Organisationskomitees hatte man das gute Stück als Schauobjekt für eine Londoner Ausstellung mit dem Titel „Sport auf Briefmarken" ausgeliehen. Am Mittag des 20. März ist das Podest, auf dem der Pokal gestanden hat, leer. Ein Raub, auf den sich zunächst niemand einen Reim machen kann. Denn die Briefmarken im Wert von vielen Millionen hat der Dieb verschmäht.

Obwohl vom Täter eine gute Beschreibung vorliegt, fahndet Scotland Yard – peinlich, peinlich – vergebens. Nach einer Woche hilft „Kommissar Zufall". Der Hund eines Spaziergängers, eine Promenadenmischung, die auf den Namen „Pickles" hört, zerrt ein in Zeitungspapier gewickeltes Päckchen aus dem Gebüsch eines Vorstadtgartens. Inhalt: der „Coupe Jules Rimet", acht Pfund schwer, pures Gold.

Als Täter wird ein Dockarbeiter ermittelt. Er gesteht, er habe den englischen Fußball-Verband um 15.000 Pfund erpressen wollen.

Heute steht der Pokal, um den sich 1966 vom 11. bis 30. Juli 16 Nationalmannschaften streiten, im Trophäenschrank des brasilianischen Fußballverbandes. Als die Brasilianer 1970 in Mexiko zum dritten Mal Weltmeister werden, dürfen sie laut Reglement den „Coupe Julet Rimet" für immer behalten. Und die FIFA muss einen neuen Pokal anfertigen lassen.

Die Eröffnung der achten Fußball-WM durch Königin Elizabeth im Wembley-Stadion sehen wir in unserem „Peveril of the Peak"-Hotel am Bildschirm.

Vom sportlichen Auftakt sind 75.000 Zuschauer maßlos enttäuscht. Dem selbst ernannten Top-Favoriten England gelingt es nicht ein einziges Mal, Uruguays Abwehrriegel zu durchbrechen. „Safety first" lautet für beide Parteien die Devise, und die englischen Zeitungsleute gehen nach dem 0:0 mit ihrer Mannschaft gnadenlos ins Gericht.

Für uns ist die Magerkost von Wembley keine sonderliche Überraschung. Eröffnungsspiele strahlen keinen Glanz aus. Schon gar nicht, wenn der Gastgeber daran beteiligt ist. Die Verantwortung hängt wie ein Mühlstein an den Spielern. Bloß nicht verlieren, damit das Fußballvolk bei Stimmung bleibt.

Apropos Stimmung: Meine ist am Vorabend unseres ersten Auftritts unzählbar besser als vor vier Jahren in Chile. Morgen in Sheffield werde ich dabei sein. Und morgen werde ich 31 Jahre alt. Eine Duplizität der Fälle: 1962 hatte Wolfgang Fahrian auch Geburtstag, als er im ersten WM-Spiel im Tor stehen durfte.

Ich werde also 31. Eine weitere WM-Teilnahme von mir kann ich so gut wie ausschließen. Keine Frage: Dieses Turnier ist meine Chance.

Hier kann ich mir meinen Jugendtraum erfüllen, mit der Nationalmannschaft etwas Großes zu erreichen.

Unser erster Gegner ist die Schweiz. Kein Widersacher zum Fürchten. Aber einer, der sich gegen seinen nördlichen Nachbarn immer ganz besonders ins Zeug legt. Statistiker haben sogar ausgegraben, dass uns die Eidgenossen schon mal im Achtelfinale aus einem WM-Turnier geworfen haben. Das ist 1938 gewesen, in Paris, zu Zeiten von Fritz Szepan aus Schalke.

Das raubt mir nun wirklich nicht den Schlaf.

Am nächsten Morgen nehme ich die Gratulationen meiner Mannschaftskameraden entgegen. Was ich mir von ihnen wünsche, brauche ich nicht auszusprechen: Einen Sieg ohne Wenn und Aber. Die Gattin des Hotelmanagers überrascht mich mit einem selbst gebackenen Kuchen.

Und dann beginnt der Ernst des Lebens.

Abends haben wir allen Grund zum Feiern, weil unser Start in die Weltmeisterschaft so verläuft, wie man sich das zum Geburtstag erhofft.

Die Schweizer beginnen im Hillsborough-Stadion von Sheffield sehr forsch, und ich muss bereits in den ersten zehn Minuten gleich zwei gefährliche Situationen bereinigen. In der 15. Minute drückt Sigi Held nach einem Pfostentreffer von Uwe Seeler den Abpraller zum 1:0 über die Linie. Und dieses Führungstor wirkt wie ein Befreiungsschlag.

Die Eidgenossen kämpfen zwar weiter verbissen um ihre Chance; ich kann auch keinesfalls über Langeweile klagen. Aber als Helmut Haller und Franz Beckenbauer noch vor der Pause auf 3:0 erhöhen, ist der Widerstand gebrochen. Beide sind in glänzender Spiellaune und besorgen in der zweiten Hälfte den 5:0-Endstand: der Franz nach einem eleganten Dribbling durch die gegnerische Abwehr und Helmut mit einem Elfmeter.

Mit diesem Geburtstag kann ich doch wohl zufrieden sein. Dreimal in meiner Karriere habe ich gegen die Schweizer gespielt, nie haben sie ein Tor gegen mich geschossen.

Am nächsten Abend beobachtet Helmut Schön das zweite Spiel der Gruppe B. Der Bundestrainer ist von Argentinien beeindruckt. Die Südamerikaner haben Spanien mit 2:1 geschlagen. Am 16. Juli werden sie unser nächster Gegner sein.

Gespielt wird nachmittags um 15.00 Uhr. Uns steht ein schwerer Gang bevor, und deshalb ist unsere Anreise mit dem DFB-Bus nach Birmingham generalstabsmäßig geplant. In den Außenbezirken, etwa 20 Autominuten vom Stadion Villa-Park entfernt, legen wir eine Erholungspause ein. Im Fort Dunlop ist alles bestens vorbereitet: Tee, Sandwiches und Schaumgummi-Matrazen, auf denen wir uns in einer Halle ausstrecken können. Anschließend lockern wir uns auf dem Rasen des Dunlop-Sportzentrums auf.

Die WM-Organisatoren haben in ihrem Pressedienst verlauten lassen, dass Deutschland von allen 15 Gastmannschaften die meisten Schlachtenbummler mit auf die Insel gebracht hat. Jedenfalls können wir uns im Villa-Park über Mangel an akustischem Rückhalt nicht beschweren.

Gegen Argentinien müssen wir auf Anordnung der FIFA ganz in Weiß antreten. Aber das Wetter ist nach unserem Geschmack. Bedeckter Himmel. Und nach dem Seitenwechsel fängt es an zu regnen.

Was die hitzigen Gemüter unserer Gegenspieler leider nicht abzukühlen vermag. Von Minute zu Minute wird die Gangart härter. Wir bekommen das komplette Repertoire offener und versteckter Fouls zu spüren. 32 Spielunterbrechungen aufgrund von Regelwidrigkeiten notieren die Statistiker; 21 davon gehen zu Lasten der Südamerikaner.

In der 65. Minute wird Wolfgang Weber von Jorge Albrecht so rabiat umgemäht, dass der jugoslawische Schiedsrichter Zesevic gar keine andere Wahl hat, als auf Platzverweis zu entscheiden. Es ist der erste des WM-Turniers, und es dauert fünf Minuten, bis Albrecht endlich das Feld verlässt, die randalierenden Mitspieler und der auf den Platz gestürmte argentinische Trainer Lorenzo sich einigermaßen beruhigt haben.

Unser Attaché Bernd Trautmann lässt in der anschließenden Pressekonferenz kein gutes Haar an den Argentiniern: „Ich habe viele Jahre in der englischen Liga gespielt und kann mir ein Urteil über den Unterschied zwischen Härte und Unfairness erlauben. So viele bösartige Fouls, wie ich heute von der argentinischen Mannschaft gesehen habe, erleben wir hier in der ganzen Saison nicht."

Der Disziplinarausschuss der FIFA sieht es wohl ähnlich und erteilt der kompletten Mannschaft samt Trainer Lorenzo eine Verwarnung.

Die Argentinier feiern nach dem Abpfiff das 0:0 als Erfolg, haben sie doch mit dem Unentschieden ihr Ziel erreicht. Auch Helmut Schön kann mit dem Ergebnis leben. Was ihm mehr Sorgen bereitet, sind die Verletzungen, die einige von uns davongetragen haben.

Ich selbst verbringe einen relativ ruhigen Nachmittag. Unsere Abwehr um Willi Schulz lässt nur wenige Chancen der Argentinier zu, die wegen ihrer destruktiven Einstellung auch selten vor unserem Strafraum aufkreuzen.

Im Prinzip mag ich solche Spiele überhaupt nicht. Sie sind für uns Torhüter gefährlich. Jedenfalls dann, wenn man nicht trotz der scheinbaren „Arbeitslosigkeit" mit voller Konzentration bei der Sache ist.

Im Übrigen erreicht keine der großen südamerikanischen Mannschaften beim WM-Turnier 1966 das Halbfinale. Sie scheitern nicht zuletzt an ihrer Disziplinlosigkeit.

Auch die Europäer spielen hart. Und in unserer Truppe können Männer wie Willi Schulz oder Horst-Dieter Höttges schon richtig hinlangen, wenn es sein muss.

Aber sie kennen die Grenzen. Und sie lassen sich nicht provozieren, selbst wenn sie innerlich vor Wut kochen. Das hat unser Trainerstab immer wieder gepredigt. Offensichtlich mit Erfolg.

Der Villa-Park in Birmingham ist auch der Schauplatz für unser letztes Gruppenspiel gegen Spanien am 20. Juli. Am Vorabend haben die Argentinier die Schweiz mit 2:0 geschlagen. Sie stehen also schon im Viertelfinale. Spanien hat aus den Spielen mit Argentinien (1:2) und der Schweiz (2:1) 2:2 Punkte, kann uns also durch einen Sieg nach Hause schicken.

Helmut Schön ersetzt Helmut Haller durch „Eia" Krämer und den angeschlagenen Albert Brülls durch Lothar Emmerich. Letzteres erweist sich als Glücksfall.

Jetzt stehen mit Sigi Held, „Emma" und mir drei Dortmunder in der Mannschaft.

Aber ich habe nur noch einen Ersatzmann, Günter Bernard, denn Sepp Maier trägt seine linke Hand in Gips: Anriss des Mittelhandknochens, passiert im Training.

Spaniens Trainer Villalonga ist unzufrieden mit seinen Stars Suarez, Gento und del Sol. Er lässt sie auf der Bank schmoren und setzt auf den Kampfgeist jüngerer Spieler. Darunter ist auch der Halbstürmer Fusté von Atletico Madrid, den ich schon aus unseren Europapokalspielen kenne.

Und ausgerechnet dieser Fusté bringt Spanien in Führung. Gerade als es so aussieht, als habe unsere Mannschaft den ersten Ansturm glücklich überstanden und könne nun das Heft in die Hand nehmen, muss ich zum ersten Mal hinter mich greifen.

Aber: Das Tor in der 22. Minute ist irregulär. Fusté bekommt den Ball in unserem Strafraum nur unter Kontrolle, weil er den Arm zu Hilfe nimmt. Vergeblich stürze ich ihm noch entgegen. Wir reklamieren, aber der brasilianische Schiedsrichter Marques will nichts gesehen haben.

Unser erster Gegentreffer überhaupt in diesem Turnier.

Jetzt ist die Moral unserer Truppe gefragt. Und nun beweist sich, dass wir eine Mannschaft mit Charakter haben. Die sich zu einer großen kämpferischen Leistung aufrafft.

Unsere Chancen mehren sich. Und dann – in der 38. Minute – fällt der Ausgleich. Durch einen Treffer, der wahrscheinlich als der spektakulärste in die Geschichte dieser Weltmeisterschaft eingegangen wäre, wenn es nicht zehn Tage später noch das berühmt-berüchtigte Wembley-Tor gegeben hätte.

Ein Tor aus polizeiwidrig spitzem Winkel. Von links mit dem linken Fuß knallhart abgeschossen, saust der Ball zwischen Pfosten und Torwart hindurch ins das entfernte obere Eck. Ein Tor, das nur ein im positiven Sinne „Verrückter" wie Lothar Emmerich schießen kann. Jeder andere Stürmer hätte aus diesem Winkel geflankt.

Und weil weder der spanische Schlussmann Iribar noch sonst jemand auf dem Platz oder im Stadion mit einem Schuss gerechnet hat, schlägt dieses Wahnsinnstor ein wie der Blitz aus heiterem Himmel.

1:1 – das Unentschieden würde uns reichen. Doch wir machen nicht den Fehler, auf Halten zu spielen. Die Spanier geben sich auch längst noch nicht geschlagen. Zumal es der Schiedsrichter gut mit ihnen meint und uns einen Elfmeter verweigert, als Uwe Seeler im Strafraum gelegt wird.

Unser Kapitän rächt sich auf seine Weise. Als Sigi Held sechs Minuten vor dem Abpfiff eine Flanke scharf und flach nach innen zieht, lässt „Emma" den Ball für „Uns Uwe" durch, und der vollendet zum 2:1. Deutschland steht im Viertelfinale. Sogar als Gruppensieger.

Was das bedeutet, erfahren wir kurz darauf. Aus London kommt die Kunde, dass England das Spiel gegen Frankreich 2:0 gewonnen hat, also ebenfalls Gruppensieger wird. Womit wir auf den Zweiten dieser Gruppe treffen. Und das ist Uruguay.

Ab sofort wissen wir, was wir bei der Abfahrt zum nächsten Spielort Sheffield auf keinen Fall vergessen dürfen: die Schienbeinschoner.

Das Viertelfinale ist komplett auf den 23. Juli angesetzt. Überraschend nicht mehr dabei: Titelverteidiger Brasilien und Italien.

Die Azzurri haben schon gegen die UdSSR 0:1 verloren und verursachen im letzten Gruppenspiel den schlimmsten Unfall ihrer WM-Geschichte: 0:1 heißt es nach 90 Minuten auch gegen Nordkorea. Womit die Asiaten in die nächste Runde einziehen.

Bei den Brasilianern, die fest mit dem Titel-Hattrick gerechnet haben, wird Superstar Pelé in den Vorrundenspielen mehrfach ein Opfer brutaler Attacken seiner Gegenspieler. Ein Spiel kann er gar nicht bestreiten, ein anderes nur angeschlagen. Sang- und klanglos scheidet die Selecao nach Niederlagen gegen Ungarn und Portugal aus dem Turnier aus.

Hillsborough, das Stadion in Sheffield, kennen wir schon vom 5:0-Sieg über die Schweiz. An ein ähnlich gutes Ergebnis gegen Uruguay wagt niemand laut dazu denken. Nur Sigi Held ist in seinem Optimismus nicht zu erschüttern. Er liefert vor dem Spiel den Spruch des Tages: „Die Urus sollen schreckliches Heimweh haben. Davon werden wir sie heute erlösen ..."

Manche Namen vergesse ich einfach nicht. So zum Beispiel den des uruguayischen Rechtsaußen. Dieser Cortes erscheint mir alles andere als heimwehkrank. Er jagt uns in den ersten Minuten zweimal einen bösen Schrecken ein.

Zunächst lässt er aus etwa 25 Metern einen Mordsschuss los, der im linken oberen Toreck einzuschlagen droht. Mir gelingt es gerade noch, den Ball an die Unterkante der Latte zu lenken, von wo er vor der Linie auf den Boden prallt.

Gleich darauf kann ich bei einem Kopfball von Cortes gar nicht mehr eingreifen. Das tut für mich auf der Torlinie Karl-Heinz Schnellinger. Und zwar eindeutig mit der erhobenen linken Hand.

Wir warten wie Lämmer vor der Schlachtbank auf den Elfmeterpfiff. Der bleibt aus, und die „Urus“ bedrängen wild gestikulierend den Schiedsrichter. In der Sache haben sie unbestritten Recht. Aber offensichtlich passt Mister Finney die aggressive „Rudelbildung“ nicht. Jedenfalls weist der Engländer alle Proteste zurück.

Eine Fehlentscheidung. Die Folgen bekommen wir schmerzhaft zu spüren.

Als Helmut Haller in der 13. Minute auch noch einen Weitschuss von Sigi Held ins Tor der Südamerikaner abfälscht, verschärft sich der körperliche Einsatz.

Und nach der Pause – bei Halbzeit steht es 1:0 für uns – verlieren die „Urus“ mehr und mehr die Fassung. Erst leistet sich ihr Kapitän Troche hinter dem Rücken von Finney eine Tätlichkeit an Lothar Emmerich. Der Linienrichter interveniert, und Troche muss vom Platz. Sein Abtritt erfolgt erst nach einem hitzigen Wortwechsel. Und im Vorbeigehen bekommt auch Uwe Seeler noch etwas ab.

Dann brennen bei Silva die Sicherungen durch. Der Mittelstürmer ist bereits verwarnt, als er sich einen bösen Tritt gegen Helmut Haller leistet. Englische Schutzleute eskortieren Silva ebenfalls vorzeitig in die Kabine.

Gegen neun „Urus“, die auch in der Folge nicht zimperlich sind, gewinnen wir schließlich durch weitere Tore von Beckenbauer, Seeler und Haller 4:0. Wohl wissend, dass unser Gegner sich durch seine Disziplinlosigkeit vor allem selbst ein Bein gestellt hat.

Selbst nach dem Schlusspfiff haben die Südamerikaner ihren Jähzorn nicht im Griff. Cortes tritt im Kabinengang auf den Schiedsrichter ein und wird später vom eigenen Verband für sechs Länderspiele gesperrt.

Ähnlich schlimm führen sich die Argentinier zur gleichen Zeit in Wembley auf, wo sie dem Gastgeber mit 0:1 unterliegen. Unser deutscher Schiedsrichter Rudolf Kreitlein spricht einen Platzverweis gegen den argentinischen Kapitän Rattin aus. Nach Spielschluss wird er, ebenso wie ein Kommissar der FIFA, im Kabinengang von den Südamerikanern tätlich angegriffen.

Im Halbfinale sind die Europäer unter sich. Portugal hat mit 5:3 dem Höhenflug Nordkoreas ein Ende bereitet, trifft nun auf England. Und die UdSSR kann sich bei meinem Freund Jaschin im Tor bedanken, dass gegen die spielerisch überlegenen Ungarn ein 2:1-Sieg herausspringt.

Ich werde Lew Jaschin also wiedersehen. Am 25. Juli in Liverpool.

Helmut Schön hat keinen Grund, an der Aufstellung etwas zu ändern. Unser Masseur Erich Deuser bekommt die Verletzten wieder fit – bis auf Horst-Dieter Höttges. Für ihn wird Friedel Lutz auf der rechten Seite verteidigen. Das ist ganz sicher keine Schwächung unserer Abwehr, die bisher erst ein Gegentor zugelassen hat.

Schon jetzt bin ich stolz, in dieser Mannschaft dabei zu sein. Nie, glaube ich, hat Deutschland ein besseres Mittelfeld gehabt als beim WM-Turnier 1966. Haller - Beckenbauer - Overath, das sind Namen, die man sich auf der Zunge zergehen lassen kann. Sieben von bisher elf Toren haben Helmut Haller (4) und Franz Beckenbauer (3) erzielt. Der Rest geht auf das Konto von Seeler (2), Held (1) und Emmerich (1).

Nur 40 000 Zuschauer wollen im Goodison-Park das Halbfinale Deutschland - UdSSR sehen. Die englischen Fans sind vergrätzt, weil ihre Nationalelf zum fünften Mal in Wembley antritt – eine Beleidigung für die Fußballhochburg Liverpool.

In den ersten 20 Minuten habe ich wenig zu tun und daher Gelegenheit, den großen Jaschin bei der Arbeit zu beobachten. Er leistet Großartiges. Ein halbes Dutzend guter Chancen unserer Stürmer macht Jaschin dank seines phantastischen Stellungsspiels zunichte.

Aber selbst für ihn ist der Schuss unhaltbar, den Helmut Haller in der 43. Minute abfeuert.

Das 1:0 geht den Russen an die Nerven. Kurz vor dem Pausenpfiff verliert ihr Rechtsaußen Tschislenko den Ball an Sigi Held und revanchiert sich mit einem plumpen Frustfoul. Jeder hat den absichtlichen Tritt in die Beine gesehen – Schiedsrichter Lo Bello aus Italien bleibt nichts anderes übrig, als einen Platzverweis zu verhängen.

Auch in diesem Spiel gibt es eine Reihe harter Zusammenstöße, aber längst nicht so unschöne Szenen wie gegen Argentinien und Uruguay. In der 68. Minute fällt das 2:0. Bei Franz Beckenbauers Schuss hat der Ball so viel Effet, dass Jaschin irritiert und machtlos den Kopf schüttelt.

Die UdSSR steckt keineswegs auf, schafft zwei Minuten vor Schluss den Anschlusstreffer. Zwei Russen nehmen mich in der Luft in die Zange. Und ich verliere den Ball.

Seit ich gleich nach dem Seitenwechsel eine Schulterverletzung erlitten habe, kann ich mich bloß noch unter Schmerzen bewegen. Zum Glück lassen meine Vorderleute nichts mehr anbrennen. Und zum Glück fällt auch die ärztliche Diagnose so aus, dass ich auf meine Endspiel-Teilnahme hoffen darf.

Noch im Stadion wird meine Schulter geröntgt. Kein Bruch und kein Riss, aber eine schwere Prellung.

Wir stehen im Finale. Für ausgelassene Freudentänze sind wir im Moment viel zu müde. Die letzten Spiele haben unsere Körper und auch unsere Nerven arg strapaziert. Am nächsten Tag verlassen wir das „Peveril of the Peak“ – es hat uns Glück gebracht.

Unser neues Quartier liegt etwa 20 Kilometer nördlich von London, in Welwyn Garden City. Hier sehen wir, gemütlich vor dem Fernseher lümmelnd, wie Bobby Charlton die Engländer ins Endspiel schießt. Nur unser Trainerstab verfolgt den 2:1-Sieg der Gastgeber über Portugal vor Ort im Wembley-Stadion.

Noch vier Tage bis zum Finale. Unter den heilenden Händen von Masseur Deuser bessert sich meine lädierte Schulter.

Und die englischen Medien schießen sich auf uns ein. Ein Fernsehkommentator hat sich Gedanken gemacht, warum vier der fünf

Platzverweise in den Spielen gegen Deutschland ausgesprochen worden seien. Auch die Zeitungen greifen das Thema auf. Das könne doch kein Zufall sein. Die deutschen Spieler werden der „Schauspielerei" verdächtigt. Wir würden Fouls und Verletzungen dramatisieren.

Helmut Schön wird um einen Kommentar gebeten und weist die Unterstellungen als unsportlich und verantwortungslos zurück. Einen solchen Haufen Mist kann man nur weiträumig umfahren.

Am Vortag des Endspiels dürfen wir für 20 Minuten auf dem berühmtesten Fußballrasen der Welt trainieren.

Wer von uns 22 noch nie in diesem Kultstadion gewesen ist, bekommt auch gleich seine „Wembley-Taufe". Kaum haben wir nämlich losgelegt, verwandelt der Nieselregen sich in einen Wolkenbruch. Wir haben keinen trockenen Faden mehr am Leib, als wir wieder in die Kabine gehen.

In der Mannschaftsaufstellung nimmt der Bundestrainer nur eine Änderung vor: Friedel Lutz muss seinen Platz in der Verteidigung wieder für Horst-Dieter Höttges räumen. Keine so gute Idee, wie ich finde. Schon rein körperlich hätte der größere Lutz besser zum kopfballstarken Geoff Hurst gepasst. Der hat vor einem guten Vierteljahr mit West Ham United im Europapokal gegen den BVB gespielt und zweimal kein Land gesehen.

Im WM-Finale macht er drei Tore. Von denen zwei allerdings höchst umstritten sind.

30. Juli, der Tag der Entscheidung.

96.294 Zuschauer – ins Wembley-Stadion passt keine Maus mehr. Die englischen Fans, an Einfallsreichtum und Lautstärke bei ihren Sprechchören ohnehin kaum zu übertreffen, strapazieren die Stimmbänder bis kurz vor dem Zerreißen. Der berühmte, der gefürchtete „Wembley roar". Die Atmosphäre vibriert vor Spannung.

Als Spieler hast du nur eine Chance, von dieser Kulisse nicht erdrückt zu werden: schon im Kabinengang den „Tunnelblick" aufsetzen. Du darfst nicht nach rechts und nicht nach links schauen, musst alles und jeden ignorieren – selbst wenn die Queen an dir vorbeischreiten sollte.

Die Engländer haben im Halbfinale gegen Portugal zu ihrer Form gefunden. Sie starten mit breiter Brust. Wie gut, dass wir einen so kaltschnäuzigen Abwehrchef haben. Willi Schulz besticht durch seine Ruhe und Übersicht.

Und ich kriege mal wieder eine Kostprobe davon, wie englische Stürmer mit Torhütern umgehen. In der 9. Minute steige ich hoch, um eine Flanke von Bobby Charlton abzuwehren. Werde angesprungen, gehe zu Boden. Aus meinem Mund tröpfelt Blut. Nach kurzer Behandlungspause bin ich immer noch etwas benommen, als Peters abzieht, dieser großartige Fußballer von West Ham United. Seinen Schuss kann ich mit Mühe zur Ecke abwehren.

Meine Mitspieler spüren: Wir dürfen uns nicht einschnüren lassen. Sigi Held läuft auf der linken Seite seinem Bewacher davon, flankt zur Mitte, wo Helmut Haller die Chance erkennt und das Leder platziert im Netz versenkt.

Meinem Gegenüber ist die Sicht versperrt. Gordon Banks kann unser 1:0 nicht verhindern. Erst zwölf Minuten sind gespielt. Und nur fünf Minuten dürfen wir uns des Vorsprungs erfreuen.

Freistöße von Bobby Charlton bedeuten Alarmstufe eins. Fast parallel zu unserem Tor hebt er den Ball in den Strafraum. Wo Hurst unbehindert und für mich unhaltbar einköpfen kann – es heißt 1:1.

Objektive Beobachter bestätigen, dass wir in der ersten Hälfte die bessere Mannschaft sind. Mehr vom Spiel haben. Aber die englische Deckung um Bobby Moore und den langen Jackie Charlton steht undurchdringlich wie der Tower.

Während der Halbzeitpause spüre ich, wie sehr unsere Mannschaft im Verlauf des WM-Turniers gewachsen ist. Sie strahlt Selbstvertrauen und Kampfgeist aus. Und lässt sich auch nicht beirren, als die Gastgeber in der ersten Viertelstunde einen heftigen Regenschauer zur Generaloffensive nutzen. Langsam wird das Publikum ungeduldig. Die Fans reiben sich an Gottfried Dienst, stimmen Spottgesänge auf den Schweizer Schiedsrichter an.

Zweimal kann ich durch Faustabwehr klären, dann werde ich in der 72. Minute bei einem Zusammenprall mit Bobby Charlton und Willi Schulz erneut angeschlagen.

Und in der 78. Minute herrscht nach einem Eckball Chaos in unserem Strafraum. Wieder ist es Hurst, der zum Schuss kommt. Der Abpraller landet bei Peters. Und der verwandelt mit seinem Treffer zum 2:1 das Wembley-Stadion in ein totales Tollhaus.

Wieder beweisen meine Mitspieler eine imponierende Moral. Greifen an, was das Zeug hält. Scheuen dabei auch das Risiko nicht, eventuell ausgekontert zu werden.

In den letzten Minuten liegt der Ausgleich in der Luft. Und 30 Sekunden vor Ablauf der regulären Spielzeit fällt er auch.

Jackie Charlton hat einen Freistoß verursacht, den Lothar Emmerich ausführt. „Emma" legt seine ganzen Kraft in diesen Schuss, und der Ball prallt aus dem Gewühl vor dem englischen Gehäuse wieder zu ihm zurück. Neuer Schussversuch, wieder ein Abpraller, diesmal zu Schnellinger. Von dessen Hüfte springt das Leder zu Wolfgang Weber.

Der Kölner Vorstopper hat plötzlich freie Bahn. Auf der Torlinie lauert neben Gordon Banks noch Verteidiger Wilson. Und Weber behält die Nerven. Setzt die Kugel zum 2:2 in die Maschen.

Verlängerung. Zweimal 15 Minuten. Aber kein Elfmeterschießen, sofern danach der Sieger noch immer nicht ermittelt sein sollte. Sondern 48 Stunden später das Ganze noch einmal.

Die Engländer legen los, als hätte man ihnen neue Batterien eingesetzt.

Schuss von Alan Ball – ich kann zur Ecke abwehren.

Schuss von Bobby Charlton – den pariere ich ebenfalls.

Und dann die 101. Minute.

Alan Ball, der kleine Rechtsaußen, flankt zur Mitte, wo Hurst keinen Moment zögert, voll draufhält. Eine richtige Granate kommt auf mich zu. Ich kann den Ball mit den Fingerspitzen noch etwas nach oben lenken. Er kracht an die Unterkante der Latte, prallt zurück auf den Boden. Und Wolfgang Weber ist zur Stelle, köpft das Leder über das Tor ins Aus.

Eckball.

Glauben wir. Nein – ich und auch Wolfgang Weber glauben es nicht nur. Wir sind uns hundertprozentig sicher.

Die Engländer aber wollen den Ball hinter der Linie gesehen haben. Also Tor.

Die Regel besagt: Ein Tor ist erzielt, wenn der Ball mit seinem vollen Durchmesser die Torlinie überquert hat. Hat er aber nicht.

Als ich beim Schuss von Hurst die Flugbahn des Leders noch etwas verändern kann, drehe ich im Fallen den Kopf in Richtung meines Tores. Pressefotos belegen das. Über meine Schulter sehe ich, wie der Ball von der Latte nach unten fällt und eindeutig nicht hinter der Linie landet.

Was aber hat der Schiedsrichter gesehen? Er macht zunächst keine Anstalten, auf Tor zu entscheiden. Gibt später auch zu, aus seiner Position nichts gesehen zu haben, was ihn zu einer solchen Entscheidung hätte veranlassen können.

Die englischen Spieler bedrängen den Schweizer. Von den Fans ist er zuvor schon ausgepfiffen und verhöhnt worden. Gottfried Dienst ist in diesem Moment ein einsamer Mann. Und die personifizierte Unsicherheit. So schiebt er die Verantwortung weiter. Fragt seinen Linienrichter Bachramow.

Der steht urplötzlich im Mittelpunkt, ist mit einem Schlag der wichtigste Mann im WM-Finale. Kann Schicksal spielen. Tofik Bachramow aus Baku am Kaspischen Meer hebt seine Fahne. Und senkt sie wie ein Fallbeil in die Waagerechte. In Richtung Anstoßkreis. Sein Urteil lautet: 3:2.

Später wird der Russe erzählen, er habe genau gesehen, wie sich das Tornetz unter dem Einschlag des Balles aufgebauscht habe. Eine Fata Morgana? Auf jeden Fall eine ganz exklusive Wahrnehmung, die Bachramow da zum Besten gibt. Kein Film- oder Fotodokument bezeugt seine Darstellung.

Sie ist auch zum Lachen. Wie sollte der Ball wieder aus dem Netz springen, und zwar so hoch, dass Wolfgang Weber ihn mit dem Kopf aus der Gefahrenzone befördern kann?

Natürlich haben wir gegen die Anerkennung des vermeintlichen Tores protestiert. Aber ohne die Grenzen des sportlichen Anstands zu verletzen. Auch in diesen bitteren Minuten bewahrt unsere Mannschaft ihre Disziplin. Und versucht alles, den Rückstand wettzumachen. Vor dem englischen Tor herrscht der Belagerungszustand.

Die letzte Minute der Verlängerung. Gottfried Dienst pfeift. Gibt dann aber mit einer Geste zu verstehen, dass wir weiterspielen sollen.

Jugendliche Fans haben diese Geste wohl missdeutet und stürmen schon auf den „heiligen Rasen" von Wembley.

Und noch einer stürmt. Geoff Hurst rennt durch unsere von jeder Deckung entblößte Hälfte und schießt quasi mit dem Schlusspfiff das 4:2.

Ein Treffer von nur noch statistischem Wert. Und einer, der angesichts der bereits feiernden Zuschauer auf dem Platz genau so wenig regulär ist wie das 3:2.

Wir sind enttäuscht.

Nicht, weil wir verloren haben. Sondern über die Art und Weise, wie das Ergebnis zustande gekommen ist.

Auf unsere Leistung können wir stolz sein.

Und wir gratulieren den Siegern. Gönnen den Engländern diesen Triumph. Lange genug hat das Mutterland des Fußballs darauf warten müssen.

Als wir die Treppen zur königlichen Loge hochsteigen, um unsere Medaillen abzuholen, sind die Schritte der Engländer beschwingter als unsere. Sie empfangen die goldenen, wir die silbernen Plaketten.

Viele Worte der Anerkennung bekommen wir zu hören. Bobby Moore, Englands Kapitän, erscheint in unserer Kabine und bedankt sich für ein „großes und unvergessliches Spiel". Goldene Worte auch beim Empfang durch Premierminister Harold Wilson und während des Abschlussbanketts im Royal Garden Hotel.

Alle Erwartungen übertrifft dann am nächsten Mittag die Begrüßung in der Heimat. In offenen Wagen fahren wir vom Rhein-Main-Flughafen zum Römer. Die Fußballfreunde in Frankfurt stehen zu Zehntausenden Spalier und bereiten dem Vizeweltmeister ein Freudenfest, dass wir uns für ein paar Stunden wie Gewinner fühlen dürfen.

Und gewonnen haben wir ja auch. Zwar nicht den WM-Pokal, aber – so wird in den Reden immer wieder hervorgehoben – viele Sympathien und neue Freunde für Deutschland.

Zu Hause ist man stolz auf uns. Auf das, was wir geleistet haben. Und besonders auf unsere sportlich faire Haltung.

„Wir haben phantastisch verloren“, bringt es ein Journalist auf den Punkt. Ein Satz, der 98 Prozent Wahrheit und zwei Prozent Selbstironie enthält.

Was aber ist von all den Erinnerungen an die Fußball-Weltmeisterschaft 1966 haften geblieben bis auf den heutigen Tag?

Das Wembley-Tor. Also jenes verflixte 3:2 in der 101. Minute. Mal als „Jahrhundert-Tor“ bezeichnet, mal das umstrittenste Tor der Fußballgeschichte genannt.

Weiß der Himmel, wie oft ich die Szene seither in Film-, Fernseh- und Video-Aufnahmen serviert bekommen habe. Aus verschiedenen Perspektiven aufgenommen. Als Computer-Animationen samt Wahrscheinlichkeitsberechnungen von Wissenschaftlern. In Zeitlupe, Super-Zeitlupe und vergrößert bis zur Grobkörnigkeit.

Und ewig fällt das Wembley-Tor.

Die Frage, ob Tor oder Nicht-Tor, die hat trotz aller technischer Hilfsmittel noch niemand definitiv beantworten können. Bis auf den Tag fehlt ein unwiderlegbarer Beweis. So umgibt das Wembley-Tor wohl für immer die glorreiche Ungewissheit des Sports.

Mehr Vertrauen als in alle Kameras habe ich in meine Augen. Und die haben am 30. Juli 1966 gesehen, dass der Ball nicht die Linie überschritten hat.

Mit dem Schützen besagten Tores, mit Geoff Hurst – pardon: Sir Geoffrey Hurst – verbindet mich längst ein freundschaftliches Verhältnis. Wir haben uns wiederholte Male getroffen. So als Ehrengäste bei der Tischfußball-Europameisterschaft 1996 in London – also 30 Jahre nach dem Wembley-Tor.

Oder im Mai 2000 an historischer Stätte, als man jenes Stückchen Rasen, auf dem der Ball – vermutlich – aufgeschlagen ist, versteigert hat. Für 64.000 Mark zugunsten der Bobby-Moore- Stiftung.

Geoff und ich, wir haben bald gemerkt, was die Presseleute bei unseren Treffs erwarten: Dass wir uns wegen des Wembley-Tores noch mal richtig in die Wolle kriegen. Grinsend legen wir unsere Strategie fest.

Geoff: Für die Deutschen ist es kein Tor gewesen.

Und ich zu ihm: Für England gilt das Tor, denn der Schiedsrichter hat so entschieden.

Auch mit Gottfried Dienst habe ich, begleitet von einem Kamera-Team, ein Stelldichein in Wembley. Der Schweizer hat seine Schiedsrichter-Karriere beendet, spricht frei von der Leber weg. Er habe wirklich nichts gesehen. Ohne das Zeichen von Linienrichter Bachramow hätte er einen Eckball gegeben. Auch auf dem Sterbebett würde er dazu nichts anderes sagen.

Und entwaffnend ehrlich: „Hans, weißt du, kein Mensch würde noch meinen Namen kennen ohne diesen Rummel um das Wembley-Tor."

Da kann ich ihm nicht widersprechen.

Nachdem Gottfried Dienst seine Pfeife für immer weggelegt hat, ist er für die Stadt Bern als Rasenexperte tätig. 1998 verstirbt er.

Das Wembley-Stadion, in dem wir 1966 gespielt haben, hat man 2003 abgerissen, um eine hochmoderne Arena als neues Nationalstadion zu bauen. Sehr zum Ärger der eingefleischten Wembley-Fans ist es ausgerechnet ein Deutscher, der an der Kultstätte des englischen Fußballs das letzte Tor schießt: Der Ex-Münchener Dietmar Hamann im Trikot des FC Liverpool. Im alten Wembley hatte man – als Attraktion für Besuchergruppen – im Stadion-Foyer die umstrittene Szene nachgestellt. Eine künstliche Torhüter-Figur im schwarzen Dress, die Hans Tilkowski darstellen sollte, stand vor einem Gehäuse mit dem Original-Querbalken aus dem WM-Finale. Der Pappkamerad reckte seine Hände zur Latte, von der an einem Band ein Fußball baumelte. Alle 50 Sekunden war auf zwei Bildschirmen zu sehen, wie Hurst den Ball an die Unterkante der Latte knallt.

Darüber, wohin der Ball ihrer Meinung nach sprang – vor, auf oder hinter die Torlinie – konnten die Besucher mittels einer elektronischen Zählmaschine abstimmen. Grüner Knopf: drin, roter Knopf: nicht drin. Das Wembley-Tor – ein Perpetuum mobile des Fußballs.

Apropos Fußball: Um das Original aus dem WM-Finale hat es 30 Jahre später noch einmal mächtig Wirbel gegeben. In England erinnert man sich anlässlich der Europameisterschaft 1996 daran, dass Helmut Haller seinerzeit den Endspiel-Ball mit nach Hause genommen hat. Er schenkt ihn seinem Sohn Jürgen zum fünften Geburtstag. Später verstaubt das ruhmreiche Stück im Keller.

Und nun steht unser Helmut in England am Pranger. Eine Tageszeitung bezichtigt ihn des Diebstahls und fordert den Ball für Geoff Hurst zurück. Nur ihm, dem dreifachen Torschützen, stehe dieses Souvenir zu. Die Hysterie geht so weit, dass Journalisten von der Insel sich tagelang in Augsburg vor dem Haus der Hallers auf die Lauer legen.

Ich kann mich noch gut daran erinnern, wie Helmut bei mir anruft, mit Panik in der Stimme, und fragt, was er denn bloß machen solle. Er macht das Richtige. Fliegt zusammen mit seinem Sohn nach London und verhandelt mit der Zeitung. Der Deal: Helmut überlässt den Ball gegen eine stattliche Summe den Presseleuten. Einen Großteil des Geldes stiftet er für wohltätige Zwecke.

Besagte Zeitung hat nun das gewünschte Medienspektakel und überreicht mit großem Brimborium den Original-Endspiel-Ball an Geoff Hurst. Football is coming home …

Auch die Original-Torlatte aus dem Wembley-Finale von 1966 existiert noch. Gelegentlich wird sie auf Ausstellungen gezeigt. Und ist deshalb auch bestens versichert: Mit einer Million Pfund – das teuerste Stück Holz der Welt.

Übrigens: In keinem ausländischen Stadion bin ich so oft gewesen wie in Wembley. Obwohl ich dort nur zweimal gespielt habe.

Als ich nach der Weltmeisterschaft nach Hause komme, muss ich natürlich viele Fragen beantworten. Die ganze Familie hatte sich am 30. Juli in der Büchnerstraße in Herne versammelt und am Bildschirm mitgefiebert.

Nur meine Mutter nicht. Sie ist während der Endspiel-Übertragung im nahe gelegenen Park spazieren gegangen. Sie hat das wichtigste Spiel ihres Sohnes nicht gesehen.

„Da kriege ich ja Herzklabastern“, sagt sie. Das ist Ruhrgebietsdeutsch und heißt so viel wie: vor lauter Aufregung starkes Herzklopfen bekommen.

Für schwache Nerven ist Wembley wirklich nichts gewesen.

Schon vor meiner Heimkehr aus England erhalten die Tilkowskis in Herne ihre Zustellungen nicht mehr aus der Tasche des Briefträgers. Der kommt mit einem Behälter, der einem Wäschekorb ähnelt. Die Autogrammsammler haben die Jagd eröffnet. Unbequem ist nur, dass im Korb nicht nur die Fanbriefe liegen. Aus dem Wust von täglich bis zu tausend Sendungen müssen wir immer wieder unsere private Post herausfischen.

Und dann kommt der Tag, da stehe ich vor einem Berg von über 30.000 Umschlägen. Ich überwinde den inneren Schweinehund und fange an, meine Briefschulden abzutragen.

▷ Stimmen zum Wembley-Tor

▷ Unmittelbare Reaktionen

„Zehn Minuten der Verlängerung sind gespielt. Deutschland schlägt ab beim Stand von 2:2. Torschützen: Haller, Hurst, Peters und Weber. Und noch zwanzig Minuten haben beide Mannschaften Zeit. Grausam ist diese Verlängerung nach diesen schweren fünf Spielen … Da kommt eine Flanke nach innen, die Engländer haben eine Schusschance, und … kein Tor, kein Tor! Der Linienrichter hat die Fahne nicht hoch! Der Ball prallt von der Querlatte ab. Das war wieder Glück! Hurst hatte geschossen, und der Ball schien im Netz. Höttges hat seinen Fehler … Nein! Der Linienrichter gibt Tor! Der Linienrichter gibt Tor! Er hat den Ball im Netz gesehen. Schiedsrichter Dienst ist zum Linienrichter gegangen, der Linienrichter hat gewartet, bis er gefragt wurde, und dann hat er entschieden, dass der Ball im Netz war."
Radioreporter Herbert Zimmermann in seiner Reportage

„Achtung … Achtung … hei! Nicht im Tor! Kein Tor! Oder doch? Jetzt, was entscheidet der Linienrichter? … Tor! Au, ist das bitter. Bachramow aus der UdSSR sagt, dass der Ball nicht aus dem Tor von der Unterkante zurückgesprungen ist, sondern dass er hinten im Netz war. Torschütze Hurst, 3:2 für England. Schiedsrichter Dienst hatte den Treffer zunächst nicht anerkannt. Das wird nun wieder Diskussionen geben."
Fernsehkommentator Rudi Michel bei der Live-Übertragung

„Yes, behind the line. Goal!"
Linienrichter Bachromow auf Befragen durch Schiedsrichter Dienst

„Es ist kein Tor. Ich muss es schließlich wissen."
Wolfgang Weber direkt nach dem Tor zu Bobby Charlton

„Ich habe es genau gesehen. Ich stand nur zwei Schritte hinter Hurst, als er schoss. Der Ball sprang von der Latte hinter die Linie."
Bobby Charlton nach dem Spiel

„Der Ball war weder oben noch unten hinter der Linie."
Horst-Dieter Höttges nach dem Spiel

„Das strittige dritte Tor der englischen Mannschaft konnte ich bereits im Fernsehen sehen, und ich bin davon überzeugt, dass es regulär war. Ein guter Abschluss dieser Weltmeisterschaft."
FIFA-Präsident Sir Stanley Rous

▷ Pressestimmen nach dem Spiel

„Nicht anerkennen!"
Schlagzeile der „Bild"-Zeitung am Tag nach dem Finale

„Wir haben 2:2 verloren." *„Bild"-Zeitung*

„Dienst hätte das Tor nie geben dürfen!"
Die spanische Sportzeitung „Marca"

„Das erste Tor kam aus Abseitsstellung, und der Treffer zum 3:2 war ebenso niemals berechtigt. Ohne dieses Tor hätte der Weltmeister Deutschland geheißen."
Die italienische Sportzeitung „Tutto Sport"

„Ein Tor, das niemals geschossen wurde."
Die französische Sportzeitung „L'Equipe"

„Der Ball sprang hinter die Torlinie und dann durch Effet-Wirkung wieder ins Feld."
Die DDR-Zeitung „Junge Welt"

„Man kann fast mit Sicherheit behaupten, England gewann durch eine Fehlentscheidung des Schiedsrichters."
Die österreichische Zeitung „Wiener Montag"

„Der Ball traf den Kreidestrich im Tor. Ich saß genau gegenüber und hatte nicht eine Sekunde Zweifel daran, dass der Ball nicht in seinem ganzen Umfang über den Strich gekommen war."
Die Kopenhagener Tageszeitung „Politiken"

„Auch die um mich herum sitzenden englischen und italienischen Kollegen haben gesehen, dass nach dem Schuss von Hurst der Ball von der oberen Stange nicht hinter die Torlinie geprallt ist und dass nicht einmal der kleinere Teil des Balles über der Torlinie war."
Endre Tabak vom Budapester „Nepsport"

„Ein russischer Linienrichter schenkte England die Fußball-Weltmeisterschaft. Die Hauptschuld an diesem traurigen Ende, an diesem Skandal, den das Spiel nicht verdient hatte, trägt der Fußball-Weltverband, die FIFA. Sie hat bei der Ansetzung der Schieds- und Linienrichter ohne Fingerspitzengefühl reagiert, schlimmer noch: ohne Sachverstand. … Ausgerechnet ein Russe! Nachdem wir die UdSSR gerade im Halbfinale eliminiert und sie dabei einen Spieler durch Platzverweis verloren hatten."
Robert Becker im „Kicker"

„Wollte ich mit spitzer Feder schreiben, so müsste die Schlagzeile lauten: Russischer Schiedsrichter schenkt England den Weltpokal! Aber gerade in dieser Stunde, so meine ich, geziemt es sich, kühl zu bleiben und vor allem so objektiv, wie es die Engländer einst waren, aber heute nur zum Teil noch sind. Englands verdienter Sieg muss voll und ganz anerkannt werden."
Hans Schiefele in der „Süddeutschen Zeitung"

„Dieses Tor wird das meistdiskutierte der Fußballgeschichte bleiben."
Die italienische Tageszeitung „Corriere della Sera"

▷ Journalisten, die direkt hinter dem deutschen Tor postiert waren

„Von meinem Standpunkt war es ein klares Tor."
Jimmy James von den englischen „Evening News"

„Ich sah den Ball etwa zehn bis zwanzig Zentimeter vor der Torlinie aufprallen."
Otto Metelmann, deutscher Fotoreporter

„Ich sah, was auch der Linienrichter sah, nämlich Tor."
Mark Seymor von der englischen Press Association

„Kein Tor. Der Ball war eindeutig vor der Linie."
Mété Razliki, schweizerischer Fotoreporter

„Der Ball berührte knapp, aber klar vor der Linie den Rasen. Bestimmt kein Tor."
Sven Simon, deutscher Fotoreporter und Herausgeber des Buches „Das Tor des Jahrhunderts"

▷ Spätere Erkenntnisse

„Ich habe die Szene am Fernseher bestimmt hundertmal gesehen. Aber auch heute weiß ich noch nicht, ob dies ein Tor war oder nicht."
Nationalspieler Helmut Haller

„Ich habe den Ball im Netz zappeln gesehen."
Bundespräsident Heinrich Lübke gegenüber Nationalspieler Helmut Haller

„Knapp 14 Tage nach unserer Rückkehr empfing uns Bundespräsident Lübke in Bonn, um der Mannschaft das Silberne Lorbeerblatt, die höchste deutsche Sportauszeichnung, zu verleihen. Der Aufenthalt in der Villa Hammerschmidt fand in einer sehr gelösten Stimmung statt und war mit einigen Delikatessen verbrämt. So hatte ich die Ehre, dem damaligen Bundespräsidenten über das Spiel zu berichten. Als wir das umstrittene dritte Tor der Engländer im Finale erwähnten, unterbrach er mich, um mir darüber seine Meinung zu sagen. Dabei betonte er, dass er auch einmal Fußball gespielt habe, und zwar Linksaußen.
‚Das Tor der Engländer war korrekt!' Darauf ich: ‚Die Mannschaft und ich sind überzeugt, dass es kein Tor war!' Darauf der Bundespräsident: ‚Ich habe aber den Ball im deutschen Tor liegen gesehen!'
‚Ich glaube, Herr Bundespräsident, Sie verwechseln dieses Tor mit einem anderen aus einem anderen Spiel!'
‚Nein, Herr Schön, in diesem Augenblick habe ich genau hingeschaut!'

Jetzt begann ich fast zu resignieren. Um nicht unhöflich zu sein, holte ich mir den in der Nähe stehenden Helmut Haller als Schützenhilfe."
Helmut Schön in dem Buch: „Immer am Ball" (1970)

„Hurst schoss aus der Drehung aufs Tor, der Ball sprang an die Unterkannte der Latte. Ich war – es gibt keinen Grund, das nicht auch zuzugeben – unsicher und schaute zu meinem russischen Kollegen Bachramow, der seine Fahne auf Augenhöhe hielt. Ich habe nicht genau gewusst, was er damit signalisieren wollte. Also bin ich zu ihm hin, habe ihn gefragt, ob der Ball im Tor war, was er bejahte und demonstrativ zur Mittellinie schritt. Der Schiedsrichter kann wie hier die Entscheidung des Linienrichters zu seiner eigenen machen. Also gab ich den umstrittensten Treffer der WM-Geschichte. (...) Der vierte Treffer der Engländer wäre ohne das dritte Tor wohl nie gefallen. Aber die deutschen Spieler haben sich sportlich sehr fair verhalten."
Schiedsrichter Gottfried Dienst

„Ich habe nicht gesehen, dass der Ball im Tor war. Aber ich sah, wie der Engländer Hunt nach dem Schuss von Hurst die Arme hochriss. Ich sah auch, dass der deutsche Torwart einen untröstlichen Eindruck machte. Deshalb muss es Tor gewesen sein."
Linienrichter Tofik Bachramow

„Der Ball knallte gegen die Unterseite der ovalen Querlatte und prallte zurück auf den Boden. Doch ob vor, auf oder hinter der Linie, das vermochte kein Mensch zu sagen, auch Schiedsrichter Dienst nicht. Die Engländer hoben die Arme, das Stadion jubelte, suggerierte ein Tor, wo massierte Zweifel angebracht waren. Dienst schien ratlos, dann schob er den Schwarzen Peter seinem Assistenten zu, der sehr viel weiter vom Tatort entfernt gewesen war. Hinter Bachramow brodelten die Ränge, wogte der Union Jack in tausend Fäusten. Vielleicht hätte der Russe in einer anderen Umgebung anders entschieden, vielleicht war er auch nur müde, wie die anderen, und froh, dem grausamen Spiel eine Neuauflage ersparen zu können."
Karl-Heinz Huba in dem Buch: „1930 - 1978. Die Geschichte der Fußball-WM" (1978)

„Die Deutschen hatten das Gefühl, dass ihnen der angesehenste Preis im Weltfußball gestohlen worden war. Vielleicht war das geschehen. Sie glaubten aufrichtig, dass der Ball die Linie nicht überschritten hatte, und es könnte sein, dass sie Recht haben. Nachdem ich jahrzehntelang alle Argumente gehört und die Wiederholungen Hunderte von Malen gesehen hatte, muss ich einräumen, dass es so aussieht, als habe der Ball nicht die Linie überschritten. (...) Sofern nicht jemand das Gegenteil beweist, stimme ich mit den Herren Dienst und Bachramow jedoch überein."

Geoff Hurst, Schütze des Tores, in seiner Autobiografie „1966 and All That"

„Mit diesem Tor wurde Wembley zur Bühne eines der größten Dramen des modernen Fußballs."

Dietrich Schulze-Marmeling / Hubert Dahlkamp in ihrem Buch „Die Geschichte der Fußball-Weltmeisterschaft 1930 - 2006" (2006)

„Viele tausend Tore fallen Jahr für Jahr auf den Fußballplätzen der Welt. Aber es gibt nur ein Tor, über das nachträglich so viel gestritten wird. Zeit ist vergangen, doch das berühmte dritte Tor bei dem Weltmeisterschafts-Endspiel zwischen Deutschland und England im Londoner Wembley-Stadion bleibt unvergessen. Ein Tor, das kein Tor war – und doch als Tor gewertet wurde. Der Ball sprang von der Torlatte – und teilte eine Fußballwelt in zwei Lager: War der Ball drin? War der Ball nicht drin? Er war es nicht! (...) Wir hatten Pech. Unser Gegner hatte Glück. Das Glück des Tüchtigen. England ist ein würdiger Weltmeister."

Uwe Seeler in dem Buch „Das Tor des Jahrhunderts"

„Die größte Leistung der deutschen Mannschaft war die ausgezeichnete Haltung, mit der sie das umstrittene Tor und damit den Sieg der Engländer hinnahm. Sie hat mit dieser Besonnenheit in diesem Moment für den deutschen Sport und für das deutsche Ansehen mehr getan, als sie mit dem Gewinn des Titels je hätte erreichen können."

„Frankfurter Allgemeine Zeitung"

KAPITEL 10

In Dortmund riecht es nach Krise

Wenn ich 1966 als mein fußballerisches „Traumjahr" bezeichne, dann gilt dies nur für die ersten sieben Monate. Was danach folgt, ist eher ein Albtraum.

Gleich nachdem wir auf der Rückreise von London in Frankfurt wieder deutschen Boden betreten haben, überrascht uns vier Borussen eine Hiobsbotschaft: „Fischken" Multhaup verlässt Dortmund. Geht zum 1. FC Köln. Damit haben wir nun wirklich nicht gerechnet.

Dass Trainer nach einem großen Erfolg – und was hätte mehr wiegen können als der Sieg im Europacup – hingehen und ihren Marktwert neu ausloten, ist im Fußball weder neu noch ungewöhnlich. Selbst dann nicht, wenn der Betreffende vertraglich noch gebunden ist. Wie Multhaup, dessen Kontrakt mit dem BVB bis 1967 läuft.

Später hat er es mir bestätigt: „Ich wollte doch nicht vertragsbrüchig werden, sondern nur mal anklopfen." Warum dann gleich die Trennung?

Ein versierter Vorstand hätte einen so bewährten Fußball-Lehrer freundschaftlich auf die bestehende Vereinbarung hingewiesen und die erfolgreiche Arbeit honoriert. Etwa durch eine Gehaltserhöhung. Oder durch die Verpflichtung des einen oder anderen Spielers, der auf dem Wunschzettel des Trainers ganz oben steht. Und der die Perspektive für die kommende Saison verbessert.

Denn eines ist klar: Mannschaften, die so an ihre Grenzen gegangen sind wie der BVB in der Spielzeit 1965/66, fallen danach leistungsmäßig erst einmal in ein Loch.

Das weiß natürlich ein Trainerfuchs wie Multhaup. Und deshalb kokettiert er mit dem Angebot vom 1. FC Köln.

Dabei fühlt der 63-jährige Essener sich im Ruhrgebiet am wohlsten. Aber vielleicht ist auch er etwas angeschlagen von den Strapazen der letzten Monate. Und seine Lebensplanung sieht gewiss nicht vor, dass er bis zum Umfallen Tag für Tag auf dem Trainingsgelände stehen will.

In einem Gespräch unter vier Augen hatte Multhaup mich vor Monaten beiläufig gefragt, ob ich denn später mal Fußball-Lehrer werden wolle. Er könne sich folgende Konstellation gut vorstellen: er als Technischer Direktor, ich als Trainer. Eine Vorstellung, die mir schon gefallen hätte. Nur denke ich mit 31 noch nicht ans Ende meiner Torwart-Karriere.

Auch mit diesem Modell hätte der BVB-Vorstand sich zumindest gedanklich auseinander setzen müssen. Direktor Multhaup mit einem jüngeren Trainer an der Seite – warum nicht, wenn man ihm damit den Verbleib in Dortmund schmackhaft machen kann.

Doch einige Vorstandsherren denken ganz anders. Genau gesagt: Mit ihren Gedanken befinden sie sich auf einem folgenschweren Irrweg.

In Dortmund ist es längst kein Geheimnis mehr, dass die Herren Willi Steegmann, Willi Heimann und Günter Seckler misstrauisch und eifersüchtig beäugen, wie Multhaup und seine Vertrauten das Heft in die Hand genommen haben. Sie sind es, die in der Öffentlichkeit den Ton angeben. Und die für die Erfolge gefeiert werden.

Die wirtschaftlichen Säulen der Westfalenmetropole sind seinerzeit noch Kohle, Stahl und die Brauindustrie, auch wenn die Strukturkrise sich bereits ausbreitet. Der Stahlkonzern Hoesch hat in Dortmund großen Einfluss, zählt zu den wichtigsten Arbeitgebern der Stadt und zu den Förderern des BVB.

Drei Angestellte aus der Hoesch-Verwaltung sitzen im Vorstand von Borussia. Einer von ihnen, Willi Steegmann, ist der 1. Vorsitzende. Männer, denen ich in keiner Weise berufliche Tüchtigkeit abspreche. Nur an der Spitze eines Fußballvereins, der sich sportlich in die europäische Elite hochgekämpft hat, sind diese Herren eine Fehlbesetzung. Ich nenne sie die „Hoesch-Barone“.

Vom Fußball verstehen sie einfach zu wenig. Und was noch schlimmer ist: Sie hören nicht auf die, die unsere Erfolge in der vergangenen Saison erst möglich gemacht haben. Auf Multhaup und seine Mitarbeiter. Fußballobmann Heinz Stork ist den „Hoesch-Baronen" längst zu groß geworden. Aber auch die anderen aus der „Multhaup-Partei" sind bestenfalls gelitten: Helmut Bracht, der als einziger Borusse in allen drei Meistermannschaften (1956, 1957, 1963) gestanden hat. Und Peter Hillefeld von der Dortmunder-Hansa-Brauerei, der gute Geist der Mannschaft. Wenn einer von uns Spielern Probleme hat, ist Hillefeld immer zur Stelle.

Steegmann und Co. machen keine Anstalten, mit Multhaup ins Reine zu kommen.

„Reisende soll man nicht aufhalten", verkündet der Vorsitzende kühl.

Im Klartext: Soll er doch nach Köln gehen.

Den Nachfolger hat Steegmann schon in petto: Heinz Murach. Der hat es beim Fußballverband Niederrhein bisher nur mit Amateuren zu tun gehabt. Jetzt soll er eine Mannschaft führen, die den Europapokal nach Dortmund geholt und vier Spieler zum Kader von Vizeweltmeister Deutschland abgestellt hat. Das löst unter den Fachleuten kollektives Kopfschütteln aus.

Ein anderer Trainername fällt, der bei uns Spielern kurzzeitig neue Hoffnungen weckt: Dettmar Cramer, Dortmunder und weltweit anerkannter Fußballexperte. Cramers Vertrag mit dem DFB läuft zum 31. März 1967 aus. Grundsätzlich ist er einem Wechsel zum BVB nicht abgeneigt. Seine einzige Bedingung, und die zeigt, dass dieser Mann Charakter besitzt: Borussia muss mit Heinz Murach eine zufriedenstellende Lösung finden, denn der hat schon das Jawort des Vorstands.

Dettmar Cramer: „Ich würde nie einem Trainerkollegen den Arbeitsplatz wegnehmen."

Steegmann aber setzt voll auf die Karte Murach. Lässt deshalb verbreiten, Cramer habe gar kein echtes Interesse an Borussia. Eine Verdrehung der Tatsachen.

FIFA-Präsident Sir Stanley Rous, der schon lange ein Auge auf Dettmar Cramer geworfen hat, greift umso entschlossener zu. So landet der

Wunschtrainer von uns Spielern nicht in der Westfalenmetropole, sondern beim Fußball-Weltverband.

In Dortmund wird 1966 das neue Große Haus der Städtischen Bühnen eingeweiht. Und reichlich Theater gibt es nun auch im Hause Borussia. Für den Verein ziehen schwere Zeiten herauf. Der Neue auf dem Trainerstuhl hat vom Start weg einen unsicheren Stand.

„Was sollen wir mit diesem Turnlehrer?“, fragt Heinz Stork, der Fußballobmann. Doch er und seine Gesinnungsgenossen werden von den „Hoesch-Baronen“ mehr und mehr an die Wand gedrängt. Sie verlieren den Machtkampf.

Murachs Autorität, soweit es sie je gegeben hat, ist schnell dahin. Er hat theoretische Kenntnisse, aber im Umgang mit Profis nicht im Entferntesten die Schlitzohrigkeit, die Erfahrung und das Wissen eines Multhaup. Genau diese Vorzüge wären gerade jetzt vonnöten gewesen.

Die Mannschaft ist vom Machtkampf an der Vereinsspitze nicht unberührt geblieben. Sie ist unzufrieden, die Stimmung im Keller. Murachs Experimente mit der Aufstellung verlaufen unglücklich. Nach sechs Spieltagen in der neuen Bundesliga-Saison haben unsere Stürmer, noch vor wenigen Monaten von allen Europacup-Gegnern gefürchtet, gerade mal drei Tore geschossen. Wir drohen im Mittelmaß zu versinken.

Zwischen Murach und mir stimmt die Chemie von Anfang an nicht so recht. Zunächst kann ich nicht spielen, weil ich mir bei der Fußball-WM in England eine langwierige Schulterverletzung eingehandelt habe.

Wie es meine Art ist, mache ich auch kein Hehl daraus, was ich von den aktuellen Zuständen bei Borussia halte. Die älteren Spieler sehen wie ich das Unheil nahen. Im Gegensatz zu mir behalten die anderen ihre Meinung aber für sich. Dass ich mit der Äußerung meiner kritischen Ansichten bei Vorstand und Trainer keine Sympathiepunkte gewinne, bekomme ich bald zu spüren.

Kritiker sind unerwünscht, selbst wenn sie nicht aus purer Lust am Meckern Kontra geben, sondern weil sie sich Sorgen machen um die Entwicklung im Verein.

Das ist 1966 so. Und das ist nicht viel anders zu Beginn des nächsten Jahrhunderts, als die Geschäftsführer Dr. Gerd Niebaum und Michael Maier mit ihrer verfehlten Personalpolitik und abenteuerlichen Finanzakrobatik den BVB fast an die Wand fahren. Wer Missstände anspricht, macht sich der Majestätsbeleidigung schuldig.

Unter Murach lerne ich alle Schattenseiten meines Metiers kennen. Mal spiele ich. Mal stehe ich auf einem Aschenplatz im Tor unserer Reserve. Mal sitze ich auf der Tribüne. Der Trainer spielt Jo-Jo mit mir.

Auch als Borussia in den Europapokal-Wettbewerb 1966/67 einsteigt, bin ich außen vor.

Als Cup-Verteidiger haben wir in der Vorrunde noch Schonzeit. Dafür kommt es im Achtelfinale knüppeldick. Wir müssen zurück an die Stätte unseres Triumphes, nach Glasgow. Am 24. November 1966 stürmen die Rangers, angefeuert von 50.000 im Ibrox Park, wie entfesselt auf das von Bernhard Wessel gehütete Tor.

Wir unterliegen 1:2, und alle Beobachter sind sich einig, dass der BVB mit diesem Resultat bestens bedient ist. Am ehesten stimmt die Form noch bei unseren Neuzugängen Willi Neuberger, Horst Trimhold und Gerd Peehs. Vor allem der enorm schnelle Neuberger überzeugt. Auch er ist – wie zuvor schon Sigi Held – auf Empfehlung von Major Ottmar Rein nach Dortmund geholt worden.

Das Rückspiel ist für den 6. Dezember angesetzt. 40.000 in der Roten Erde haben am Nikolaus-Tag eine ganz andere Bescherung erwartet, als sie ihnen geboten wird. Zehn technisch, taktisch und athletisch überlegene Schotten-Profis – ihr Spieler Watson wird schon in der ersten Halbzeit mit einem Wadenbeinbruch vom Platz getragen – lassen keinen Borussen-Treffer zu.

0:0 und aus der Traum.

Ich sitze mal wieder draußen. Das tut weh. Aber vor allem schmerzen die offensichtlichen Fehler in unserer Spielanlage. Am nächsten Tag können es alle in den Zeitungen nachlesen: „Borussia hat taktisch unklug gespielt.“ Und Murach gesteht kleinlaut: „Ein glanzloser Rausschmiss aus dem Europapokal.“

Kein neuer Triumphzug also. Bei der Vermarktung des vergangenen haben Steegmann und Co. auch nicht viel bewirkt. Jetzt wird es finanziell eng für den Verein. Zumal weder im DFB-Pokal noch in der Meisterschaft die Blütenträume reifen. Auf Jahre hinaus ist der BVB aus dem internationalen Fußballgeschäft.

Hinter den Kulissen beginnen die Diskussionen über Sparmaßnahmen. Und dabei fällt auch der Name Tilkowski.

Damals sind die Gehälter in der Bundesliga noch streng vom DFB reglementiert. Mehr als die üblichen 1.200 Mark im Monat dürfen nur Nationalspieler verdienen. Die Bonuszahlungen sind gestaffelt nach Anzahl der Länderspiele.

Da ich zu diesem Zeitpunkt 38 Einsätze im Nationaltrikot habe, also weitaus mehr als jeder andere beim BVB, bin ich logischerweise auch der Spieler, an dem man am meisten sparen könnte. Falls ich den Verein verlassen würde.

Sehr bald merke ich, dass die Überlegungen des 1. Vorsitzenden genau in diese Richtung zielen. Wenn er mich los wird, kann er gleich zwei Fliegen mit einer Klappe schlagen. Dann ist nicht nur der teuerste Spieler von der Gehaltsliste verschwunden, sondern auch ein unliebsamer Kritiker.

Die Differenzen spitzen sich zu, und ich beginne, mir Gedanken zu machen. Ein Weggang aus meiner Heimatstadt Dortmund oder gar aus dem Ruhrgebiet entspricht in keiner Weise meiner Lebensplanung. Meine Mutter lebt hier. Ich habe in Herne ein Haus. Und Ralf, der ältere meiner beiden Söhne, ist gerade eingeschult worden. Wie soll ich da einen Wechsel meiner Frau Luise begreiflich machen? Andererseits wird die Atmosphäre zusehends unerträglich.

Am 29. Mai 1967 werde ich wegen eines Magen- und Darmkatarrhs krank geschrieben. Schon einen Tag darauf erhalte ich Post vom BVB. In dem Vorstandsschreiben heißt es, ich sei wegen meiner Erkrankung vom Trainings- und Spielbetrieb freigestellt. Aber auch nachdem mein Hausarzt mich wieder arbeitsfähig schreibt, wird diese Freistellung nicht aufgehoben. Keine Frage, ich stehe auf der Abschussliste.

Hinter meinem Rücken nimmt Steegmann Kontakte zu Rudi Gramlich auf. Der ehemalige Nationalspieler der dreißiger Jahre ist Präsident der Frankfurter Eintracht. Ein Verein, der seit Einführung der Bundesliga konstant in der oberen Tabellenhälfte zu finden ist. Die Eintracht will mich haben, und Steegmann versucht, mir die Sache schmackhaft zu machen. Schließlich läuft mein Vertrag noch bis zum 31. Juli 1969.

Dann ruft Steegmann am 20. Juni 1967 bei mir zu Hause an. Ein guter Freund ist gerade da. Ich lasse ihn am Telefon mithören. Genau die richtige Idee, wie sich herausstellen wird. Zeugen werde ich noch brauchen.

Der 1. Vorsitzende kann durchaus nett sein. Besonders, wenn er etwas will. Jetzt will er mein Einverständnis zur Vertragsauflösung und zum Transfer nach Frankfurt. Und lässt mich wissen, dass die Eintracht eine Ablösesumme von 100.000 Mark bietet. Die werde Borussia mir überlassen.

Ich will wieder Fußball spielen. Will ohne Magendrücken zum Training fahren können. Und habe die Nase voll von „Hoesch-Baronen" und Trainer-Schikanen. Somit bleibt mir keine andere Wahl. Zumal 100.000 Mark ein schönes Trostpflaster sind.

Ich stimme zu, dass mein Vertrag mit dem BVB vorzeitig zum 30. Juni 1966 aufgelöst wird. Das Geschäft macht der Verein dabei. Er spart runde 200.000 Mark an Gehältern, Prämien und Leistungen für den Versorgungsvertrag, die er mir in den folgenden zwei Spielzeiten bis zum regulären Ablauf der Vertragsdauer zahlen müsste.

Am nächsten Tag bitte ich um eine schriftliche Bestätigung der Zusage bezüglich der 100.000 Mark. Die erhalte ich nicht.

Stattdessen höre ich in der Folgezeit immer neue Ausflüchte, fadenscheinige Begründungen, Unwahrheiten. Steegmann erklärt, er habe keine 100.000 Mark versprochen. Die Rede sei von 80.000 Mark gewesen. Die er aber keineswegs fest zugesagt, sondern lediglich in Aussicht gestellt habe, sofern die Vereinsgremien dem zustimmten. Ohnehin dürfe er ohne den Segen des Wirtschaftsrates keine Geldgeschäfte tätigen, die über 30.000 Mark hinausgingen.

Um sich vor der Zahlung drücken zu können, werden mir schließlich Indiskretionen gegenüber der Presse vorgeworfen, die vereinsschädigende Berichte zur Folge gehabt hätten. Es findet sich nur kein Journalist, der diese Darstellung bestätigt.

Mein Abschied vom BVB gerät zur Schlammschlacht. Mit juristischen Folgen. Die vom DFB vorgeschriebene Schlichtungsverhandlung vor seinem Schiedsgericht verläuft am 1. März 1968 ohne Ergebnis. Ich rufe das Arbeitsgericht Dortmund an, der unterlegene BVB geht mit seiner Berufung in die nächste Instanz, zum Landesarbeitsgericht in Hamm.

Erst im Herbst 1968 ist ein Ende des Rechtsstreits in Sicht. Da haben wir längst unseren zweiten Wohnsitz in Neu-Isenburg vor den Toren Frankfurts. Und ich spiele schon die zweite Saison für die Eintracht.

Bevor ich mich im Sommer 1967 aus Dortmund verabschiede, habe ich im Stadion Rote Erde noch einen großen Auftritt. Und ich glaube zu wissen, dass Sepp Herberger im Hintergrund erheblich daran mitgewirkt hat. Der DFB gönnt mir noch ein letztes Länderspiel.

Mit meinem 39. Einsatz bin ich der neue Rekordnationalspieler unter den deutschen Torhütern. Übertreffe Hans Jakob von Jahn Regensburg, der zwischen 1930 und 1939 – seit 1936 unter Reichstrainer Herberger – 38 Länderspiele bestritten hat. Nach dem Krieg ist Jakob noch eine Zeit lang Aushilfstorwart bei Bayern München, arbeitet auch als Trainer. 1994 stirbt er im Alter von 85 Jahren.

Zu meinem 39. Länderspiel schickt mir der Altbundestrainer aus Hohensachsen ein Glückwunschtelegramm. „Ich freue mich mit Ihnen", schreibt Herberger. Auch Fritz Walter, der Ehrenspielführer, gratuliert. Das tut gut – gerade in diesen Monaten, in denen mich die „Hoesch-Barone" zum teuersten Reservisten der Bundesliga degradieren.

Unser Gegner am 8. April 1967 in der Roten Erde ist ein unbeschriebenes Blatt. Noch nie zuvor ist Deutschland in einem Fußball-Länderspiel auf Albanien getroffen. Jetzt ist die Mannschaft aus dem erzkommunistischen Balkanstaat unser Gegner in Gruppe IV der Qualifikation für die Europameisterschaft 1968.

Albanien fehlt sichtlich die internationale Erfahrung. Und in unserer Elf stehen mit Beckenbauer, Overath, Schulz, Weber, Höttges und mir immerhin sechs Vizeweltmeister. So habe ich einen ruhigen Nachmittag, und unsere Stürmer veranstalten ein Schützenfest. Am 6:0 ist Gerd Müller, der neue Star des FC Bayern, mit vier Treffern beteiligt.

Für mich ist es der Abschied aus der Nationalmannschaft, für Müller der Einstand. Der Bayern-Mittelstürmer wird in den kommenden acht Jahren zum erfolgreichsten Torjäger aller Zeiten im Nationaltrikot.

Er ist nach Günter Netzer (1965 gegen Österreich) und Franz Beckenbauer (1965 gegen Schweden) der dritte deutsche Weltklasse-Fußballer, der in einer Mannschaft mit mir sein Länderspiel-Debüt gegeben hat.

Im Rückspiel am 17. Dezember in Tirana sind weder Gerd Müller noch ich dabei. Unsere Mannschaft kommt über ein kümmerliches 0:0 nicht hinaus. Damit ist Jugoslawien Gruppensieger und Deutschland ausgeschieden. Die Europameisterschaft 1968 in Italien findet ohne den Vizeweltmeister statt.

Dortmund wird erst acht Jahre später die Nationalmannschaft wieder zu Gast haben. Am 17. April 1974, im neuen Westfalenstadion. Deutschland schlägt Ungarn 5:0.

Für den BVB endet die Saison 1966/67 noch glimpflich: auf Platz drei, punktgleich mit Frankfurt. In den kommenden Jahren wird die Eintracht vor den Borussen liegen. Die Helden von Glasgow treten ab oder suchen nach und nach das Weite.

Schon in der folgenden Saison beginnt in Dortmund die Talfahrt mit dem 14. Tabellenrang. 1968/69 ist es sogar nur der 16. Platz. Mit der Eintracht gewinne ich gegen meinen alten Verein in Dortmund 1:0. So richtig freuen kann ich mich nicht darüber.

Nach einem Zwischenhoch 1969/70 (5. Platz) geht es rapide abwärts mit den Schwarz-Gelben. In der Spielzeit 1971/72 reicht es dann bloß noch zu Rang 17. Und damit hat der BVB seine Bundesliga-Zugehörigkeit verspielt. Von internationalen Auftritten ist er so weit entfernt wie Dortmund vom Kap der guten Hoffnung.

Um Haaresbreite entgeht Borussia dem Konkurs, ist lediglich noch eine Adresse in der Fußballprovinz. 1. FC Mülheim, DJK Gütersloh oder Barmbek-Uhlenhorst heißen jetzt die Gegner.

Es tut mir im Herzen weh, diesen Niedergang aus der Distanz mit erleben zu müssen. Gelegentlich telefoniere ich mit „Hoppy“ Kurrat.

Der Ur-Dortmunder ist einer der letzten der „Helden von Glasgow“ im schwarz-gelben Trikot.

Mit ihrer Fehlplanung und Misswirtschaft hinterlassen die „Hoesch-Barone“ ein schlimmes Erbe. Neue Hoffnung keimt erst, als 1974 das Westfalenstadion eröffnet wird. Bis dahin verschleißt der BVB in acht Jahren zehn Trainer. Das kostet Geld, von dem man viel zu wenig hat.

Schon 1968 muss mein alter Verein ziemlich klamm gewesen sein. Sonst ist es kaum erklärlich, mit welchen Mitteln der BVB darum kämpft, mir die 100.000 Mark nicht zahlen zu müssen. Obwohl man im Vorstand und Wirtschaftsrat doch wiederholt betont hat, man wolle an meinem Transfer nichts verdienen.

Die Wahrheit wird getreten, dass sie am Ende aussieht wie ein ausgedienter Fußball. Aber sie kommt doch im Wesentlichen ans Tageslicht.

Am 20. August 1968 verurteilt das Arbeitsgericht Dortmund den BVB, vertreten durch den von Willi Steegmann angeführten Vorstand, zur Zahlung der 100.000 Mark. Borussia geht in die Berufung und bietet alles auf, um das Blatt noch zu wenden.

Vor dem Landesarbeitsgericht in Hamm steht wiederum Aussage gegen Aussage. Für Außenstehende ist es fast unmöglich, da noch durchzublicken. Der Richter hat wohl auch seine Schwierigkeiten damit und will zum Ende kommen. Er schlägt einen Vergleich vor: Ich soll mich mit 50.000 begnügen. Mein Anwalt rät zu. Niemand wisse, wie lange der Fall sich noch hinziehen könne.

Mir brummt der Kopf, und ich bin, ehrlich gesagt, restlos bedient von dem ganzen Hick-Hack. Das eine oder andere Gesicht auf der Gegenseite kann ich schon nicht mehr sehen, ohne Brechreiz zu bekommen. Also stimme ich zu.

Es dauert nicht lange, bis der BVB einen Unterhändler zu mir schickt. Es fehlt nur noch die weiße Fahne. Wenigstens haben sie einen Mann beauftragt, dem ich vertraue und den ich immer respektiert habe: Dr. Will, Direktor der Hansa-Brauerei und Mitglied im Wirtschaftsrat.

Er redet nicht um den heißen Brei herum, sondern sagt, der Verein sei nicht mal in der Lage, die 50.000 Mark zu zahlen. Jedenfalls nicht auf einen Schlag. Ob ich denn mit fünf Raten zu je 10 000 Mark leben könne?

Nach meiner Beurteilung geht Borussia ohnehin einem Fiasko entgegen. Zum vorhersehbaren Elend will ich jedenfalls nicht beitragen. Also bitte, in Raten.

15 Jahre später, am 5. Mai 1981, organisiert der Sportpresse-Klub Dortmund ein Benefizspiel zugunsten der Kinder-Ferien-Party, einer sozialen Aktion der Westfalenhallen Dortmund für Kinder, deren Eltern sich keine Urlaubsreise leisten können. 80.000 Mark beträgt am Ende der Reinerlös.

Natürlich bin ich gern dabei. Zumal es ein Nostalgiespiel ist. Eine Wiederholung des Finales von 1966 in Glasgow. Und ein herzliches Wiedersehen mit unseren damaligen Gegnern vom FC Liverpool. Im Westfalenstadion gewinnen wir 2:0.

Diesmal findet die Verlängerung nicht auf verschlammtem Rasen statt wie damals im Hampden Park, sondern in einem historischen Dortmunder Gasthof. Unter den Gästen ist auch Willi Steegmann, längst nicht mehr in Amt und Würden. Er spricht mich an, sichtlich um eine Art Versöhnung bemüht. Ich wende mich ab, aber der Mann klebt an mir wie Zuckerwatte. „Ich bin der Willi", bietet er mir das Du an.

Einer, der mich so oft getäuscht und gedemütigt hat, versucht sich nun als Menschenfreund. Was soll ich machen? Ich kann diesem alten Mann doch nicht die Leviten lesen. Die Sache ist mir nur noch peinlich. Und so flüchte ich zu meinen englischen Freunden.

KAPITEL 11

Als „Club“-Trainer gegen „meinen“ BVB

Mal angenommen, der Mensch hätte – wie beispielsweise ein CD-Player – eine Rücksprungtaste. Die er nutzen darf, wenn er glaubt, an einer Abzweigung seines Lebens die falsche Richtung eingeschlagen zu haben. Oder weil er eine Entscheidung rückgängig machen möchte.

Als ich im Sommer 1967 von Borussia Dortmund nach Frankfurt wechsele, fühle ich mich einerseits befreit. Doch glücklich? Ganz und gar nicht. Da hätte ich schon in Versuchung geraten können, die Rücksprungtaste zu drücken.

Aber dann erinnere ich mich an die ersten Wochen nach meiner Auseinandersetzung mit Sepp Herberger in Chile 1962. Auch damals sind mir Zweifel gekommen, ob ich richtig gehandelt habe.

Heute weiß ich es. Und Freunde wie Rudi Michel bestätigen mir, dass ich nie die leichtere Lösung gesucht habe, sondern stets den geraden Weg. Und der ist nun einmal nicht mit Rosen gepflastert.

Also finde ich mich damit ab, dass nach den glorreichen Jahren beim BVB und mit der Nationalmannschaft für mich in Frankfurt ein neuer Lebensabschnitt beginnt.

Ein längst nicht so glanzvoller. Und auch kein leichter, wie sich herausstellt. Dem Vizeweltmeister Hans Tilkowski wird bei seinem neuen Brötchengeber nichts geschenkt. Hessens einziger Bundesligist hat kein akutes Torwart-Problem, zu dessen Behebung ich wie ein Messias erwartet werde. Peter Kunter, später promovierter Zahnarzt, ist ein guter Schlussmann, der 1959 und 1960 vier Länderspiele in der Amateur-Auswahl des DFB bestritten hat. Er ist beliebt beim Publikum, hat seine Fürsprecher bei der Lokalpresse. Ich muss mich durchbeißen.

Meine neuen Mannschaftskameraden lerne ich vor Saisonbeginn im Trainingslager kennen, im bulgarischen Varna, am Goldstrand des Schwarzen Meeres. Die Eintracht verfügt über eine Truppe, die sich durchaus sehen lassen kann. Mein Vertrag läuft über drei Spielzeiten bis 1970, und in dieser Zeit hat der Verein einen gesicherten Stammplatz in der oberen Hälfte der Bundesliga-Tabelle.

Wenn ich in alten Zeitungsausschnitten blättere, fallen mir in den Frankfurter Aufstellungen aus jener Zeit so klangvolle Namen ins Auge wie der meines Freundes Friedel Lutz, wie Jürgen Grabowski, Bernd Hölzenbein oder Bernd Nickel – allesamt Nationalspieler. Nicht zu vergessen den jugoslawischen Weltklasse-Verteidiger Jusufi.

Drei Trainer kreuzen bei der Eintracht meine Wege: Elek Schwartz, Paul Oßwald und zuletzt auch noch Erich Ribbeck. Nachhaltige Eindrücke haben sie nicht hinterlassen. Und erst recht ist es keiner dieser Herren, der mich auf die Idee bringt, Trainer zu werden. Dieser Wunsch schlummert wohl schon seit geraumer Zeit in meinem Unterbewusstsein.

„Fischken" Multhaup ist es aufgefallen, dass ich bereits als Aktiver wie ein Trainer gedacht habe. Jetzt, wo meine Torhüter-Laufbahn sich dem Ende zuneigt, ertappe ich mich immer öfter bei solchen Gedankenspielen. Für mich steht fest, dass ich so nah wie möglich am Fußball bleiben will. Diesem Sport habe ich alles zu verdanken. Keine Frage, meine berufliche Zukunft heißt Fußball-Lehrer.

An Vorbildern mangelt es mir nicht. In meiner ureigenen Rangliste nachahmenswerter Trainer-Koryphäen stehen vorn an jene Männer, die mich und mein Verständnis vom Fußball geprägt haben: Sepp Herberger, Dettmar Cramer, Willi Multhaup, Fritz Langner.

Von jedem möchte ich gern etwas mitnehmen, wenn ich eines Tages meinen Trainer-Job antrete. Von Herberger ein Stück seiner Lebensweisheit und Persönlichkeit; von Cramer einen Bruchteil seines Wissens und seiner Beredsamkeit; von Multhaup die Gewieftheit und das souveräne Auftreten; von Langner die Geradlinigkeit und die Konsequenz in seiner täglichen Trainingsarbeit.

Auch andere machen sich Gedanken über mein Leben nach dem Fußball. Im Juli 1969, einen Tag vor meinem 34. Geburtstag, überrascht mich die größte deutsche Boulevardzeitung mit der Schlagzeile „Til Wayne, der neue Westernheld“. Inklusive einer Fotomontage, die mich in Cowboy-Montur vorstellt. Nicht zuletzt wegen des schweren Patronengurtes mache ich einen relativ gefährlichen Eindruck. Im Text ist zu lesen, eine Filmgesellschaft wolle den schwarzhaarigen Til in die Welt der harten Männer, schönen Frauen und dunklen Intrigen entführen. Wörtlich: „Hans Tilkowski soll in einem Western seine zweite Karriere starten.“

Ich habe nichts gegen Western. Schon gar nichts gegen einen so großartigen Schauspieler wie John Wayne. Trotzdem habe ich derartige Angebote bisher abgelehnt. Dabei bleibt es auch: „Til Wayne“ wird es nicht geben.

Aus guten Gründen. Harten Burschen habe ich auf den Fußballfeldern Europas und Südamerikas zur Genüge gegenübergestanden. Und bei dunklen Intrigen fallen mir umgehend die „Hoesch-Barone“ ein.

Was letztlich meine schauspielerischen Qualitäten anbelangt: Die reichen vielleicht, um einen Elfmeterschützen zu irritieren. Ansonsten bin ich ein Typ, der sich nur sehr schwer verstellen kann. Die Show ist nicht mein Ding. Weder zwischen den Pfosten noch sonst wo.

Daran ändert auch nichts die Tatsache, dass man mich wiederholt mit einem anderen amerikanischen Schauspieler verwechselt hat. Einmal sogar in New York. „Mr. Paul Newman?”, kommt schüchtern die Frage, während ich in einem Hotel auf den Aufzug warte.

Es gibt abertausend schlimmere Irrtümer, als für einen Mann gehalten zu werden, der zu den Weltstars der Filmbranche zählt.

Im Übrigen existiert ein Kinoplakat von der mit drei Oscars bedachten Banditen-Komödie „Butch Cassidy und Sundance Kid“. Paul Newman und Robert Redford spielen die Titelrollen. Auf diesem Plakat ist eine gewisse Ähnlichkeit zwischen Newman und mir in der Tat nicht von der Hand zu weisen.

Damit ist das Thema Film auch abgehakt.

Bei Eintracht Frankfurt mache ich noch 40 Bundesligaspiele und komme damit auf insgesamt 121.

Wenn mein Vertrag im Sommer 1970 ausläuft, werde ich 15 Jahre Profifußball auf dem Buckel haben. Die spüre ich, obwohl ich zum Glück von ganz schweren Verletzungen verschont geblieben bin. Aber ich brauche nur auf meine Hände zu schauen, die aussehen, als hätte ich schwere Gichtknoten in den Fingergelenken. Dann weiß ich: Es reicht.

Die letzten Monate meiner Frankfurter Zeit nutze ich, um an der Sporthochschule Köln mein Diplom als Fußball-Lehrer zu erwerben. Die praktischen und theoretischen Prüfungen laufen unter den kritischen Augen der DFB-Trainer Helmut Schön und Karl-Heinz Heddergott. Mit mir drücken u.a. Otto Rehhagel, Klaus-Dieter Sieloff und Sigi Held die Schulbank.

Am Ende steht auf meinem Zeugnis die Lieblingsziffer aller Torhüter, die Eins.

Nun habe ich also einen weiteren Beruf. Ich bin bereits gelernter Stahlbauschlosser, Versicherungs- und Werbekaufmann sowie Profi-Fußballer. Und darf mich fortan auch examinierter Fußball-Lehrer nennen.

Mein bisher verdientes Geld habe ich gut angelegt. Wir sind keine reichen Leute. Aber die Familie Tilkowski wird nach menschlichem Ermessen niemals Hunger leiden müssen. Als Familienvater mache ich mir durchaus solche Gedanken.

Auf den Trainer-Job freue ich mich, obwohl es ein Arbeitsplatz mit vielen Risiken ist. Nicht sicherer als eine Wetterprognose für 14 Tage im voraus. Und nicht versicherbar, wie ich als Experte weiß.

Dann bin ich im März 1970 über Nacht so schnell im Geschäft, dass mir kaum Zeit zum Überlegen bleibt.

Zu später Stunde, die ganze Familie liegt schon im Bett, ruft Hansi Wolff an, Werder Bremens Geschäftsführer, und übermittelt mir im Anschluss an eine Krisensitzung den Wunsch seines Vorstandes: Ich soll Trainer an der Weser werden. Am besten sofort.

Heute ein Traumposten, damals ein Himmelfahrtskommando. Der

SV Werder trudelt als Tabellenletzter dem Bundesliga-K.o. entgegen, hat gerade seinen bisherigen Coach Fritz Rebell beurlaubt.

Das Angebot ehrt mich. Schon ungewöhnlich, dass die sonst so kühl kalkulierenden Hansestädter mir, einem Neuling im Trainer-Geschäft, das Wohl und Wehe ihrer Mannschaft anvertrauen wollen. Die Sache hat nur einen Haken: Bis zum 30. Juni stehe ich noch beim Liga-Konkurrenten Frankfurt unter Vertrag.

Ich gebe Hansi Wolff zu verstehen, dass Bremen sich mit der Eintracht über meine Freigabe verständigen muss. Und ich selbst muss auch in schwierige Verhandlungen. Meiner Frau und den Kindern habe ich eine gemeinsame Urlaubsreise versprochen.

Die Familie muss ohne mich fahren. Ab 17. März bin ich Trainer des SV Werder Bremen.

Als ich die Mannschaft das erste Mal sehe, unterliegt sie beim 1. FC Köln 0:3. Und spielt so grottenschlecht, dass ich am liebsten weggelaufen wäre.

Auch das erste Spiel unter meiner Amtsführung geht noch verloren. Die Truppe um den Routinier „Pico“ Schütz hat einfach nur Kondition für eine Halbzeit. Das zu ändern, ist meine vordringlichste Aufgabe. Auch taktisch gilt es, einiges zu verbessern.

Bei der psychologischen Aufrüstung kommt mir zugute, dass ich zu den Spielern schnell den richtigen Draht finde. Den einen oder anderen kenne ich von der Nationalmannschaft her. „Eisenfuß“ Horst-Dieter Höttges und Torhüter Günter Bernard sind prima Kerle. Was auch für Seppl Piontek gilt, der später viele Jahre als Nationaltrainer in Dänemark und in der Türkei arbeitet. Er müsste eigentlich eher heute als morgen am rechten Knie operiert werden, lässt sich aber immer wieder fit spritzen, um der Mannschaft zu helfen.

Am 31. Spieltag ist es ausgerechnet Seppl Piontek, der unser Tor zum 1:0-Sieg bei München 1860 erzielt. Für uns der Sprung auf den 11. Tabellenplatz, den wir nicht mehr abgeben. Es ist die Rettung.

Für die „Löwen“ bedeutet es den Sturz in den Abgrund. Sie müssen zusammen mit Alemannia Aachen in die Regionalliga. Und dieser Abstieg hat eine besondere Pointe.

Dem Trainer-Debütanten Tilkowski ist es also – allen Unkenrufen zum Trotz – gelungen, die Werderaner vom letzten Platz noch ins sichere Mittelfeld zu führen. In Bremen möchte man, dass ich bleibe.

Ein verständlicher, aber leider unerfüllbarer Wunsch. Denn der Verein hat für die neue Saison bereits einen Trainer verpflichtet. Einen Mann, den ich schätze und aus meinen Jahren bei Westfalia Herne gut kenne, weil er seinerzeit unseren Lokalrivalen SV Sodingen unter seinen Fittichen hatte: „Zapf" Gebhardt. Ehrensache, dass ich ihm nicht in die Quere kommen will.

Aber die Einladung, an der „Nicht-Abstiegs-Prämie" teilzuhaben, nehme ich gerne an. Zusammen mit der Mannschaft gehe ich auf eine Weltreise mit Freundschaftsspielen u.a. in Venezuela, Indonesien und Australien.

Dann unterschreibe ich, das ist die angekündigte Pointe, bei jenem Verein, den ich am 31. Spieltag mit Werder Bremen zum Abstieg verdammt habe: Beim TSV München 1860.

In Bremen habe ich drei Monate im Hotel gewohnt, jetzt ziehe ich mit der ganzen Familie in die bayerische Landeshauptstadt. An der Weser geht mit Beginn der Saison 1970/71 ein anderer Dortmunder vor Anker – vorerst noch als Spieler: Rudi Assauer. „Zapf" Gebhardt will ihn zunächst nicht. Ich lege für Assauer ein gutes Wort ein. Was ich sieben Jahre später noch bereuen soll.

Beim Absteiger München 1860 findet ein fast kompletter Austausch des Kaders statt. Ich muss eine ganz neue Mannschaft aufbauen.

Dennoch träumt man vom sofortigen Wiederaufstieg. Dabei liegen weder die fußballerische Sachkenntnis des Vorstands noch die Qualität der Spieler auf Bundesliga-Niveau.

Und ich kann nicht zaubern. Wer aus der gelungenen Rettungsaktion von Bremen diesen Schluss gezogen haben mag, befindet sich auf dem Holzweg.

München mit seiner üppigen Medienlandschaft ist für jeden Trainer ein Minenfeld.

1973, mein Vertrag läuft ohnedies aus, bekomme ich die Kündigung – wir stehen zu diesem Zeitpunkt auf dem 4. Tabellenplatz.

Auch mein nächster Arbeitsplatz ist bei einem bayerischen Traditionsverein. Damals mit neun deutschen Meistertiteln noch der erfolgreichste südlich des „Weißwurst-Äquators". Der 1. FC Nürnberg gilt ebenfalls nicht gerade als Paradies für Fußball-Lehrer, ablesbar an den häufigen Trainerwechseln.

In der Saison 1967/68 ist der „Club" Deutscher Meister gewesen, in der folgenden Spielzeit muss er absteigen. Ein Fall ins Bodenlose. Von dem der Verein sich noch nicht wieder erholt hat, als ich im Sommer 1973 meinen Dienst antrete.

In der Kasse herrscht Ebbe. Zuweilen müssen sogar die Essensmarken für die Spieler halbiert werden. Dennoch lautet mein Auftrag klipp und klar: So schnell wie möglich zurück in die Bundesliga.

Die fränkischen Fans glauben daran. Sie hoffen mit heißem Herzen. Zu unseren Heimspielen in der Regionalliga Süd kommen oft bis zu 65.000 Zuschauer.

Und wir erreichen die Aufstiegsrunde. Spielen in Gruppe I zusammen mit Eintracht Braunschweig, Wattenscheid 09, Wacker 04 Berlin und dem 1. FC Saarbrücken.

Letztlich scheitern wir an einem Gegentor zu viel. In Braunschweig kassieren wir in der 92. Minute das 0:2. Nicht wir, sondern die Braunschweiger steigen auf.

Bei unserem zweiten Anlauf gilt ein neuer Aufstiegsmodus. Die Regionalligen sind 1974 abgeschafft worden; als Unterbau zur obersten Spielklasse gibt es nur noch die 2. Bundesliga Süd und die 2. Bundesliga Nord. Die beiden Meister steigen direkt in die Bundesliga auf; die Zweiten bestreiten zwei Relegationsspiele, deren Gesamtsieger sich über den dritten Aufstiegsplatz freuen darf.

In der Spielzeit 1975/76 wird mein „Club" Vizemeister hinter dem 1. FC Saarbrücken. Und unser Gegner in der Relegation heißt ausgerechnet Borussia Dortmund.

In meiner Heimatstadt hungern die Fans seit dem Abstieg 1972 nach Bundesliga-Fußball. Mit Eröffnung des Westfalenstadions zur Fußball-WM 1974 steht der BVB finanziell wieder auf etwas festerem Grund. Die Zuschauer sind von der neuen „Fußball-Oper" hellauf begeistert.

Selbst zu Zweitliga-Spielen wie gegen DJK Gütersloh strömen über 40.000 in die stimmungsvolle Arena.

Ein solches Stadion ist eine Goldgrube. Die Borussia in der Bundesliga ausbeuten will. Und zwar so schnell wie möglich. Unter diesem Druck flattern die Nerven, bricht beim BVB wieder mal Chaos aus.

Erst muss Trainer Knefler gehen, dem der Verein es überhaupt zu verdanken hat, dass er von der Bundesliga-Rückkehr träumen darf. Der „eiserne Otto" ist einigen Schwarz-Gelben zu unnachgiebig, was Disziplin und Trainingsaufwand betrifft. Dann, als sich abzeichnet, dass der „Club" als möglicher Relegations-Gegner von Borussia in Frage kommt, wird auch Kneflers Nachfolger Horst Buhtz zum Abschuss freigegeben. Sein Vergehen: Er hat mit dem 1. FC Nürnberg über einen Vertrag für die nächste Saison verhandelt.

Auf Buhtz folgt in Dortmund Otto Rehhagel, der 1970 zusammen mit mir das Examen als Fußball-Lehrer abgelegt hat. Jetzt ist er mein Widersacher in den zwei Relegationsspielen.

Die wir beide verlieren. Das Heimspiel 0:1 in der 85. Minute, als unsere Abwehr im kollektiven Tiefschlaf liegt. Und auch in Dortmund fällt die Entscheidung zum 3:2 für den BVB erst zwei Minuten vor Schluss.

Schade, denn nun steht für die Familie Tilkowski wieder ein Ortswechsel an. Wie vorher schon in München haben wir uns auch in Nürnberg sehr wohl gefühlt. Noch heute pflegen wir damals geknüpfte Freundschaften.

Nächste Station im Sommer 1976 ist Bremen. Von Präsident Dr. Franz Böhmert, über viele Jahre Mentor und Seele des SV Werder, habe ich ein Angebot für zwei Jahre. Als ich zusage, weiß ich noch nicht, dass Rudi Assauer Manager der Grün-Weißen werden soll.

In den herrlichen Europacup-Zeiten der sechziger Jahre, als der BVB sich mit der Creme des europäischen Fußballs misst, sind wir die „Viererbande" gewesen: „Hoppy" Kurrat, Theo Redder, Rudi Assauer und ich. Eine Clique, die auf Reisen die Zimmer teilt und auch sonst ständig zusammenhängt.

Anfangs klappt unsere Zusammenarbeit in Bremen gut. Bis

Assauer einen Wesenszug offenbart, den er auch 30 Jahre später nicht abgelegt hat.

Im Dezember 2005 muss Schalke-Trainer Ralf Rangnick die Koffer packen, obwohl er so erfolgreich gearbeitet hat wie kaum einer seiner Vorgänger. Die Fans mögen ihn. Nur Manager Assauer findet keinen rechten Geschmack an dem redegewandten Schwaben. Piesackt ihn mit stetigen Nadelstichen, untergräbt die Autorität des Trainers. Die Selbstdarstellung scheint ihm wichtiger zu sein. Und die Rolle als Brandstifter und Feuerwehrmann in einer Person gefällt ihm wohl.

So wie in meinem Fall 1977. Auch da spielt Assauer Doppelpass mit der Presse, wird das Vertrauensverhältnis zerstört, weil Interna gezielt an die Öffentlichkeit gelangen.

Untragbar ist vor allem, dass der Manager hinter meinem Rücken die Spieler darüber abstimmen lässt, ob ich Trainer bleiben soll oder nicht.

Hartnäckig hält sich die Mär, Assauer habe mich dann entlassen. Tatsache ist: Ich kündige im Dezember 1977 meinen Vertrag, der noch ein halbes Jahr gelaufen wäre.

Mehr als zwei Jahrzehnte lang gehen Rudi Assauer und ich uns aus dem Weg, sprechen kein Sterbenswörtchen miteinander. Erst im Mai 2002 geben wir uns die Hand. Bei Borussia Dortmunds Empfang zum 60. Geburtstag unseres gemeinsamen Freundes „Hoppy" Kurrat.

Ich bin gern in Bremen gewesen. Letztlich aber ist die Situation unhaltbar geworden, und ich verzichte sogar auf Geld, um mich aus dieser Lage zu befreien.

Wieder einmal muss ich meiner Frau schonend beibringen, dass die Umzugskartons zu packen sind.

Meiner Luise kann ich nur die größten Komplimente machen, wie sie unser Familienleben während meiner Trainerzeit organisiert hat. Es ist ja nicht nur die Wohnung, die zu finden und einzurichten ist. Auch unsere drei Kinder müssen jedes Mal umgeschult werden.

Ende Februar 1978 übernehme ich ein weiteres Himmelfahrtskommando. In den letzten drei Monaten der Saison soll ich den 1. FC Saarbrücken vor dem Bundesliga-Abstieg bewahren – worüber man bei meinem bisherigen Arbeitgeber zunächst gar nicht erbaut ist, weil auch Werder sich noch nicht in Sicherheit wiegen kann.

Acht Jahre zuvor habe ich in einer ähnlichen Blitzaktion die Bremer aus dem Schlamassel gezogen. An der Saar lässt das Wunder von der Weser sich leider nicht wiederholen.

Als ich nach Saarbrücken komme, bildet die Mannschaft das Schlusslicht der Tabelle. Wir können die „rote Laterne“ zwar noch an den FC St. Pauli abgeben – der Gang in die Zweitklassigkeit ist aber nicht mehr aufzuhalten.

1978 ist kein Jahr, dem ich und mit mir die meisten deutschen Fußballfreunde eine Träne nachweinen müssen. Die Bundesliga ist in keinem guten Zustand. In den Vorständen sitzen zu viele Leute ohne den nötigen Sachverstand. Mit der Arbeitsmoral des kickenden Personals steht es ebenfalls nicht zum Besten. Und es fehlt seinerzeit noch an großen Sponsoren. Also an Geld.

Ohne ihren Denker und Lenker Franz Beckenbauer, der nun in der so genannten amerikanischen „Operetten-Liga“ für gute Dollars das Trikot von Cosmos New York trägt, blamiert sich auch die deutsche Nationalmannschaft bei der Weltmeisterschaft 1978 in Argentinien nach Kräften. In der zweiten Finalrunde ist bereits Feierabend. Am Ende einer total verkorksten Dienstreise steht für Helmut Schön und die Seinen die „Schmach von Córdoba“ – die 2:3-Schlappe gegen Österreich. Wenige Monate später wird der Bundestrainer aus seinem Amt verabschiedet.

Mein Spaß am Trainerberuf hat gleichfalls gelitten. Aber einmal werde ich noch schwach. Denn wenigstens einmal möchte ich eine ausländische Mannschaft trainieren. Und so akzeptiere ich 1981 eine Offerte, die ich von AEK Athen erhalte.

Wie erhofft, sammle ich Erfahrungen. Vornehmlich schlechte allerdings.

Wer als Trainer auf Disziplin pocht, trägt auf diesem Flecken der Fußball-Landkarte ohnehin ein schweres Los. Erst recht, wenn die Spieler auch noch hinter ihren Gehältern herlaufen müssen, wie damals beim AEK Athen.

Ich spreche kein Griechisch, nur etwas Englisch, brauche in Athen also einen Dolmetscher. Aber selbst wenn ich mit Engelszungen geredet hätte: Schneller gerannt wären die Jungs nur, wenn der AEK-Schatzmeister in der Kabine die fälligen Schecks verteilt hätte.

Nach neun Monaten habe ich die Nase voll.

Das Einzige, was mich noch hätte reizen können: Mit meinen Erfahrungen als Fußball-Lehrer dem Bundesliga-Klub meiner Heimatstadt Dortmund weiterzuhelfen. Aber ich bin nicht der Erste und auch nicht der Letzte, der erkennen muss, dass beim BVB Leute aus dem unmittelbaren Umfeld wenig gelten. Weder bei den Spielern noch im Trainerbereich pflegt Borussia die Potenziale aus den eigenen Reihen auszuschöpfen.

Damit endet 1982 meine Trainer-Laufbahn. Der bezahlte Fußball ist nicht mehr meine Welt. Zunehmend stärker dominiert das Geld alle Entscheidungen, und bei vielen Spielern klafft die Schere zwischen den finanziellen Ansprüchen und der Leistungsbereitschaft immer weiter auseinander.

In diesem Gewerbe, das ist mir bewusst geworden, hole ich mir Magengeschwüre, weil ich zu viel von dem hinunterschlucken muss, was mir auf der Zunge liegt. Und wenn ich es herauslasse, wie es meinem Naturell entspricht, bin ich ohnehin der Dumme.

Dabei bin ich keinesfalls unzufrieden mit meiner Trainer-Bilanz. Zumal ich mir bestimmt nicht die leichtesten Aufgaben ausgesucht habe. Werder Bremen vor dem Abstieg gerettet, zweimal den 1. FC Nürnberg in die Bundesliga-Aufstiegsrunde geführt – damit kann ich mich sehen lassen. Auch wenn der ganz große Erfolg ausgeblieben ist.

Wichtiger aber, dass ich an jeder Trainer-Station meinen Grundsätzen treu geblieben bin.

Dass Sepp Herberger meinen Weg aufmerksam verfolgt, weiß ich. Er besucht mich, als ich Trainer bei München 1860 bin. Es ist bezeichnend für ihn, dass er sich auch dann noch um seine Spieler kümmert, wenn diese längst nicht mehr das Nationaltrikot tragen.

Von Helmut Schön habe ich seit meinem letzten Länderspiel 1967 nichts mehr gehört.

Wer hätte nach Chile 1962 gedacht, dass zwischen Herberger und mir noch einmal ein solches Vertrauensverhältnis entstehen würde? Für einen guten Rat steht der „Chef" immer zur Verfügung. Er sucht den Kontakt zu mir. Schreibt, dass er anlässlich eines Besuches bei Fritz Walter in Alsenborn auch meinen Schwiegervater kennen gelernt habe.

Während ich noch in der Trainerausbildung stecke, bittet Herberger mich, für ihn nach Chicago zu fliegen. Den Lehrgang an der Sporthochschule Köln leitet Hennes Weisweiler – einer aus der alten Trainergarde, die sich gern bärbeißig gibt. Als ich ihn für die Reise nach Chicago um ein paar Tage Urlaub bitte, bilden sich Gewitterwolken auf Weisweilers Stirn. Die sind wie weggefegt, als ich sage, in wessen Auftrag ich unterwegs sein werde.

Der Name Herberger wirkt Wunder. Ihm zollen selbst die ganz Harten unter den Fußball-Lehrern Respekt.

Den er auch in der gesamten Fußballwelt genießt. Keiner hat eine Nationalmannschaft länger betreut als Sepp Herberger. 28 Jahre hat seine Amtszeit gedauert. Und ohne die Zwangspausen infolge des Zweiten Weltkrieges wären es noch mehr als 167 Länderspiele gewesen, denen er seinen Stempel aufgedrückt hat.

Ich fliege also nach Chicago und überreiche dort bei den deutsch-amerikanischen Fußballvereinen im Namen des „Sepp-Herberger-Komitees" Pokale und andere Auszeichnungen.

Von seinen weltweiten Kontakten hat der „Chef" nie großes Aufhebens gemacht. Er scheut zwar nicht die Öffentlichkeit, übertriebener PR-Zirkus aber ist nicht seine Sache.

Noch weniger mag seine Frau Eva, die er nur Ev nennt, den Rummel. Wenn die beiden im Auto unterwegs sind, meiden sie sogar die Raststätten, um keine Autogrammjäger anzulocken. Das Ehepaar Herberger hat belegte Brote und eine Thermoskanne dabei, stärkt sich unter freiem Himmel.

Herbergers Ev hat eine besondere Zuneigung zu meiner Frau gefasst. Und das nicht nur, weil beide fast den gleichen Dialekt sprechen.

Ev macht kein Hehl daraus, dass sie einen konservativen Geschmack hat. Jedenfalls beäugt sie kritisch alle weiblichen Wesen, die ihrer

Ansicht nach in den Farbtopf gefallen sind. Übertriebenes Make-up findet sie grauenhaft.

Meine Luise ist, was weibliche Verschönerungstechniken anbelangt, sehr zurückhaltend. Ich als ihr Mann sehe das so: Natürliche Schönheit kann sich kosmetische Sparsamkeit leisten.

Wir sind oft bei Herberger eingeladen, in Hohensachsen an der Bergstraße. Sind zu Gast beim 70. Geburtstag und bei der Vollendung seines 80. Lebensjahres am 28. März 1977. Einen Monat später erliegt der Mann, der wie kein anderer auf den deutschen Fußball eingewirkt hat, einem Herzinfarkt.

Sepp Herberger – Mythos und gestrenger Zuchtmeister, aber auch Vaterfigur und Freund.

Es hat seine Zeit gedauert, bis ich ihn verstanden habe. Er hat in allem seine Linie verfolgt. Das tue ich auch.

Aber Herberger hatte mir eins voraus. Er konnte seiner Linie, ganz dezent, eine veränderte Richtung geben. Ich hätte es im Dezember 1963 nicht über mich gebracht, den ersten Schritt zu unserer Versöhnung zu tun. Herberger gelingt das – so unspektakulär und fast beiläufig, dass er sich nichts dabei vergibt.

Aktionen mit Pauken und Trompeten sind Herberger fremd gewesen. In Halbsätzen und mit kleinen Gesten und Aufmerksamkeiten hat er mir zu verstehen gegeben, dass er mit mir im Reinen ist.

Wer, wie dieser Fußballpädagoge, eine klare Sprache bevorzugt, gesteht auch anderen das Recht auf offene Meinungsäußerung zu. Was heißen soll: Herberger hat den Auftritt des zornigen jungen Mannes namens Hans Tilkowski vom 30. Mai 1962 stillschweigend zu den Akten gelegt.

Meine Argumente damals waren nicht von der Hand zu weisen. Die Form, in der ich sie vorgebracht habe, löst allerdings Kritik aus. Davon habe ich dann reichlich einstecken müssen.

Die Erinnerung an den „Chef" behält einen Ehrenplatz in meinem Herzen.

KAPITEL 12

Entscheidend ist nicht nur „auffem Platz“

Es gibt so einiges, was ich nicht verknusen kann. Ungerechtigkeit gehört dazu. Im Rampenlicht stehen zu wollen. Hochmut. Um den heißen Brei reden. Und Nichtstun.

Abneigungen, die ein Freund mit sanfter Ironie als „Tilkowskis Sekundärtugenden“ bezeichnet.

Wie auch immer. Als ich 1982 mein „Zigeunerleben“ als Trainer beende, habe ich nicht die Absicht, die Hände in den Schoß zu legen. Ich werde aber auch nicht rückfällig, als im Laufe der Zeit das eine oder andere Trainer-Angebot lockt. Jetzt hat meine Familie Vorrang.

Und ich bin ja nicht arbeitslos. Betätige mich in meinem erlernten Beruf als Kaufmann mit angeschlossenem Geschenkartikel-Vertrieb.

Der Fußball freilich, der lässt mich nicht los. Von Kindheit an habe ich eng am Fußball gelebt. Er ist die große Chance meines Lebens gewesen.

Der Junge aus der Zechenkolonie in Dortmund-Husen hat riesiges Glück gehabt. Bald genug finde ich einen Weg, der Gesellschaft etwas davon zurückzugeben.

Die Mannschaft, in der ich mich bis auf den heutigen Tag am wohlsten fühle, das sind die Vizeweltmeister von 1966. Also jene Spieler, die mit mir in England das Erlebnis des unvergesslichen WM-Finales und des Wembley-Tores geteilt haben.

Uwe Seeler, unser Kapitän, ist auch keiner, den es lange zu Hause im Fernsehsessel hält. Er hat ein Prominenten-Team aufgebaut, das landauf, landab die Fußballstiefel für wohltätige Zwecke schnürt.

Da bin ich gern dabei. Vor allem 1983 in Herne, wo wir 85.000 Mark für geistig behinderte Kinder einspielen.

Als die Toto-Lotto-Gesellschaft im Südwesten ebenfalls eine Prominenten-Mannschaft ins Leben ruft, gehöre ich zu den Mitbegründern. Dieses Team trägt seine Benefiz-Spiele im Stuttgarter Raum aus.

In fast zehn Jahren bin ich für die Toto-Lotto-Fußballer 57-mal im Einsatz. In dieser Zeit sammeln wir bei unseren Spielen rund 670.000 Mark an Spendengeldern.

Dann kommt der Tag meines letzten Auftritts im Tor. Es ist der 13. September 1996 in Bad Urach. Anriss der Patellasehne. Und ein Fingerzeig, dass ich meine Aktivitäten besser auf einer anderen Ebene fortsetzen sollte.

Und dass man sein Glück auch nicht überstrapazieren darf. Insgesamt bin ich in meiner Karriere gut weggekommen, was Verletzungen angeht. Meine Hände sehen zwar schlimm aus, aber sonst bewege ich mich nun wirklich nicht wie ein Invalide.

Richtig ernsthaft erwischt es mich erst 1998. Zum Glück erkennen die Ärzte rechtzeitig die Blutvergiftung in meinem Schultergelenk – 48 Stunden später wäre jede Hilfe zu spät gekommen. Zwei Operationen beheben den Schaden.

Schon vor meinem letzten Spiel habe ich angefangen, selbst soziale Aktionen zu organisieren. Und merke schnell, welch hartes Brot ich mir damit eingebrockt habe.

Meine oft zitierte Sturheit (ich nenne es lieber Beharrlichkeit) hilft mir auch hier weiter. Es ist mir immer schwer gefallen, in eigener Sache den Mund aufzumachen. Aber ich kann ein richtiger Quälgeist sein, wenn es darum geht, Hilfe für meine Vorhaben zu erbitten. Da rede ich wie ein Wasserfall. Quatsche, wie man im Ruhrgebiet sagt, den Leuten notfalls einen Knopf an die Backe.

Enttäuschungen bleiben nicht aus. Aber letztlich überwiegt die Freude daran, Menschen in Krankheit und Not helfen zu können.

Zumal ich auch gleichgesinnte Mitstreiter finde, die sich von meiner Begeisterung anstecken lassen. Die ihre speziellen Kenntnisse und Kontakte einbringen. Vor allem bin ich ihnen dankbar, dass sie mir alles abnehmen, was mit Buchführung, Abrechnungen usw. zu tun hat.

Bei Geld kann man schnell ins Gerede kommen. Mir aber geht meine Glaubwürdigkeit über alles. Ich vergesse nie, was der verstorbene Johannes Rau, unser ehemaliger Bundespräsident und vormaliger Ministerpräsident von NRW, zur Glaubwürdigkeit geäußert hat: „Man muss sagen, was man tut, und tun, was man sagt."

1990, gleich nach der Wende, organisiere ich ein Spiel unserer Traditionsmannschaft von Borussia Dortmund in Leipzig. Warum gerade Leipzig? Dort gibt es eine Kinderkrebsklinik, der es an vielen wichtigen Dingen fehlt.

Luise, meine Frau, ist mir auch bei meinen sozialen Aktionen eine große Stütze. Sie hat über den Hilferuf der Leipziger Klinik in einer Zeitschrift gelesen und macht mich darauf aufmerksam: „Hans, da musst du was machen."

Also gehe ich Klinken putzen. Ich habe keine Stiftung im Rücken wie unsere Ehrenspielführer Uwe Seeler und Franz Beckenbauer, muss darauf vertrauen, dass mein Name mir die Türen potenzieller Spender öffnet. Und dass ich die gleiche „Durchschlagskraft" entwickele, die mich ausgezeichnet haben soll, wenn ich früher in meinem Strafraum die gegnerischen Angreifer attackierte.

Ein mühsames Geschäft – aber erfolgreich. Schließlich habe ich für die Kinderkrebsklinik Sachwerte von rund 200.000 Mark ergattert, darunter einen Ford Transit. Den steuere ich, voll beladen mit medizinischen Geräten und Spielzeug, eigenhändig nach Leipzig.

Runde Geburtstage kann man nicht so einfach sang- und klanglos verstreichen lassen. Schon zu meinem Fünfzigsten komme ich auf die Idee, die gesellschaftliche Verpflichtung mit dem Nützlichen zu verbinden: Ich mache die Geburtstagsparty zu einer Benefizveranstaltung.

1985 steht Hermann Heinemann, langjähriger Chef der Westfalenhallen Dortmund, vor dem Wechsel in die Landesregierung, wo er das

Amt des Arbeits- und Sozialministers übernehmen wird. Heinemann bittet um Unterstützung für die Ortsgruppe Dortmund der Deutschen Multiple-Sklerose-Gesellschaft.

Also ziehe ich in der altehrwürdigen Kampfbahn Rote Erde eine Fußball-Gala auf. Borussias Europacup-Sieger von 1966 treffen auf eine internationale Auswahl, gespickt mit glanzvollen Namen wie „Radi" Radenkovic, Franz Beckenbauer und Gerd Müller, mit Josef Masopust, meinem alten Freund von Dukla Prag, und mit Bobby Moore, dem Kapitän der englischen Weltmeistermannschaft 1966.

Es gibt Fußball vom Feinsten mit elf Toren. Und für die Multiple-Sklerose-Gesellschaft einen Scheck über 50.000 Mark.

Auch zu meinem 60. Geburtstag organisiere ich eine Benefizveranstaltung. Zusammen mit der Stadt Kamen und mit dem SuS Kaiserau, der 1995 sein 75-jähriges Vereinsjubiläum feiert. Für den SuS habe ich im Tor gestanden, ehe ich 1955 in die Oberliga West zu Westfalia Herne gewechselt bin.

Nun spielt mein alter Verein gegen das prominent besetzte Toto-Lotto-Team aus Stuttgart. Das Resultat, ohnehin Nebensache, ist mir längst entfallen. Unvergessen aber bleibt der finanzielle Erfolg, der sich mit 90.000 Mark wirklich sehen lassen kann.

Davon profitieren gleich zwei Einrichtungen: 40.000 Mark erhält die Ortsgruppe Kamen der Deutschen Multiple-Sklerose-Gesellschaft. Und 50.000 Mark gehen an die Mukoviszidose-Hilfe.

Deren Gründungsmitglied und 1. Vorsitzende ist Christiane Herzog, die Gattin unseres damaligen Bundespräsidenten Roman Herzog.

An einem Freitag sind meine Frau und ich mit einer Delegation aus Kaiserau und Stuttgart zu Gast in der Villa Hammerschmidt in Bonn, wo wir der „First Lady" der Bundesrepublik Deutschland den Scheck über 50.000 Mark überreichen.

Das ist schon ein besonderes Erlebnis, und ich denke zurück, wie schlicht es mal angefangen hat mit diesen Aktionen – auf einem Rasenplatz im Dortmunder Vorort Hombruch.

1987 ist es gewesen. Wir, die Europacup-Sieger des BVB von 1966, spielen gegen eine Promi-Mannschaft mit Sportlern aus verschiedensten Disziplinen. Für die gute Sache streifen sich u.a. Boxer Peter Hussing, Rad-Weltmeister Rudi Altig und die Läufer-Legende Harald Norpoth das Trikot über, Letzterer übrigens ein richtig guter Fußballer.

Der stärkste Beifall aber gilt Helmut Rahn. Wie immer gibt der „Boss“ die Stimmungskanone.

Uns verbindet nicht nur eine herzliche Freundschaft. Wir sind beide überzeugte Ruhrgebietler, und unsere Namen stehen für die beiden größten Tor-Aufreger der letzten Jahrzehnte: Rahn mit seinem Siegtreffer zum 3:2 über Ungarn, das Deutschland 1954 sensationell zum Weltmeister macht; ich zwölf Jahre später mit dem für immer geheimnisumwitterten Wembley-Tor.

Nach dem Spiel gibt es nur Sieger, denn wir haben 35.000 Mark eingenommen. Sie sind bestimmt für den Elterntreff leukämie- und tumorerkrankter Kinder e.V. an den Städtischen Kliniken Dortmund.

Heißt der Schauplatz 1987 noch Hombruch, ist die „Bühne“ am 13. Juni 1989 schon wesentlich prächtiger: Das Spiel einer Ruhrgebiets-Auswahl gegen eine „Weltelf“ findet im Westfalenstadion statt – sicher einer der Höhepunkte meiner Benefiz-Aktivitäten. Rund 300.000 Mark zahlen die Zuschauer in die wohltätige Kasse. Sie kommen dem Weltkinderhilfswerk der UNICEF zugute.

Und das Publikum hat seinen Spaß an den technischen Kabinettstückchen. Gleich drei Trainerstars betreuen die „Weltelf“: Franz Beckenbauer, der Holländer Rinus Michels und Argentiniens WM-Trainer Dr. Carlos Bilardo.

Nur einer versetzt mich, und das, obwohl auch sein Trainer Dr. Carlos Bilardo fest der Zusage vertraut: Diego Maradona. Für ihn hatten wir eigens einen Privatjet gechartert. Der landet, aus Argentinien kommend, in Neapel – ohne den wortbrüchigen Ballkünstler.

Aber ich bin nicht der Erste und längst nicht der Letzte, der mit dem pummeligen Exzentriker eine solche Erfahrung macht.

Dann „entdecke“ ich Dortmunds herrlich gelegenes Spielcasino auf der Hohensyburg für meine Pläne. Der ideale festliche Rahmen für eine Benefiz-Gala. Aber es dauert, ehe ich die Casino-Führung davon überzeugen kann, dass sie in mir einen seriösen und verlässlichen Partner haben wird. Zumal bei der ersten meiner Veranstaltungen im Festsaal des Casinos auch der Sportförderverein des Deutschen Fußball-Bundes mit im Boot ist.

Monatelang halten mich die Vorbereitungen auf Trab. Den Gästen soll für ihr Geld ein erstklassiges Programm geboten werden: Musik, Unterhaltung und eine Talkshow mit allen drei Ehrenspielführern des DFB. Mit Fritz Walter, Uwe Seeler und Franz Beckenbauer.

Am 17. Dezember 1997 geht die 1. Benefiz-Gala über die Bühne. Der gesamte Reinerlös – 150.000 Mark – fließt an die Deutsche Leukämie-Forschungshilfe und an den Dortmunder Elterntreff leukämie- und tumorerkrankter Kinder e.V. Die Eltern finanzieren mit dem Geld eine dringend benötigte zusätzliche Arztstelle in der Krebsstation der Kinderklinik.

Wie jeder Veranstalter mache ich die Erfahrung, dass bei den Leuten die Erwartungen von Mal zu Mal steigen. Im Fußball habe ich so gut wie alles ausgereizt. Bei der nächsten Benefiz-Gala muss ein Weltstar her. Oder noch besser: eine Königin. Und tatsächlich, es gelingt.

Kein gekröntes Haupt ist in Deutschland so populär wie die ehemalige Olympia-Hostess von 1972 in München, in die sich der schwedische Thronfolger verliebt: Königin Silvia von Schweden. Am 18. Februar 2000 ist sie in Dortmund und im Casino Hohensyburg Schirmherrin und gefeierter Ehrengast einer Benefiz-Gala mit Diner, festlichem Programm und Tombola.

Gleich drei soziale Einrichtungen partizipieren an der Einnahme von 310.000 Mark: Die von Königin Silvia ins Leben gerufene World Childhood Foundation; der Elterntreff leukämie- und tumorerkrankter Kinder e.V. in Dortmund; die Ortsvereinigung Dortmund, Castrop-Rauxel und Kreis Unna e.V. der Deutschen Multiple-Sklerose-Gesellschaft.

Diese und andere soziale Aktivitäten haben mein Leben sehr bereichert. Allein schon durch die vielen interessanten Begegnungen und Bekanntschaften. Und durch die herzliche Dankbarkeit, die meine Mitstreiter und ich erfahren haben.

Die Arbeit hält mich in Schwung. Ich habe gar keine Zeit, alt zu werden.

Im August 2004 muss ich sogar noch einmal sportlich aktiv werden und auf ein Rennrad steigen. Ich soll, so bitten mich die Veranstalter, der in jedem Jahr durchgeführten „Tour der Hoffnung“ zugunsten krebskranker Kinder, wenigstens die letzte Etappe mitfahren, zumal diese fast vor meiner Haustür enden werde. Nur: Diese Etappe ist 105 Kilometer lang.

Traditionsgemäß nehmen zahlreiche Prominente und bekannte Sportler an dieser Benefiz-Tour teil. Wenn schon, denke ich, willst du dich wenigstens nicht blamieren. Also lasse ich mich bei meinem Arzt durchchecken, werde für o.k. befunden und strampele auf dem für mich ungewohnten Rennrad einige Trainingsrunden.

Der Startschuss für die Schlussetappe fällt in Münster, Ziel ist Herne. Meine Beinmuskulatur kann die 105 Kilometer ganz gut verkraften. Aber mein armes Hinterteil …

Bei uns im Ruhrgebiet zitiert man gern und oft den Spruch des ehemaligen BVB-Kapitäns Adi Preißler: „Entscheidend is auffem Platz.“

Ja, lieber Adi, für den Fußball hast du natürlich Recht. Aber wenn der oberste Schiedsrichter unser Leben abpfeift, dann ist auch entscheidend, ob wir etwas Sinnvolles geleistet haben.

Adi ist schon einer gewesen. Eine Experten-Jury des BVB hat ihn (wie mich übrigens auch) in Borussias „Mannschaft des 20. Jahrhunderts“ gewählt.

Er weilt nicht mehr unter uns. Aber wenn Adi meine Ansicht zum Sinn des Lebens gehört hätte, dann wäre von ihm sicher ein Spruch gekommen wie: „Mann, du bist vielleicht ein Verrückter, lass doch mal langsam gehen.“

„Verrückt“ – das ist ein Etikett, das man Torhütern und Linksaußen schon immer gern angehängt hat.

Stört mich nicht. Mir sind in all den Jahren auf den Fußballfeldern der ganzen Welt eine Menge „Verrückter“ mit den seltsamsten Macken über den Weg gelaufen. Und die verteilten sich auf alle gängigen Rückennummern.

Dass Torhüter eine exponierte Stellung haben, ist eine Binsenweisheit. Meine Torwart-Philosophie haben Männer wie Sepp Herberger und Fritz Langner geprägt. Für sie war die Nr. 1 in erster Linie Teil der Mannschaft.

Das Credo des Bundestrainers lautete: „Ich will einen Torwart für die Mannschaft und nicht für die Galerie." Herberger verlangte von seinen Torleuten Sachlichkeit und totale Konzentration auf jeden Spielzug: „Hans, Sie sind der letzte Abwehrspieler und der erste Aufbauspieler Ihrer Mannschaft."

Was voraussetzt, dass der Torwart auch ein guter Fußballer ist. Und dass die Nr. 1 über eine solide Spiel- und Schusstechnik verfügt. Weshalb ich bei Herberger und Langner zusätzlich auch immer am Mannschaftstraining teilnehmen musste.

In Sachen Schusstechnik und Aufbauspiel von hinten sehe ich zum Beispiel Defizite bei Olli Kahn. Wenn der Münchner aus der Bedrängnis heraus einen Ball wegschlagen muss, habe ich beim Zuschauen oft ein mulmiges Gefühl.

Von unseren WM-Torhütern ist Kahn sicher der schlechteste Fußballer – eine Feststellung, mit der ich seine Torwart-Qualitäten insgesamt in keiner Weise schmälern will. Überhaupt werde ich einen Teufel tun und mich jemals für diesen oder jenen als Nr. 1 im deutschen Tor aussprechen. Das wäre auch nicht seriös. Der Bundestrainer ist dann, wenn es um die Aufstellung geht, so nah dran an den Spielern wie sonst keiner. Nur er kann die Entscheidung treffen.

Im Übrigen dürfte Fußball-Deutschland sich glücklich schätzen, wenn wir in allen Mannschaftsteilen der Nationalelf so wenig Sorgen hätten wie in der Torwart-Frage. Der Streit um die von Jürgen Klinsmann praktizierte Torhüter-Rotation war ein künstlich aufgeblasenes Problem, angestachelt von der Bayern-Lobby.

Es ist das gute Recht des Bundestrainers, sich so spät wie möglich festzulegen. Sepp Herberger hat es genau so gemacht. Er hat sogar noch mehr rotieren lassen, wollte keinem seiner Torleute vorzeitig das Gefühl geben, es geschafft zu haben. So erging es mir ja auch 1962 in Chile, wo ich erst 20 Stunden vor dem ersten WM-Spiel von meiner Nichtberücksichtigung erfahren habe.

Ich halte nicht viel von „Bestenlisten“, wie sie heutzutage im Sport „in“ sind. Diese Rankings – wer ist der beste Torwart der Welt, wer die Nr. 1 in Europa? – sind in meinen Augen bestenfalls eine unterhaltsame Spielerei, mehr nicht. Aber ich will nicht verheimlichen, welcher Schlussmann meiner Idealvorstellung von einem Torhüter sehr nahe kommt.

Ich meine diesen großen und schlanken Niederländer aus der Schule von Ajax Amsterdam: Edwin van der Sar. Vom UEFA-Cup bis zum Weltpokal hat er fast alles gewonnen, was das Fußballherz begehrt. Natürlich ist er Nationalspieler, und natürlich haben sich die großen Klubs um ihn gerissen. Juventus Turin, FC Fulham und Manchester United sind Stationen seiner Karriere.

Edwin van der Sar ist für mich der Prototyp des mitspielenden, sachlichen Torhüters. Er kann ein Spiel lesen, steht fast immer goldrichtig. Wenn seine Abwehr weit aufgerückt ist, agiert er oft wie ein Ausputzer. Seine Schusstechnik ist tadellos.

Durch die neue Rückpass-Regelung aus dem Jahr 1992 sind die Anforderungen an die fußballerischen Qualitäten eines Torhüters stark gewachsen. Er darf den Ball, der ihm mit dem Fuß zugespielt wird, nicht mehr mit der Hand aufnehmen. Dadurch wird die früher oft übliche Zeitschinderei unterbunden und das Spiel attraktiver.

Andere Neuerungen, die gegenwärtig diskutiert werden und die den Torwart betreffen, sehe ich viel skeptischer. Zum Beispiel die Idee, die Tore mit Sensoren auszurüsten und dem Ball einen Chip „einzupflanzen“. So soll sich angeblich zweifelsfrei klären lassen, ob der Ball jenseits der Torlinie war oder nicht.

Ein schrecklicher Gedanke. Jedenfalls für mich.

Erstens habe ich im Zusammenhang mit dem Wembley-Tor so viele technische Beweise und Gegenbeweise zu sehen bekommen, dass mir gleich die Frage auf der Zunge liegt: Und wer kontrolliert denn dann die Kontrolleure?

Zweitens: Wenn man der Technik die Entscheidung über Tor oder Nicht-Tor überlässt, degradiert das den Schiedsrichter zu einem Erfüllungsgehilfen. Muss der Schiri demnächst mit einem Kopfhörer herumlaufen und auf Anweisungen aus der „technischen Zentrale“ warten?

Drittens: Und worüber, bitte schön, sollen sich montags die Leute in der Frühstückspause unterhalten, wenn nicht mehr über die umstrittenen Tore und Elfmeter des Wochenendes?

Der Fußball ist so populär, weil er einfach ist. Weil er Emotionen auslöst, Diskussionen entfacht, jede Menge Gesprächsstoff liefert. Ohne die ewigen Diskussionen um das Wembley-Tor wäre die Geschichte der Fußball-Weltmeisterschaft jedenfalls ärmer.

Irrtümer sind ein Teil unseres Lebens. Irren ist menschlich.

Wer das Fußballspiel nicht mehr durch Schiedsrichter, sondern durch die Technik kontrollieren lässt, raubt ihm die Seele.

Laut Geburtsurkunde bin ich längst Ruheständler – als solcher aber völlig unbegabt. „Ruhe ist die erste Bürgerpflicht“ – das ist in meiner Kindheit eine Forderung der Staatsräson gewesen. Mund halten und parieren. Heute garantiert uns das Grundgesetz Meinungsfreiheit, und von der mache ich ausgiebig Gebrauch. Und da ich nie eine Diplomatenschule von innen gesehen habe, komme ich in der Regel gleich zur Sache. Was mir keineswegs immer zum Vorteil gereicht.

Aber ich kann nun mal nicht stillhalten, wenn ich sehe, wie etwas schief läuft.

Und das tut es bei meiner Borussia. In den Jahren nach den großartigen Erfolgen – 1995 und 1996 Deutscher Meister, 1997 Sieg in der Champions League und im Weltpokal – zeichnet sich mehr und mehr die gleiche fatale Entwicklung ab wie schon nach unserem Europacup-Triumph 1966. Auch damals habe ich das Unheil kommen sehen. Und gewarnt. Vergeblich. Und leider habe ich Recht behalten.

Ich muss an dieser Stelle zwei Bemerkungen vorausschicken. Ich bin kein Meckerkopp oder Querulant, kritisiere nicht um des Kritisierens willen oder um mir persönliche Vorteile zu verschaffen. Ich will nur meine Erfahrung und mein Fußballwissen meinem Verein zugute kommen lassen.

Ich habe, zweitens, persönlich nicht das Geringste gegen Dr. Gerd Niebaum, der von 1986 bis 2004 an der Spitze des BVB steht. Für die eindrucksvolle Titelsammlung in der zweiten Hälfte der neunziger Jahre habe ich ihn sogar bewundert, seinen Elan und seinen Mut gelobt.

Aber aus dem Mut wird Hochmut, und das Führungsduo Dr. Gerd Niebaum / Michael Maier verliert die Bodenhaftung, steht bald mit allen vier Beinen fest in den Wolken.

Wie man es oft genug erlebt, gerät eine Mannschaft nach einer Serie von Erfolgen in eine Phase des Abschwungs. Das ist eine gefährliche Nahtstelle, auf die man mit Ruhe und Augenmaß reagieren muss. Die BVB-Chefs aber wähnen sich nach 1997 auf Augenhöhe mit dem FC Bayern München und wollen diese Position mit aller Macht behaupten – im wahrsten Sinne ohne Rücksicht auf Verluste.

Dabei ist ihre Vereinspolitik ein schlagender Beweis dafür, welcher Abstand noch zwischen Borussia und den Bayern klafft. In München haben sie mit Franz Beckenbauer, Karl-Heinz Rummenigge und Uli Hoeneß eine ebenso stabile wie hoch kompetente Führungsachse installiert, um die sich alles dreht und die alles in Schwung hält.

Im Gegensatz zu den Leuten in den verschiedenen BVB-Gremien, die über weit bessere Informationen verfügten als ich, habe ich meine Sorgen nicht verschwiegen. Wiederholt versuche ich, Dr. Niebaum auf die sportlichen Fehlentwicklungen hinzuweisen. Der Mann blockt ab, lässt sich auf kein ausführliches Gespräch ein. Ich werde sozusagen als unliebsamer Miesmacher in die Ecke gestellt.

Aus unserer Europacup-Truppe von 1966 bin ich der Einzige, der den Mund aufmacht. Die anderen ziehen den Kopf ein. Diese Mannschaft ist längst keine Einheit mehr, sie hat sich in Einzelteile aufgelöst. Jeder bangt um seine kleinen Privilegien. Die vom Wohlverhalten abhängen. Man scheut sich sogar nicht, Kameraden anzuschwärzen.

„Hoppy" Kurrat und ich, wir haben in dieser Zeit nicht mal Zugang zum VIP-Raum des Stadions. Tradition? Die wird erst wieder beschworen, als es dem BVB richtig dreckig geht.

Dafür macht im Herbst 2000 mit Borussia ausgerechnet ein Ruhrgebietsverein den Vorreiter beim Gang an die Börse. Und wandelt sich zur „Größenwahn AG". Zigmillionen werden verpulvert in überteuerte Spielertransfers und viel zu hohe Gehälter. Der mit viel Dusel gewonnene Meistertitel 2002 täuscht noch einmal über den wahren Zustand des Vereins hinweg. 2003 und 2004 scheitert die Mannschaft frühzeitig in den internationalen Wettbewerben. Jetzt fehlen Einnahmen, die man dringend gebraucht hätte.

Die Verantwortlichen aber gaukeln Anlegern und Mitgliedern bis zum Gehtnichtmehr die heile Welt vor. Bis am 17. Oktober 2004 auf einer sonntäglichen Krisensitzung der Gremien das Lügengebäude zusammenfällt wie ein Kartenhaus. Dr. Niebaum tritt zurück. Kleckerweise kommt die ganze Wahrheit ans Tageslicht.

Dr. Reinhard Rauball übernimmt das Ruder, und was ihm seine Vorgänger hinterlassen, übertrifft die schlimmsten Befürchtungen. Mit über 100 Millionen Euro an Verbindlichkeiten steht Borussia Dortmund am Abgrund.

In der Mannschaft ist nun kein Platz mehr für launische Diven vom Schlage eines Marcio Amoroso. In Dortmund besinnt man sich, der Not gehorchend und der neuen Führung, auf alte Tugenden. Auf den eigenen Nachwuchs mit Spielern aus der Region. Youngster, zum Teil gerade 17-jährig, bekommen ihre Chance. Trainer Bert van Marwijk kann es gut mit den Jungspunden. Seine „Rasselbande" ist die jüngste Mannschaft in der Bundesliga. Dass sie Lehrgeld zahlen muss und Rückschläge nicht ausbleiben können, liegt auf der Hand. Aber die Fans im Signal Iduna Park, wie das Westfalenstadion seit 2005 heißt, unterstützen den neuen Kurs.

Der Fußball hat einen riesigen Stellenwert in unserem Land. Und erst recht im Ruhrgebiet. Wie die Zuschauerzahlen ja auch beweisen.

Das kann aber nicht darüber hinwegtäuschen, dass der Fußball an vielem krankt. Insofern ist er ein Spiegelbild unserer Gesellschaft. Hier wie da fehlt es oft an Solidarität und am Mut zur Vernunft.

Und an der Bereitschaft, nicht immer nur nach dem Staat zu rufen, sondern selbst die Initiative zu ergreifen, beginnend im eigenen Umfeld. Indem wir uns zum Beispiel bemühen, mit den sozialen und zwischenmenschlichen Problemen sensibler umzugehen.

Ich habe früh gelernt, dass der Einzelne nichts ist, wenn er etwas bewirken will. Dass er für seine Leistungen der Unterstützung seiner

Familie, seiner Freunde, seines Teams bedarf. Nicht nur im Fußball bin ich überzeugter Mannschaftsspieler.

Und deshalb ist es höchste Zeit, Danke zu sagen.

Ganz besonders meiner Frau Luise, mit der ich seit 1959 verheiratet bin. Es war nicht immer leicht mit mir. Aber sie hat mir zu jeder Zeit den Rücken freigehalten. Vor allem in den Jahren meiner Trainertätigkeit ist sie der ruhende Pol gewesen, hat die Umzüge und die neuen Einschulungen großartig gemeistert.

Ich danke auch meinen Kindern. Sie haben alle drei ihren Weg gemacht – sicher in erster Linie ein Verdienst ihrer Mutter. Meine Familie ist immer der Zufluchtsort gewesen, an dem ich neue Kraft schöpfen konnte.

Dank schulde ich allen, die meinen Lebensweg begleitet, meine sportliche Karriere mit Anteilnahme verfolgt und meine sozialen Aktionen hilfreich unterstützt haben. Manche meiner Freundschaften halten schon über sechs Jahrzehnte.

Respekt und Verbundenheit gebührt Hans Ost, der mit großem persönlichen Einsatz am Entstehen des Buches ganz wesentlich mitgewirkt hat.

Und zu danken habe ich meiner Schwiegertochter Christine Proske in München. Sie hat mir den Floh mit dem Buch ins Ohr gesetzt. Ich hätte doch ein so interessantes Leben geführt und viel zu erzählen. Das Buch sei ich meinen vielen Freunden schuldig, aber auch meinen Kindern und Enkeln.

Ich war von dieser Idee erst gar nicht begeistert. Aber Christine hat nicht locker gelassen. Sie ist vom Fach, kennt sich im Verlagswesen aus, verfügt über alle nötigen Kontakte. Sie muss es also wissen.

Zwei Monate vor meinem 70. Geburtstag habe ich vor Christines Kompetenz und Charme kapituliert.

Für mich wird sich dadurch nichts ändern. Ich will, so meine Gesundheit es zulässt, weitermachen wie bisher.

Aber eines kann ich jetzt schon sagen: Mein Leben hat sich gelohnt, weil es mir gelungen ist, nie stehen zu bleiben.

Und alles habe ich dem Fußball zu verdanken.

DETTMAR CRAMER

Der Freund dem Freund in guter Erinnerung

Wenn ich an Hans Tilkowski denke, fallen mir zwei bekannte Zeilen ein, die für ihn und über ihn hätten geschrieben worden sein können:

Im Herzen Mut,
Trotz unter'm Hut.

Ein einfacher Spieler war er nicht, aber ein großer – und welcher große Spieler war je ein einfacher?

Edson Arantes Do Nascimento, genannt Pelé, jedenfalls nicht – und die anderen Unvergesslichen, zum Beispiel Lew Jaschin, Eusebio, Bobby Charlton, Johan Cruyff, Uwe Seeler, Franz Beckenbauer, Gerd Müller, Sepp Maier, Günter Netzer auch nicht.

Sie waren Spielerpersönlichkeiten, die bestimmenden Einfluss nahmen auf das Spiel ihrer Mannschaft, aber auch auf ihre Umgebung. Sie wurden gefeiert und verantwortlich gemacht für Erfolg und Misserfolg.

Hans Tilkowski hat das alles erlebt und überlebt. Es hat ihn geformt. Er war vorgeschult. Hans stammt aus dem Dortmunder Vorort Husen in der Nähe von Kurl und Kaiserau.

Vater Johann war Bergmann. Damals war man stolz darauf, Dortmunder und Bergmann zu sein.

Der Wiederaufstieg der Stadt Dortmund begann im 19. Jahrhundert durch die zunehmende Industrialisierung und vor allen Dingen durch den Bergbau – wie auch nach 1945. Die alten Kumpel im Kohlenpott wissen um ihre vergangenen Verdienste für unsere Volkswirtschaft. Sie wissen aber auch, dass man notwendige Entwicklungen nicht aufhalten und keinen Rückwärtsgang einschalten kann. Respektieren muss man nur ihre Erinnerungen an gefährliche Schwerstarbeit, Selbstüberwindung und uneigennützige Kameradschaft.

Das war die Vorschule für Hans Tilkowski, den Kohlenpott-Jungen.

Seine Selbstdisziplin, sich in optimale Kondition zu bringen und die über eine Saison nach der anderen zu halten, seine Selbstkontrolle und der Aufbau seines guten Rufes kommen daher.

Seine Bereitschaft zur Selbstkritik hat ihn technisch und taktisch in die Garde der besten deutschen Torleute eingereiht.

Seine körperliche und mentale Robustheit bewahrte ihn vor manchen Verletzungen oder hat ihn nach unvermeidbaren Verletzungen schnell wieder auf die Beine gestellt.

Vergessen darf ich auf keinen Fall seine soziale Ader: seine Liebe zu seiner Frau und seiner Familie, seine Freundschaft zu Menschen, die er mag, und seine Mission als Botschafter des Friedensdorfes Oberhausen.

Glück auf, lieber Hannes
Dein Dettmar Cramer

ANHANG

Biografische Daten Hans Tilkowski

12. Juli 1935	Geburt in Husen (Vorort von Dortmund)
1946 bis 1949	Spieler des SV Husen 19
1949	Wechsel zum SuS Kaiserau
1955	Wechsel zu Westfalia Herne
1957	erstes Länderspiel (3.4.): Holland - Deutschland in Amsterdam (1:2)
1959	Hochzeit mit Luise Köhler
1960	Geburt des Sohnes Ralf
1961	Geburt des Sohnes Uwe
1962	Teilnahme an Weltmeisterschaft in Chile, kein Einsatz
1963	Wechsel zu Borussia Dortmund, Start der Bundesliga
1965	Geburt der Tochter Susanne DFB-Pokalsieger mit BVB Wahl zum „Fußballer des Jahres“ (als erster Torhüter)
1966	Europapokalsieger mit BVB (als erster deutscher Verein) Vizeweltmeister in England Silbernes Lorbeerblatt
1967	Wechsel zu Eintracht Frankfurt
1970	Ende der Karriere als aktiver Sportler
März 1970	Erwerb des Trainer-Diploms an der Sporthochschule in Köln (Note 1)
ab 17. März 1970	Trainer von Werder Bremen
1970 - 1972	Trainer von 1860 München
1973 - 1976	Trainer vom 1. FC Nürnberg
1976/77	Trainer von Werder Bremen
1978	Trainer des 1. FC Saarbrücken (24. Februar 1978 bis 31.5.1978, befristeter Vertrag)
1981/82	Trainer des AEK Athen

Seither Engagement im sozialen und karitativen Bereich

1991 Bundesverdienstkreuz am Bande

1995 Staufer-Medaille des Landes Baden-Württemberg

1999 Verdienstorden des Landes Nordrhein-Westfalen

Bundesliga

Insgesamt 121 Bundesligaspiele

1963/64: Platz 4 mit Borussia Dortmund

1964/65: Platz 3 mit Borussia Dortmund

1965/66: Platz 2 mit Borussia Dortmund

1966/67: Platz 3 mit Borussia Dortmund

1967/68: Platz 6 mit Eintracht Frankfurt

1968/69: Platz 8 mit Eintracht Frankfurt

Pokal

DFB-Pokalsieger: 1965 mit Borussia Dortmund

Europapokalpokal der Pokalsieger: 1966 mit Borussia Dortmund

Verwarnungen

Platzverweis: keiner

Nationalmannschaft

Insgesamt 39 Einsätze als Nationaltorwart (1957 - 1967)

(Damit seinerzeit Rekord-Nationalspieler auf der Torhüterposition)

Teilnahme an WM-Turnieren: 1962, 1966

WM-Spiele: 6 (1966)

Die Länderspiele

1) Niederlande - Deutschland 1:2 (am 3.4.1957 in Amsterdam)
Mitspieler: Juskowiak, K. Schmidt, Szymaniak, Wewers, Erhardt, Rahn, Schröder, Kraus, Schäfer, Vollmar

2) Deutschland - Schottland 1:3 (am 22.5.1957 in Stuttgart)
Mitspieler: Gerdau, Juskowiak, Stollenwerk, Szymaniak, Wewers, Rahn, Schröder, Kelbassa, A. Schmidt, Siedl

3) Frankreich - Deutschland 2:2 (am 26.10.1958 in Paris)
Mitspieler: Stollenwerk, Bauer, A. Schmidt, Erhardt, Szymaniak, Rahn, Haller, Seeler, Geiger, Cieslarczyk

4) Deutschland - Österreich 2:2 (am 19.11.1958 in Berlin)
Mitspieler: Stollenwerk, Schnellinger, Eckel, Erhardt, Szymaniak, Rahn, Haller, Seeler, A. Schmidt, Kapitulski

5) Ägypten - Deutschland 2:1 (am 28.12.1958 in Kairo)
Mitspieler: Zastrau, Schnellinger, Mai, Pyka, Benthaus, Rahn, Morlock, Biesinger, Faeder, Klöckner

6) Schweiz - Deutschland 0:4 (am 4.10.1959 in Bern)
Mitspieler: Stollenwerk, Juskowiak, Benthaus, Erhardt, Szymaniak, Rahn, Seeler, Brülls, Siedl, Vollmar

7) Ungarn - Deutschland 4:3 (am 8.11.1959 in Budapest)
Mitspieler: Stollenwerk, Juskowiak, Benthaus, Erhardt, Szymaniak, Rahn, A. Schmidt, Seeler, Brülls, Siedl

8) Deutschland - Chile 2:1 (am 23.3.1960 in Stuttgart)
Mitspieler: Stollenwerk, Schnellinger, Benthaus, Erhardt, Sundermann, Rahn, Haller, Seeler, A.Schmidt, Brülls

9) Deutschland - Portugal 2:1 (am 27.4.1960 in Ludwigshafen)
Mitspieler: Erhardt, Schnellinger, Schulz, Wilden, Szymaniak, Rahn, Schütz, Seeler, Haller, Brülls

10) Island - Deutschland 0:5 (am 3.8.1960 in Reykjavik)
Mitspieler: Lutz, Schnellinger, Schulz, Erhardt, Szymaniak, Reitgaßl, Brülls, Seeler, Haller, G. Dörfel

11) Nordirland - Deutschland 3:4 (am 26.10.1960 in Belfast)
Mitspieler: Erhardt, Schnellinger, Giesemann, Wilden, Szymaniak, Kreß, Brülls, Seeler, Herrmann, G. Dörfel

12) Griechenland - Deutschland 0:3 (am 20.11.1960 in Athen)
Mitspieler: Lutz, Schnellinger, Giesemann, Erhardt, Szymaniak, Kreß, Haller, Seeler, Brülls, G. Dörfel

13) Deutschland - Belgien 1:0 (am 8.3.1961 in Frankfurt)
Mitspieler: Lutz, Schnellinger, Giesemann, Erhardt, Szymaniak, Vollmar, Haller, Seeler, Brülls, G. Dörfel

14) Chile - Deutschland 3:1 (am 26.3.1961 in Santiago)
Mitspieler: Lutz, Erhardt, Giesemann, Wilden, Szymaniak, Kreß, Brülls, Seeler, Herrmann, G. Dörfel

15) Deutschland - Nordirland 1:2 (am 10.5.1961 in Berlin)
Mitspieler: Erhardt, Schnellinger, Werner, Wilden, Szymaniak, Kreß, Herrmann, Seeler, Stürmer, Brülls

16) Deutschland - Dänemark 5:1 (am 20.9.1961 in Düsseldorf)
Mitspieler: Nowak, Schnellinger, Schulz, Wenauer, Giesemann, Kreß, Herrmann, Seeler, Haller, Brülls

17) Polen - Deutschland 0:2 (am 8.10.1961 in Warschau)
Mitspieler: Nowak, Erhardt, Schulz, Wenauer, Giesemann, Olk, Herrmann, Seeler, Haller, Brülls

18) Deutschland - Griechenland 2:1 (am 22.10.1961 in Augsburg)
Mitspieler: Nowak, Schnellinger, Schulz, Erhardt, Giesemann, Kreß, Herrmann, Seeler, Haller, Brülls

19) Algerien - Deutschland 2:0 (am 1.1.1964 in Algier)
Mitspieler: Lutz, Kurbjuhn, Schulz, Wilden, Reisch, Libuda, Krämer, A. Schmidt, Konietzka, Gerwien

20) Deutschland - Schottland 2:2 (am 12.5.1964 in Hannover)
Mitspieler: Nowak, Steiner, Szymaniak, Giesemann, Weber, Libuda, A. Schmidt, Seeler, Geiger, G. Dörfel

21) Finnland - Deutschland 1:4 (am 7.6.1964 in Helsinki)
Mitspieler: Lutz, Redder, Schulz, Sieloff, Weber, Kraus, Geiger, A. Schmidt, Konietzka, Overath

22) Deutschland - Schweden 1:1 (am 4.11.1964 in Berlin)
Mitspieler: Nowak, Schnellinger, Szymaniak, Giesemann, Weber, Brunnenmeier, Haller, Seeler, Overath, G. Dörfel

23) Deutschland - Italien 1:1 (am 13.3.1965 in Hamburg)
Mitspieler: Piontek, Patzke, Höttges, Sieloff, Weber, Heiß, Küppers, Brunnenmeier, Konietzka, Hornig

24) Deutschland - England 0:1 (am 12.5.1965 in Nürnberg)
Mitspieler: Piontek, Höttges, Schulz, Sieloff, Lorenz, Thielen, Krämer, Rodekamp, Overath, Hornig

25) Schweiz - Deutschland 0:1 (am 26.5.1965 in Basel)
Mitspieler: Piontek, Höttges, Schulz, Sieloff, Lorenz, Heiß, Küppers, Rodenkamp, Overath, Rebele

26) Brasilien - Deutschland 2:0 (am 6.6.1965 in Rio de Janeiro)
Mitspieler: Piontek, Höttges, Schulz, Sieloff, Lorenz, Heiß, Krämer, Rodekamp, Overath, Libuda

27) Schweden - Deutschland 1:2 (am 26.9.1965 in Stockholm)
Mitspieler: Höttges, Schnellinger, Beckenbauer, Sieloff, Schulz, Brunnenmeier, Grosser, Seeler, Szymaniak, Krämer

28) Deutschland - Österreich 4:1 (am 9.10.1965 in Stuttgart)
Mitspieler: Höttges, Lorenz, Beckenbauer, Sieloff, Weber, Nafziger, Ulsaß, Brunnenmeier, Netzer, Krämer

29) Zypern - Deutschland 0:6 (am 14.11.1965 in Nikosia)
Mitspieler: Piontek, Höttges, Beckenbauer, Weber, Szymaniak, Heiß, Brunnenmeier, Netzer, Krämer, Hornig

30) England - Deutschland 1:0 (am 23.2.1966 in London)
Mitspieler: Lutz, Lorenz, Schulz, Weber, Szymaniak, Krämer, Beckenbauer, Held, Netzer, Hornig

31) Deutschland - Rumänien 1:0 (am 1.6.1966 in Ludwigshafen)
Mitspieler: Lutz, Schnellinger, Szymaniak, Weber, Höttges, Grabowski, Ulsaß, Seeler, Overath, Hornig

32) Deutschland - Jugoslawien 2:0 (am 23.6.1966 in Hannover)
Mitspieler: Höttges, Schnellinger, Beckenbauer, Schulz, Weber, Krämer, Haller, Seeler, Overath, Held

33) Schweiz - Deutschland 0:5 (am 12.7.1966 in Sheffield)
Mitspieler: Höttges, Schnellinger, Beckenbauer, Schulz, Weber, Brülls, Haller, Seeler, Overath, Held

34) Argentinien - Deutschland 0:0 (am 16.7.1966 in Birmingham)
Mitspieler: Höttges, Schnellinger, Beckenbauer, Schulz, Weber, Brülls, Haller, Seeler, Overath, Held

35) Spanien - Deutschland 1:2 (am 20.7.1966 in Birmingham)
Mitspieler: Höttges, Schnellinger, Beckenbauer, Schulz, Weber, Krämer, Overath, Seeler, Held, Emmerich

36) Uruguay - Deutschland 0:4 (am 23.7.1966 in Sheffield)
Mitspieler: Höttges, Schnellinger, Beckenbauer, Schulz, Weber, Haller, Overath, Seeler, Held, Emmerich

37) Sowjetunion - Deutschland 1:2 (am 25.7.1966 in Liverpool)
Mitspieler: Lutz, Schnellinger, Beckenbauer, Schulz, Weber, Haller, Overath, Seeler, Held, Emmerich

38) England - Deutschland 4:2 (am 30.7.1966 in London)
Mitspieler: Höttges, Schnellinger, Beckenbauer, Schulz, Weber, Haller, Overath, Seeler, Held, Emmerich

39) Deutschland - Albanien 6:0 (am 8.4.1967 in Dortmund)
Mitspieler: Patzke, Höttges, Beckenbauer, Schulz, Weber, B. Dörfel, Ulsaß, G. Müller, Overath, Löhr

Der Co-Autor

Hans Ost, geboren 1938 in Görlitz, arbeitete von 1957 bis 1970 nach einem Volontariat als Sportredakteur bei der „Westfälischen Rundschau", Dortmund. Im September 1970 Wechsel zur Westfalenhallen Dortmund GmbH, als Pressechef und später als Leiter des Zentralbereichs Kommunikation. Daneben Organisator von verschiedenen Veranstaltungen wie Sportpressefesten, Pressebällen, Hallenfußballturnieren, Sechs-Tage-Rennen. 1974 Pressechef und Leiter des Pressezentrums für den Spielort Dortmund bei der Fußball-Weltmeisterschaft. 1979 Organisator der Deutschland-Rundfahrt für Radprofis von München nach Dortmund.

Verantwortlicher Redakteur und Autor der „Chronik der Westfalenhallen", die im April 2000 zum 75-jährigen Unternehmensjubiläum des Dortmunder Messe-, Kongress- und Veranstaltungszentrums erschienen ist. Seit Sommer 2001 als freier Journalist und Autor tätig.

Hans Ost war 1972 - 1976 ehrenamtlicher Pressesprecher bei Borussia Dortmund, 1977 - 1991 Vorstandsmitglied im Verband Westdeutscher Sportjournalisten e.V. sowie seit 1978 Geschäftsführer des Sportpresseklubs Dortmund e.V.

Fotonachweis

Titelbilder: dpa / picture alliance, Jan Heinze / Fotostudio Dortmund
Innenteil: Privatarchiv Hans Tilkowski, dpa / picture alliance, Fotoagentur Horst Müller, Fotoagentur Otto Metelmann, Sportbilder-Dienst Elfriede Winterer, Pressebild Bohm, Sven Simon Fotoagentur, Pressebild-Agentur Schirner, H. D. Kaiser / Nordbild, Fred Joch, Winfried Rabanus, Jan Heinze / Fotostudio Dortmund, Friedensdorf, Foto Team Stone, H. P. Dunke, Norbert Wienold.